DANO MORAL

2021

PREFÁCIO DE
NELSON ROSENVALD
E APRESENTAÇÃO DE
ROMUALDO BAPTISTA SANTOS

ALEXANDRE
PEREIRA BONNA

2021 © Editora Foco
Autor: Alexandre Pereira Bonna
Diretor Acadêmico: Leonardo Pereira
Editor: Roberta Densa
Assistente Editorial: Paula Morishita
Revisora Sênior: Georgia Renata Dias
Capa Criação: Leonardo Hermano
Diagramação: Ladislau Lima e Aparecida Lima
Impressão miolo e capa: FORMA CERTA

Dados Internacionais de Catalogação na Publicação (CIP) de acordo com ISBD

B716d   Bonna, Alexandre Pereira
     Dano moral / Alexandre Pereira Bonna. - Indaiatuba : Editora Foco, 2021.
     200 p. ; 17cm x 24cm.
         Inclui bibliografia e índice.
         ISBN: 978-65-5515-330-9
         1. Direito. Dano moral. 3. Responsabilidade civil. 4. Direitos humanos.
     I. Título.
2021-2393   CDD 340   CDU 34

Elaborado por Vagner Rodolfo da Silva - CRB-8/9410
Índices para Catálogo Sistemático:
1. Direito 340
2. Direito 34

DIREITOS AUTORAIS: É proibida a reprodução parcial ou total desta publicação, por qualquer forma ou meio, sem a prévia autorização da Editora FOCO, com exceção do teor das questões de concursos públicos que, por serem atos oficiais, não são protegidas como Direitos Autorais, na forma do Artigo 8º, IV, da Lei 9.610/1998. Referida vedação se estende às características gráficas da obra e sua editoração. A punição para a violação dos Direitos Autorais é crime previsto no Artigo 184 do Código Penal e as sanções civis às violações dos Direitos Autorais estão previstas nos Artigos 101 a 110 da Lei 9.610/1998. Os comentários das questões são de responsabilidade dos autores.

NOTAS DA EDITORA:

Atualizações e erratas: A presente obra é vendida como está, atualizada até a data do seu fechamento, informação que consta na página II do livro. Havendo a publicação de legislação de suma relevância, a editora, de forma discricionária, se empenhará em disponibilizar atualização futura.

Erratas: A Editora se compromete a disponibilizar no site www.editorafoco.com.br, na seção Atualizações, eventuais erratas por razões de erros técnicos ou de conteúdo. Solicitamos, outrossim, que o leitor faça a gentileza de colaborar com a perfeição da obra, comunicando eventual erro encontrado por meio de mensagem para contato@editorafoco.com.br. O acesso será disponibilizado durante a vigência da edição da obra.

Impresso no Brasil (06.2021) – Data de Fechamento (06.2021)

2021
Todos os direitos reservados à
Editora Foco Jurídico Ltda.
Avenida Itororó, 348 – Sala 05 – Cidade Nova
CEP 13334-050 – Indaiatuba – SP

E-mail: contato@editorafoco.com.br
www.editorafoco.com.br

Ao meu pai, Evandro (*In memoriam*)

AGRADECIMENTOS

O ser humano é marcado pela sociabilidade/amizade e, ao longo dessa tortuosa e bela jornada, esbarramos uns aos outros, construímos pontes e escaladas com apoios mútuos. Na empreitada de pesquisar e escrever o tema da presente obra não foi diferente, pois inúmeras pessoas contribuíram decisivamente para os *insights*, desenvolvimento e, não menos importante, para o equilíbrio mental desse pesquisador.

Agradeço aos meus pais, Evandro (*In memoriam*) e Leila, por me concederem a vida recheada de valores virtuosos e me apoiarem em todos os meus sonhos, darem amor incondicional e estarem presentes em todas os momentos, sempre com gestos positivos de carinho e estímulo.

Em seguida, minha mais profunda gratidão a minha esposa, Lizandra, e a meus filhos, Davi e Pedro. À primeira, por incansavelmente me apoiar, me levantar e me acolher em toda a minha complexidade difícil de um marido, pai, advogado, professor e pesquisador, sempre com doçura, companheirismo e otimismo. Aos meus filhos, pelo amor do dia a dia e por me fazerem ter mais uma razão para viver e alcançar a excelência em minhas tarefas. Sem vocês três, meu mundo é diferente e minha alegria é triste.

No âmbito acadêmico, meu agradecimento à Profa. Dra. Pastora do Socorro Teixeira Leal, minha orientadora e suporte intelectual de todas as reflexões feitas nessa tese e em toda a minha carreira acadêmica. Meu muito obrigado por sempre nortear e lapidar meus ímpetos científicos e pela humildade e solidariedade com que tratas teus orientandos, sempre permitindo que eles cresçam juntos com você.

Nesse mesmo âmbito, minha profunda estima e deferência ao Prof. Dr. Vitor Sales Pinheiro, o qual se revelou – em suas disciplinas Lei Natural, Ética e Direito e Teoria do Direito – um grande esteio no campo da filosofia do direito – não medindo esforços para sanar minhas dúvidas no âmbito da ética, fornecer livros, me emprestar sua sala e biblioteca, assim como a todo momento me enviar e-mails e mensagens de celular com artigos, vídeos e teses pertinentes à responsabilidade civil na interface com a filosofia.

Por fim, agradeço sobremaneira ao Prof. Dr. Nelson Rosenvald, estendendo meus cumprimentos a todos os professores membros do Instituto Brasileiro de Estudos de Responsabilidade Civil – IBERC. Assim, graças a dedicação dele ao estudo da responsabilidade civil e à criação do referido instituto, foi possível a união de esforços norte e sul desse país para aprofundar as discussões atuais em matéria do direito de danos. Suas obras já reverberaram enorme impulso para minha caminhada, e, quando o instituto foi solidificado no início de 2018, minha alegria e entusiasmo em perscrutar os meandros sinuosos da responsabilidade civil só se intensificaram, motivo pelo qual aqui está o meu muito obrigado por teres optado em escalar a montanha da construção da responsabilidade civil ao lado de outros colegas e amigos.

"É fácil viver com os olhos fechados
Sem entender tudo o que você vê
Está ficando difícil ser alguém
Mas tudo funciona bem
Isso não me importa muito".

(John Lennon)

PREFÁCIO

Serendipity é um vocábulo inglês que ultimamente vem sendo divulgado por filósofos, psicólogos e, principalmente estudiosos de análise comportamental. Basicamente, a serendipidade significa o encontro do acaso com o preparo. Possui três características marcantes: Tudo começa com um gatilho fortuito – o momento em que alguém encontra algo incomum ou inesperado. Em seguida, precisamos conectar os pontos – isto é, observar o gatilho e vinculá-lo a algo aparentemente não relacionado, percebendo assim o valor potencial dentro do evento casual – o momento Eureka! Finalmente, sagacidade e tenacidade são necessárias para prosseguir e criar um resultado positivo inesperado.

Quando fui convidado pelo Professor Alexandre Bonna para prefaciar a sua obra intitulada: "dano moral", imediatamente a livre associação fez o seu trabalho. Não pelo fato em si da escolha do meu nome – o que muito me honra –, porém pela atitude de *serendipity* do autor da obra, que, passo a passo, preparou-se para assumir o papel do pesquisador adequado para tratar deste tema nos dias de hoje.

Há uma cronologia que, em parte, sugere a trajetória do enlace entre a obra e o autor.

No início de 2017 recebi um convite de Alexandre para uma palestra em um seminário em Belém sobre responsabilidade civil. Naquele momento, chamou-me a atenção, o fato de existir um grupo de pesquisa em Responsabilidade Civil da Liga Acadêmica Jurídica do Pará (LAJUPA), orientado pela Professora Pastora do Socorro Teixeira Leal e pelo Professor Alexandre Pereira Bonna. Coincidiu o convite com o momento em que eu ensaiava os primeiros passos para a criação do que, em alguns meses, viria a ser o Instituto Brasileiro de Estudos de Responsabilidade Civil (IBERC). Chamou-me a atenção não apenas a excelência do grupo de Belém, como também a particularidade do rol de convidados do congresso. Algo único no Brasil se dava naquele momento: a formação de um núcleo de filosofia da responsabilidade civil. O dado negativo é que infelizmente não participei do evento. A data do seminário coincidia com um período como Professor visitante em Oxford.

Pouco tempo depois, o então doutorando Alexandre Bonna e sua orientadora Pastora Teixeira Leal foram oficialmente convidados a integrar o IBERC. Tenho orgulho de contar com Pastora como Vice-Presidente de nosso instituto, pelo seu brilhante histórico acadêmico no Brasil e no exterior, aliado à sua experiência como magistrada da justiça trabalhista. No final de 2018, Alexandre me convidou para compor a sua banca de doutoramento na UFPA, sob o título: "Identificação e quantificação do dano moral: um diálogo ético-jurídico". Desafortunadamente, tive que declinar do convite, pois a defesa coincidia com um sabático pós-doutoral em Madrid.

Paradoxalmente, não proponho aqui um relato de desencontros entre prefaciante e prefaciado, porém uma objetiva descrição de uma feliz sucessão de encontros entre Alexandre Bonna e sua obra. Junto a sua orientadora e pensadores como Catarina Barbieri, Cláudio Michelon, Flávia Püschel, Rafael Dresch (sem jamais desmerecer outros nomes), o autor é um dos próceres do diálogo entre a filosofia e a responsabilidade civil, tendo sedimentado os seus conhecimentos justamente em seu berço iluminista da Escócia, com amadurecimento nos Estados Unidos, onde há mais de 50 anos várias escolas filosóficas despontam, enriquecendo sobremaneira o universo da responsabilidade civil.

Para além do autor, surge o tema. O dano moral tem sido constantemente revisitado pela doutrina brasileira, principalmente após a sua afirmação na Constituição de 1988. Todavia, voltando os olhos para os pioneiros, cabe aqui homenagear Aguiar Dias, Alcino de Paula Salazar, Alvino Lima, Clóvis Bevilaqua, Clóvis do Couto e Silva, Caio Mario da Silva Pereira, Orlando Gomes, Pontes de Miranda e Wilson Melo da Silva como a primeira leva de juristas a enfrentar a temática, com obras específicas ou escritos esparsos. Também tecemos loas aos Ministros do Supremo Tribunal Federal que paulatinamente concretizaram a incidência do dano moral em nossa experiência jurídica, com destaque para Moreira Alves, Orozimbo Nonato e Pedro Lessa.

Tal como na metáfora de Dworkin do "chain novel", respeitando-se a trajetória edificada pelos que vieram, sempre haverá lugar para uma nova contribuição, em mais um capítulo, na sequência de um romance inacabado sobre o dano moral. Chegamos a 2021 em um cenário complexo, no qual a dogmática clássica da responsabilidade civil se revela incapaz de isoladamente enfrentar os desafios de sociedades plurais e tecnológicas. Uma obra sobre dano moral requer a pena de civilistas comprometidos com o diálogo interdisciplinar, pois a questão relacionada à existência e extensão da indenização por danos extrapatrimoniais consiste apenas na ponta do *iceberg* de um fato jurídico de múltiplas eficácias, na qual direito, economia, sociologia, psicologia comportamental e filosofia somam saberes e competências em busca de uma resposta apenas parcial, na medida que políticas públicas regulatórias se tornam indispensáveis para a efetividade da função preventiva da responsabilidade civil.

Como argutamente aponta o filósofo canadense Arthur Ripstein, a responsabilidade civil responde a duas das questões mais fundamentais enfrentadas por qualquer sociedade: como as pessoas devem tratar umas as outras? e, de quem é o problema quando as coisas dão errado? Há muitas maneiras de responder essas questões – direito penal e regulamentação administrativa impõem limites às maneiras como as pessoas tratam umas às outras, igualmente normas informais de moralidade também se aplicam. Especificamente quanto à segunda pergunta, esquemas de seguro, sejam eles particulares ou sociais e fundos obrigatórios fornecem outras maneiras de lidar com danos. No limite, a caridade privada também se aplica. Infelizmente, em alguns casos de danos, simplesmente deixamos as perdas com as vítimas: "losses lie where they fall". No fundo, estamos diante de uma única e mesma questão. Se o demandante pretende uma indenização, o réu deve ter violado uma norma de conduta que rege as maneiras como ele pode tratá-lo, e não alguma outra norma relativa às maneiras como qualquer outra pessoa pode ser tratada. Esse princípio é em si uma expressão da forma pela qual o direito civil deve lidar com a questão de como as pessoas tratam umas às outras. O demandante não busca compensação como um beneficiário indireto de um dano causado a outrem. Pelo contrário, ele deve estabelecer um dano "pessoal" para si.

Tal raciocínio se aplica igualmente às jurisdições da *civil law*. Após várias depurações conceituais ao longo dos últimos 30 anos, há um relativo consenso quanto ao dano moral como uma lesão a um interesse existencial concretamente merecedor de tutela. Todavia, é necessário avançar na fixação de parâmetros objetivos que apartem o modelo jurídico do dano moral em sentido estrito perante outros danos extrapatrimoniais em sentido *lato*, como o dano existencial, dano à imagem, dano estético, bem como uma série de etiquetas jurídicas importadas, por vezes inadequadas a um "legal transplant".

Serendipity, portanto, é um processo. Autor e tema se encontram, não por obra do fortuito, porém pelo fato de que o percurso intelectual de Alexandre Bonna estava destinado a este momento. Nos últimos 5 anos o jovem doutor e professor publicou diversos artigos, inclusive alguns em obras coletivas por mim coordenadas e também na revista do IBERC. Um conjunto de escritos seminais, que forjaram a espinha dorsal das páginas que se seguem. Ao seu conhecimento se agrega a curiosidade, proatividade e motivação oriunda não apenas de um escorço comparatista, como também por uma troca de leituras e diálogos com outros cultores da responsabilidade civil brasileira contemporânea. Como o próprio autor reconhece em seus agradecimentos "ao longo dessa tortuosa e bela jornada, esbarramos uns aos outros, construímos pontes e escaladas com apoios mútuos".

Confesso que prefiro prefaciar uma obra a apresentá-la. Jamais pela maior ou menor importância de uma ou outra missão, mas por sua natureza. O livro mereceu a apresentação de Romualdo Baptista, que desincumbiu com precisão a função de introduzir ao leitor os principais aspectos do tomo. Por sua vez, tal como a responsabilidade civil do século XXI, o prefácio é multifuncional. O "o que é" a obra se torna assunto periférico, pois o principal consiste em desvelar "quem é" o autor, "como" chegou até aqui e o "por que" da singularidade da publicação. Espero que eu tenha atuado à altura do mister, pois tenho a convicção que Alexandre Bonna fez a sua parte com galhardia.

Belo Horizonte, fevereiro de 2021.

Nelson Rosenvald

Procurador de Justiça do Ministério Público de Minas Gerais. Pós-Doutor em Direito Civil na Università Roma Tre (IT-2011). Pós-Doutor em Direito Societário na Universidade de Coimbra (PO-2017). Visiting Academic na Oxford University (UK-2016/17). Professor Visitante na Universidade Carlos III (ES-2018). Doutor e Mestre em Direito Civil pela PUC/SP. Presidente do Instituto Brasileiro de Estudos de Responsabilidade Civil (IBERC). Fellow of the European Law Institute (ELI). Member of the Society of Legal Scholars (UK). Membro do Grupo Iberoamericano de Responsabilidade Civil. Professor do corpo permanente do Doutorado e Mestrado do IDP/DF.

APRESENTAÇÃO

Sinto-me extremamente feliz e privilegiado com o convite formulado pelo professor Alexandre Pereira Bonna para dizer algumas palavras a título de apresentação de sua obra intitulada *Dano moral*. Alexandre Bonna é uma boa pessoa, no sentido mais extenso que esta expressão possa alcançar. Em seus agradecimentos àqueles que o influenciaram na realização deste trabalho, ele mesmo se define em sua complexidade de pai, marido, advogado, professor e pesquisador. A modéstia o impediu de dizer que é também um filho amoroso, algo que sei em virtude de nossa convivência. É um bom amigo, pessoa de fino trato e de fácil convivência, inclusive nas divergências. É também um amante da boa música e do violão, qualidades essas que por si já seriam suficientes para definir seu caráter e seu temperamento.

A obra *Dano moral* é resultado das inquietações do autor, enquanto advogado e pesquisador que se depara, em seu cotidiano, com soluções judiciais que desconsideram a complexidade das situações danosas, particularmente aquelas que dizem respeito aos aspectos existenciais da pessoa, bem como desconhecem os fundamentos e as finalidades do próprio instituto jurídico da responsabilidade civil. A obra pode ser dividida em três partes: na primeira, o autor analisa a dogmática do dano moral e as principais hipóteses de sua incidência; na segunda, o autor traz uma análise sobre os fundamentos filosóficos do dano moral e da responsabilidade civil, em cada uma de suas funções; na terceira, o autor traça uma perspectiva da responsabilidade civil em torno do dano moral, ressaltando a necessidade de prevalência da função preventiva em relação à tradicional função reparatória.

Ao tratar sucintamente dos aspectos históricos do dano moral, o autor anota que, embora ausente essa nomenclatura na Antiguidade, os estatutos jurídicos antigos tutelavam interesses existenciais que correspondem ao que hoje denominamos dano moral. No Brasil, a Constituição de 1988 constitui um marco na tratativa do dano moral, seja por prever expressamente a possibilidade de sua reparação, seja em razão da centralidade da pessoa humana e de toda a principiologia que orienta o texto constitucional.

Ao conceituar seu objeto de estudo, o professor Alexandre Bonna observa que o dano moral pode ser identificado sob a ótica do bem ou interesse juridicamente tutelado, sob o prisma da tutela da dignidade humana ou a partir de outros interesses não relacionados com a dignidade humana. Chama a atenção neste ponto a necessária correlação entre dano e patrimônio, algo que eu também tenho sublinhado em meus escritos, rompendo com a noção tradicional de que o patrimônio que se restringe aos bens materiais do indivíduo e dando lugar à noção alargada de patrimônio jurídico, que envolve todos os bens e interesses necessários à realização da pessoa.

A partir dessa conceituação, o autor apresenta ao leitor uma análise minuciosa de diversos interesses extrapatrimoniais juridicamente tutelados, que podem gerar dano moral suscetível de reparação. É evidente que o rol não é exaustivo, assim como não são exauríveis os interesses que se prendem à pessoa humana, mas o autor coloca o seu leitor em contato com as principais modalidades de violações encontradas no ambiente jurídico: dano à honra, à imagem, ao nome, à privacidade, às relações afetivas, à integridade física e psíquica, perda de tempo, perda de uma chance, direito ao esquecimento etc.

Em seguida, o autor se debruça sobre questões polêmicas relacionadas ao dano moral, a começar pelo que não se considera dano moral, mas mero aborrecimento, prosseguindo com a necessidade ou desnecessidade de comprovação efetiva do prejuízo, o problema da função punitiva, a tipologia do dano moral e, sobretudo, o problema crucial de sua quantificação.

O que se observa, em todos os tópicos abordados é a profundidade e a densidade que coloca o leitor em contato com o que há de mais avançado e atual na dogmática do dano moral. São exemplos disso a abordagem do dano moral em face da novíssima Lei Geral de Proteção de Dados, a Lei 13.709, de 14 de agosto de 2018, que ainda não se encontra inteiramente em vigor, assim como os problemas relacionados com o denominado direito médico, envolvendo temas como o consentimento ao ato médico e o uso de inteligência artificial. Chama a atenção também o fato de que os temas abordados são ilustrados com julgados das principais cortes do país, colocando o leitor em linha com o entendimento jurisprudencial predominante acerca do dano moral.

Após enfrentar as principais questões dogmáticas relacionadas ao dano moral, o autor convida seu leitor a refletir sobre os fundamentos filosóficos do dano moral em si e das funções compensatória e punitivo-preventiva da responsabilidade civil. Chama a atenção neste tópico a reflexão trazida pelo autor a respeito da correlação entre dano moral e direitos humanos, resgatando pesquisa realizada anteriormente em conjunto com a professora Pastora Leal. A pesquisa, rica em julgados da Corte Interamericana de Direitos Humanos, é sumamente importante porque realça o papel da responsabilidade civil como instrumento de afirmação dos direitos da humanidade.

Por fim, em suas notas conclusivas, Alexandre Bonna traz importantes reflexões a respeito das perspectivas da responsabilidade civil, ressaltando a necessidade de transitar para o direito de danos, que tem em mira a tutela constitucional da pessoa humana e a prevalência do dever de prevenção em lugar do tradicional dever de reparação. Ainda neste tópico, o autor chama a atenção do leitor para os denominados "danos enormes", de causalidade múltipla ou indeterminada, de consequências catastróficas e que se relacionam com modo de vida da sociedade contemporânea, para os quais a teoria geral da responsabilidade civil ainda não apresenta soluções satisfatórias.

Em síntese, por meio da obra *Dano moral*, o professor Alexandre Pereira Bonna apresenta uma pesquisa profunda e sistematizada acerca do dano moral e da responsabilidade civil como um todo. Além de explorar os aspectos dogmáticos e as principais situações práticas que envolvem o dano moral, o autor convida seu leitor a refletir sobre os fundamentos filosóficos e sobre as perspectivas da responsabilidade civil, tendo como pano de fundo sempre os aspectos existenciais da pessoa humana.

Recomendo enfaticamente a leitura!

São Paulo, fevereiro de 2021.

Romualdo Baptista dos Santos

Doutor e mestre em Direito Civil pela Universidade de São Paulo – USP, especialista em Direito Contratual e Direito de Danos (Contratos y Daños) pela Universidade de Salamanca – USAL, professor convidado em cursos de graduação e pós-graduação em Direito, autor e coautor de várias obras e artigos jurídicos. Procurador do Estado de São Paulo aposentado. Advogado.

SUMÁRIO

AGRADECIMENTOS.. V

PREFÁCIO... IX

APRESENTAÇÃO... XIII

1. ASPECTOS HISTÓRICOS DO DANO MORAL................................... 1

2. CONCEITO E IDENTIFICAÇÃO DO DANO MORAL....................... 5
   2.1   A identificação a partir da noção de interesse e de bem jurídico............ 5
   2.2   A identificação a partir do princípio da dignidade da pessoa humana ... 9
   2.3   A identificação a partir de outros interesses desvinculados da dignidade 13

3. INTERESSES EXTRAPATRIMONIAIS PROTEGIDOS JURIDICAMENTE (QUE GERAM DANO MORAL) 15
   3.1   Imagem e nome.. 16
   3.2   Honra 20
   3.3   Igualdade.. 22
   3.4   Privacidade... 24
         3.4.1   Dano moral diante da lei geral de proteção de dados (Lei 13.709/2018) 26
         3.4.2   Direito ao esquecimento 37
   3.5   Afeto... 41
         3.5.1   Abandono afetivo 42
         3.5.2   Afeto a bens materiais 43
         3.5.3   Afeto a seres *sencientes* 44
         3.5.4   Morte de familiar próximo 46
         3.5.5   Afetação da boa fama de pessoa falecida 47
   3.6   Vida 48
   3.7   Integridade física.. 51
   3.8   Integridade psíquica 58

3.9 Integridade da criação do intelecto 61

3.10 Perda de uma chance 62

3.11 Liberdade 64

3.12 Tempo 68

4. DEBATES ATUAIS SOBRE A IDENTIFICAÇÃO DO DANO MORAL 71

4.1 O que não é dano moral: como identificar o mero dissabor/aborrecimento e bens extrapatrimoniais que não são protegidos? 71

4.2 A problemática envolvendo a (des) necessidade de dano-prejuízo para configurar o dano moral indenizável 76

4.3 A problemática da tipologia do dano extrapatrimonial (novos danos) 84

4.4 O dano moral no campo internacional dos direitos humanos 89

5. A QUANTIFICAÇÃO DO VALOR INDENIZATÓRIO DO DANO MORAL 101

5.1 Critérios de quantificação sob o viés compensatório 102

5.2 Critérios de quantificação sob o viés punitivo/preventivo/pedagógico/educativo 114

5.3 A quantificação baseada em uma terceira função: a restitutória 120

6. FUNDAMENTAÇÃO FILOSÓFICA DO DANO MORAL E DO DEVER DE COMPENSÁ-LOS 123

6.1 Fundamentos filosóficos da função compensatória 123

6.2 Fundamentos filosóficos da função punitiva/preventiva 127

6.3 Fundamentos filosóficos da identificação e quantificação do dano moral a partir dos bens humanos básicos 136

6.4 Fundamentos filosóficos da identificação e quantificação do dano moral a partir do bem humano básico da razão prática 151

7. NOTAS CONCLUSIVAS SOBRE O DANO MORAL NO BRASIL 161

7.1 O dano moral não é levado à sério 161

7.2 O dever de prevenir e reparar danos é mais abrangente do que tradicionalmente se projeta 163

7.3 O horizonte da reparação por dano enorme (proposta do prof. Romualdo Baptista dos Santos) 169

REFERÊNCIAS BIBLIOGRÁFICAS 171

1
ASPECTOS HISTÓRICOS DO DANO MORAL

Em relação ao tempo e espaço pretérito ao nascimento de Jesus Cristo, destacam-se o Código de Hamurabi, Lei das XII Tábuas, *Lex Aquilia*, Odisseia de Homero e Deuteronômio do Antigo Testamento no tocante à existência de dispositivos destinados a proteger o que hoje entendemos por patrimônio moral, como por exemplo a vida, honra e integridade física. Nesse emaranhado normativo é possível inferir que existe um conjunto de bens juridicamente relevantes diversos do patrimônio material e econômico, ou seja, diferentes daqueles bens que podemos adquirir no mercado de compra e venda. Embora nesses documentos não existisse um tratamento claro e sistemático do dano moral, percebe-se que quando esses interesses existenciais juridicamente protegidos são atingidos existem castigos físicos ou pagamento de indenizações em dinheiro, sendo possível vislumbrar a semente do que hoje se chama de dano moral nesses primevos.

Aproximadamente 1.770 anos antes de Cristo, o Código de Hamurabi regulou a vida das pessoas submetidas ao governo da primeira dinastia babilônica na região da Mesopotâmia. Em seu art. 127 é possível identificar disposição relativa à repriménda ao que hoje se conhece por dano moral, acentuando que: "se um homem livre estendeu o dedo contra uma sacerdotisa, ou contra a esposa de um outro e não comprovou, arrastarão ele diante do juiz e rapar-lhe-ão a metade do seu cabelo". Além desse dispositivo, outros acentuam o pagamento de indenização em dinheiro (chamado de siclos ou mina), como no caso de espancamento (10 siclos), agressão à mulher que provoque aborto (10 siclos), arrancar olhos (uma mina), quebrar dentes (um terço de mina), previsões estas constantes nos arts. 204, 209, 198 e 201 (ASSIS NETO, 1998, p. 22-23).

Do mesmo modo, 453 anos antes de Cristo, a Lei das XII Tábuas, visando a regular a conduta da sociedade durante a República Romana, contém "definições de crimes privados como o furto, o dano e a injúria, os quais eram sempre sujeitos a penas patrimoniais, que consistiam no duplo, triplo ou quádruplo do valor do dano" (ASSIS NETO, 1998, p. 24). Ainda em Roma, a Lei intitulada *Lex Aquilia*, promulgada aproximadamente 3 séculos antes de Cristo, continha a proteção contra injúrias que maculavam a vítima, momento em que esta fazia jus a uma reparação em soma de dinheiro de modo a abrandar o dano sofrido, dano relativo não ao que o homem tem, mas ao que o homem era em termos de bens intangíveis como a honra, o nome e a fama (ZENUN, 1996, p. 10).

Ademais, a expressão injúria tinha uma concepção bem ampla na Lei das XII Tábuas, representando qualquer tipo ofensa à pessoa, seja física ou verbal. Mesmo que a indenização não tivesse um caráter compensatório como se conhece hoje, percebe-se a preocupação do ordenamento jurídico romano com bens extrapatrimoniais a partir das sanções às mais diversas violações à pessoa, como explica Antônio Jeová Santos:

> A lei das XII Tábuas admitia três espécies de injúria: membrum ruptum, quando havia a amputação de um membro ou a inutilização de algum órgão. Aplicava-se a esse tipo de delito a pena de Talião. A vítima ou um de seus parentes poderia lesionar o ofensor. Havia também o fractum, que sempre ensejava uma indenização equivalente a 300 sestércios. Se fosse escravo o ofendido, a quantia era reduzida à metade: 150 sestércios. Conhecia o romano, também, as injúria simples, que compreendiam pequenas lesões. A composição era fixada em 25 ases (2015, p. 50).

Em documentos religiosos e literários que fazem parte da história da humanidade também é possível identificar a importância dada a bens existenciais da pessoa humana. Em deuteronômio, que é parte do Antigo Testamento da Bíblia cristã, há narrativa de pagamento em dinheiro para compensar divulgação de má fama sobre uma virgem de Israel, assim como na obra Odisseia, de Homero, lê-se nos versos de 266 a 367 a obrigação de reparar danos imposta a Ares em razão de adultério com Afrodite (ZENUN, 1996, p. 7).

Antes do espraiamento do cabimento do dano moral na França, Áustria, Espanha, Bélgica, Polônia, Turquia, China, Japão, Alemanha, Inglaterra, Estados Unidos, Portugal, Itália, Suíça, Áustria, Chile, Argentina, Uruguai, Colômbia, Venezuela, Equador e Brasil, destaca-se que em 1789, a Declaração dos Direitos do Homem e do Cidadão, inspirada pelo Iluminismo, Revolução Americana e Constituinte Francesa, estabeleceu o reconhecimento expresso de inúmeros interesses existenciais merecedores de proteção, como a igualdade (art. 1º) e a liberdade (art. 1º, 4º e 10º) (ZENUN, 1996, p. 15-37).

No Brasil, antes da CF/88 havia intensa controvérsia jurisprudencial e doutrinária acerca do cabimento da indenização por danos morais, contudo, apesar de a Constituição ter espancado dúvidas quanto ao cabimento da compensação por danos morais, antes dela já havia decisões judiciais reconhecendo os danos morais indenizáveis no Direito brasileiro, como na sentença de Raul de Souza Martins, que em 1911 pincelou que "a reparação do dano moral, não há dúvidas, é tão justamente devida como a do dano material. As condições morais do indivíduo não podem deixar de merecer uma proteção jurídica igual a sua condição material" (1911, *Apud* ZENUN, 1996, p. 78). No mesmo sentido, em 1966, a 2ª Turma do Supremo Tribunal Federal (de agora em diante STF) proclamou que o dano moral é ressarcível e em 1976 a 2ª Câmara Cível do Tribunal de Justiça do Rio Grande do Sul asseverou que o dano moral é indenizável tanto quanto o dano patrimonial (SANTINI, 1997, p. 30).

A CF/88 se revelou como um celeiro de inúmeros interesses existenciais como a dignidade, vida, liberdade, intimidade, privacidade, honra e imagem (art. 1º, III, art. 5º, caput e incisos V e X). Ou seja, a Constituição reconheceu expressamente nos referidos dispositivos que é possível privar uma pessoa não só de algo que lhe ela tem (bens patrimoniais), mas também de bens que ela possui em seu próprio ser e lhe são inatos, possibilitando que o dano e o consequente dever de indenizar surja a partir da violação de qualquer bem jurídico, material ou moral.

Assevera-se que o preâmbulo da CF/88, enquanto projeto do que norteará o conjunto de regras e princípios, possui demasiada importância porque influencia o modo pelo qual a Constituição deve ser interpretada, vetorizada e direcionada, declarando a fonte de onde proclamou todo o texto constitucional e a finalidade da reunião, exteriorizando que os representantes do povo brasileiro, reunidos em assembleia constituinte visam a instituir um Estado Democrático de Direito que possa assegurar o exercício dos direitos sociais e individuais, a liberdade, a segurança, o bem-estar, o desenvolvimento, a igualdade e a justiça (SANTOS, 2015, p. 5).

2
CONCEITO E IDENTIFICAÇÃO DO DANO MORAL

2.1 A IDENTIFICAÇÃO A PARTIR DA NOÇÃO DE INTERESSE E DE BEM JURÍDICO

Por um lado, a noção de bem, do latim *bene*, significa tudo que está em ordem conforme o Direito, ou seja, aquilo que é bom e adequado para uma coletividade perseguir; de outro lado, representa a ideia de coisa. Assim, podem ser bens jurídicos tanto elementos corpóreos/materiais/patrimoniais quanto elementos incorpóreos/imateriais/patrimoniais, pois ambos podem ter relevância em relações jurídicas, isto é, bens móveis, imóveis e direito de crédito, assim como o nome, a honra, a imagem, a liberdade e a saúde podem sublinhar-se enquanto bens revestidos de juridicidade e coerção (ZENUN, 1996, p. 63-65).

No tocante ao vocábulo moral atrelado à expressão "dano moral", cabe salientar que nada tem a ver com a moral que se estuda na Filosofia, enquanto valores morais que orientam a conduta do ser humano, principalmente em uma primeira análise. Logo, comparando a experiência brasileira com a italiana (que possui diversas nomenclaturas para diferentes danos à pessoa, como dano biológico, dano à saúde, dano às férias arruinadas), no Brasil a palavra dano moral serve para representar o dano aos múltiplos interesses da pessoa humana, de modo que é aconselhável persistimos em nossa tradição própria, pois mesmo que ela seja equívoca etimologicamente falando acaba por englobar proteção integral à pessoa, sem limitações, como explica Antônio Jeová Santos:

> A infração às normas da ética não tem similitude, nem se aproxima do dano moral. A conduta do ofensor pode não ser reprovável de ponto de vista moral, mas ser lesiva ao patrimônio imaterial do ofendido. No atual quadrante do viver jurídico nacional, a expressão dano moral está tão arraigada no dia a dia dos profissionais e do profano, que qualquer mudança somente serviria para atrapalhar a real compreensão da lesão moral. Se, de um lado, prevalece a equivocidade do vocábulo, de outro, dita expressão já se encontra de tal forma incorporada em legislações e na linguagem do foro, que é preferível continuar com o sentido equívoco da palavra até a sedimentação do autêntico significado do dano moral (2015, p. 56-57).

É por isto que a moral protegida no tocante ao dano moral, se em algum ponto se entrelaça com a moralidade, diz respeito aos valores morais acolhidos pela coletividade e não aos apegos individuais sem conexão com a linguagem pública sobre o que é adequado ou não perpetrar uns com os outros no seio da sociedade. Por este motivo, uma pessoa não pode reputar diminuído um bem jurídico seu nas hipóteses descritas a seguir: seu vizinho não lhe dá bom dia; o atendente de uma loja de roupa não lhe estende um tapete vermelho para uma entrada triunfal na loja; o (a) companheiro (a) não quis realizar uma viagem de fim de ano tão sonhada pelo casal; um programa de televisão expôs novela com diversidade de gênero, classes sociais e cultura em contraposição aos valores de uma pessoa conservadora enojada de tudo o que é diferente de sua realidade.

Augusto Zenum acentua que patrimônio é "o conjunto de direitos e obrigações de uma pessoa. Não é, pois, só formado de direitos e bens, mas de direitos e deveres jurídicos" (1996, p. 67). Desta feita, é possível afirmar que faz parte do patrimônio jurídico de outrem o respeito e zelo que este deve ter por bens patrimoniais e existenciais de terceiros, que por consequência, enquanto direitos, estes bens fazem parte de seu patrimônio jurídico. Seja como for, a efetiva lesão para fins de gerar a indenização por dano moral deve atingir um bem integrante do patrimônio jurídico da pessoa, como a vida, liberdade, intimidade, privacidade, honra, imagem, os quais são tutelados pelo Direito e fazem parte do patrimônio jurídico das pessoas, que possuem patrimônio material e imaterial. Desde logo, assevera-se que o surgimento do dano moral indenizável pode surgir a partir da violação a um bem patrimonial, desde que existe uma consequência lesiva extrapatrimonial, conforme será explanado adiante.

Embora comumente se dê ênfase aos bens materiais, não se pode olvidar que fazem parte do patrimônio aqueles referidos bens existenciais, que de fato são mais importantes para a plena realização humana e se assemelham ao que a Nova Escola do Direito Natural capitaneada por John Finnis intitula de bens humanos básicos, que são valores que se relevam como razões para o agir humano de qualquer um, valores básicos estes que se forem respeitados ensejam a plena realização ou felicidade do ser humano (FINNIS, 2007, p. 30-36), chamada de *eudaimonia* por Aristóteles, *felicitas* por Tomas de Aquino e realização humana integral por John Finnis (2008, p. 85-86). Essa escola defende que não é razoável viver uma vida individual ou comunitária sem perseguir os referidos bens, na esteira de que o bem dever ser feito (inclusive os bens humanos básicos) e o mal evitado (*good is to be done and pursued, and bad avoided*) (FINNIS, 2008, p. 80). Na tentativa de realizar essa união entre o dano moral e bens necessários para a realização humana, esclarece Carlos Alberto Bittar:

> É que de bens espirituais e materiais necessitam as pessoas para a consecução de seus objetivos, na integridade da vida humana (...). Atingem-se interesses juridicamente relevantes, que à sociedade cabe preservar, para que possa alcançar os respectivos fins, e os seus componentes, as metas postas como essenciais, nos planos individual, familiar e social (2015, p. 33-35).

Acerca de tal linha de pensamento, deve-se precaver quanto a uma inclinação natural de se afirmar que o dano moral "é a lesão ao patrimônio jurídico materialmente não apreciável", como ensinou S. J. de Assis Neto (1998, p. 33), porque a aferição de existência do dano moral pergunta não apenas sobre lesão a um bem jurídico existencial, mas também acerca da consequência lesiva, uma vez que o bem jurídico patrimonial violado pode – é raro, diga-se de passagem – trazer uma consequência lesiva existencial, porque "o dano moral deve ser identificado não pelo bem sobre o qual incidiu, mas pela natureza final do prejuízo por ele determinado" (SANTINI, 1997, p. 35).

Nesse sentido, um anel de casamento que alguém carrega consigo há 20 anos, se for destruído em uma loja de polimento, pode configurar o dano moral. Em uma primeira essência o anel é um bem patrimonial, embora a lesão a esse bem material tenha gerado uma consequência lesiva que transcende o patrimônio e atinge e fulmina os afetos, as lembranças, as recordações, os sentimentos e os valores morais de uma vida que deposita imenso valor naquele dito objeto. Em outras palavras, para se caracterizar um dano indenizável imprescindível a ofensa a um bem existencial juridicamente protegido, seja na lesão abstratamente considerada, seja na consequência lesiva, de modo que não é exato que a lesão a um bem patrimonial gerará um prejuízo apenas patrimonial e que a violação a um bem existencial produzirá tão somente consequências lesivas morais, como destaca Ramon Daniel Pizarro:

> La realidad demuestra que, por lo general, un menoscabo de naturaleza extrapatrimonial, puede generear, además del daño moral, también uno de carácter patrimonial (si, por ejemplo, la lesión a la integridad sicofísica de una persona repercute sobre la aptitud productiva del damnificado, produciendo una disminución de sus ingresos). Inversamente, es posible que la lesión a derechos patrimoniales sea susceptible de causar, al mismo tiempo, no sólo daño patrimonial sino también de carácter moral (incumplimiento de un contrato de transporte, que frustra las vacaciones o el viaje de luna de miel del acreedor) (1996, p. 39).

No mesmo sentido, discorrem os irmãos Mazeaud e André Tunc (1957):

> Suele ocurrir que un mismo hecho lleve consigo a la vez, una pérdida pecuniaria y un daño moral; tal es, por ejemplo, el caso de la herida que disminuye la capacidad para el trabajo en la víctima y le hace padecer al mismo tiempo algunos sufrimientos. Con frecuencia también, el perjuicio que afecta a los derechos extrapatrimoniales tiene como contrapartida una pérdida pecuniaria; así, los atentados contra el honor de un comerciante cuando resultan del hecho de poner en duda su probidad: son susceptibles de arruinar su negocio (p. 425).

Foi dito que bem jurídico é aquilo que pode ser objeto de relações jurídicas a partir da ideia de obrigação de respeitar ou de promover. Nessa toada, o que pode ser objeto do Direito são as pretensões que podem ser amparadas pela ordem jurídica, "suscetível ou não de valorização econômica, ou tudo que satisfaz o interesse de uma pessoa, na relação jurídica" (ZENUN, 1996, p. 66). Portanto, apropriando-se da noção de interesse, é possível potencializar a ideia de dano como sendo toda e qualquer lesão aos nossos interesses oriundos de relação jurídica, sendo interesse aqui entendido como a relação entre o homem e um bem qualquer (ZENUN, 1996, p. 70).

A partir da noção de interesse inclui-se interesses menores passíveis de valoração, até mesmo não previstos na ordem jurídica como princípios expressos, como o afeto, a valorização de crédito e o tempo perdido, todos como interesses não patrimoniais passíveis de proteção jurídica por representarem pretensões exercitáveis em face de outrem como corolários lógicos e jurídicos de outros bens envoltos em círculos maiores e mais abrangentes.

Critica-se nessa primeira fase do dano moral no Brasil a sua vinculação aos sentimentos de dor, espanto, vergonha, humilhação presente em algumas obras, como de Nilson Naves, José de Aguiar Dias (ASSIS NETO, 1998, p. 36-37) e Carlos Alberto Bittar, que afirmou que os danos morais "se traduzem em turbações de ânimo, em reações desagradáveis, desconfortáveis ou constrangedoras" (2015, p. 37).

Em primeiro lugar, há pessoas que, por causa transitória ou não, ficam impossibilitadas de externar sentimentos de dor e sofrimento, seja porque não sentem, seja porque, em princípio, não exteriorizam visivelmente estas emoções, como é o caso do nascituro, de pessoas em coma ou incapazes em geral etc. Ainda assim, mesmo que a dor e o sofrimento não se manifestem, estas pessoas podem ser vítimas de uma violação ao direito subjetivo à dignidade, haja vista que pelo simples fato de serem pessoas humanas são detentoras de dignidade e da sua proteção correlata. Esta preocupação foi explanada por Sérgio Cavalieri Filho:

> Por mais pobre e humilde que seja uma pessoa, ainda que completamente destituída de formação cultural e bens materiais, por mais deplorável que seja seu estado biopsicológico, ainda que destituída de consciência, enquanto ser humano será detentora de um conjunto de bens integrantes de sua personalidade, mais precioso que o patrimônio (2012, p. 89).

A falta de sensibilidade ou de compreensão da dor e da humilhação não excluem a existência do dano moral ressarcível nem o caráter juridicamente negativo da lesão, visto ser possível a caracterização do dano moral pelo menosprezo e desvalor relativo a pessoa do ofendido em razão da violação de determinados interesses. Por conseguinte, o juiz não deve buscar a exteriorização da lesão moral no mundo fático, mas sim identificar o dano por meio da própria repercussão negativa dentro de um raciocínio baseado numa presunção absoluta com dispensa de prova do dano moral, como reforça Ramon Daniel Pizarro:

> *Lo incapaz o la persona en estado de vida vegetativa titular de derechos o intereses extrapatrimoniales, toda lesión a los mismos debería importar un daño moral. Cualquier lesión que sufra injustamente en dichos bienes o presupuestos personales originará un agravio moral que hará, nascer, a su vez, el derecho a obtener una reparación. El resarcimiento, en estos casos, no debe considerarse como la reparación de un modo de sentir el agravio, sino como resarcimiento objetivo de un bien jurídico. El dolor, la pena, la angustia, no son sino formas posibles en que el daño moral puede exteriorizarse, más no hacen a su esencia (1996, p. 271-272).*

De outra via, cabe salientar que os sentimentos de dor, perda da capacidade de sentir e querer, sofrimento, humilhação, vergonha, angústia, tristeza, aflição, perda do desejo de viver, dentre outros, são possíveis manifestações do dano moral. Ou seja, é preciso reconhecer apesar de estes sentimentos não serem requisitos indispensáveis para a configuração do dano moral, representam muitas vezes a exteriorização do dano moral, "son posibles manifestaciones del daño moral o la forma en que, generalmente, éste suele exteriorizarse. A modificação disvaliosa del espíritu proyecta sus efectos con amplitud hacia âmbitos específicos del damnificado" (PIZARRO, 1996, p. 48-50). É por este motivo que podem ser levados em conta no momento da fixação do valor da indenização, como no caso de uma funcionária grávida que foi vítima de grave assédio moral que gerou complicações em sua gravidez. A profunda tristeza e angústia experimentada pela vítima, embora não configure requisito indispensável para a configuração do dano moral, representam elementos importantes para a fixação do valor a ser recebido a título de compensação.

2.2 A IDENTIFICAÇÃO A PARTIR DO PRINCÍPIO DA DIGNIDADE DA PESSOA HUMANA

Com o descontentamento do caminhar doutrinário do tópico acima, inúmeros autores passaram a defender que, cumulando o art. 5º, incisos V e X (que estabelecem o cabimento da indenização por dano moral) com o art. 1º, III (que finca o respeito à dignidade da pessoa humana como o valor existencial norteador de todas as relações jurídicas), todos da CF/88, o reconhecimento do dano moral surge a partir da violação da dignidade humana.

O artigo 5º da CF/88, inciso V, reza: "é assegurado o direito de resposta, proporcional ao agravo, além da indenização por dano material, moral ou à imagem", e, o inciso X do mesmo artigo dispõe: "são invioláveis a intimidade, a vida privada, a honra e a imagem das pessoas, assegurado o direito a indenização pelo dano material ou moral decorrente de sua violação". Logo, considerando que a proteção da dignidade humana é o fio condutor de todos os direitos fundamentais e a base axiológica de nosso sistema jurídico, pensou-se que a categoria do dano moral poderia ser interpretada de modo a potencializar o respeito aos bens integrantes da dignidade humana previsto no art. 1º, inciso III: "Art. 1º A República Federativa do Brasil, formada pela união indissolúvel dos Estados e Municípios e do Distrito Federal, constitui-se em Estado Democrático de Direito e tem como fundamentos: (...) III – a dignidade da pessoa humana".

Nota-se que a pessoa humana se situa no topo do ordenamento jurídico e todas as categorias do Direito devem ser interpretadas de modo a garantir maior efetividade a esse ideal, "porque a dignidade humana nada mais é do que a base de todos os valores morais, a essência de todos os direitos personalíssimos" (CAVALIERI FILHO, 2012, p. 88), devendo o conceito de dano moral ser lastreado "na própria Constituição, ou seja, no art. 5º, V (...) e X (...) e, especialmente, no art. 1º, III, que erigiu à categoria de fundamento do Estado Democrático a dignidade da pessoa humana" (GONÇALVES, 2009, p. 617).

Certifica-se que embora a CF/88 tenha atrelado expressamente o dano moral à violação da vida privada, honra e imagem, considerando que a dignidade da pessoa humana é o valor jurídico de maior envergadura em nosso Direito, aqueles bens jurídicos são tão somente alguns dos interesses relacionados à proteção da pessoa humana, visto que a lei não pode abarcar todos os aspectos da personalidade, especialmente porque o parágrafo segundo do art. 5º da própria CF/88 assevera que há uma cláusula aberta em relação aos direitos previstos na Constituição: "os direitos e garantias expressos nesta Constituição não excluem outros decorrentes do regime e dos princípios por ela adotados, ou dos tratados internacionais em que a República Federativa do Brasil seja parte".

Considerando que a pessoa humana é anterior a própria existência do Estado e que o arcabouço institucional legal foi construído para o ser humano e não o contrário, a evolução histórica dos direitos fundamentais na experiência europeia e latina demonstra que a dogmática das Constituições incorporou a proteção de bens jurídicos essenciais e supremos para uma vida plena do ser humano, bens estes dignos de inviolabilidade por outras pessoas ou pelo Estado, os quais devem nortear todo o conjunto normativo constitucional e infraconstitucional. Assim, para além da disciplina relativa à organização do Estado, deve-se ter em mente, em primeiro lugar, os valores destinados à proteção das pessoas que compõe a comunidade política.

Esses bens que visam a proteger aspectos extrapatrimoniais que pertencem a todas as pessoas por sua simples condição humana são da mais alta hierarquia, visto que a dignidade da pessoa humana é primeiro de todos em sua escala axiológica, ou seja, que vale mais que qualquer outro direito, se caracterizando como pressuposto do exercício dos demais direitos (SANTOS, 2015, p. 11-12), motivo pelo qual deve fomentar o instituto do dano moral na interface do direito civil com o direito constitucional (Constitucionalização do Direito Civil) a partir do reconhecimento da eficácia dos direitos fundamentais nas relações privadas, considerando que "los poderes privados constituyen hoy una amenaza para el disfrute efectivo de los derechos fundamentales no menos inquietante que la representada por el poder público" (UBILLOS, 1997, p. 243).

Nesse sentido, em sendo os valores destinados à proteção da pessoa humana a finalidade última do sistema jurídico (COMPARATO, 2010, p. 74), o dano moral encontra-se apto a compensar a ofensa a bens componentes da dignidade humana, podendo ser concebido e conceituado como a afronta à dignidade da pessoa humana em suas múltiplas manifestações. Por isso, exige a dignidade humana que se respeitem as decisões pessoais, o projeto de vida que cada um elege para si, suas vontades, suas livres manifestações (SANTOS, 2015, p. 12).

Contudo, conforme será detalhado no tópico seguinte, esta é uma visão rica, porém restrita do dano moral, que pode e deve abarcar situações que não configurem clara ofensa à dignidade humana, sendo este princípio apenas o norteador do maior número de hipóteses concretizadoras de dano moral. Sobre essa visão estrita, Sérgio Cavalieri Filho leciona:

> Em sentido estrito dano moral é a violação do direito à dignidade. E foi justamente por considerar a inviolabilidade da intimidade, da vida privada, da honra e da imagem corolário do direito à dignidade que a Constituição inseriu em seu art. 5º, V e X, a plena reparação do dano moral (2012, p. 89).

Assim sendo, as hipóteses de dano moral estariam postas para a pessoa humana como um todo, representando um valor sem limites, sendo tutelado o valor da personalidade humana em todas as suas dimensões, garantido pelo princípio constitucional da dignidade humana (MORAES, 2008, p. 114). Corroborando com a impossibilidade de um *numerus clausus* para a tutela da pessoa humana no âmbito existencial, Pietro Perlingieri acentua que não existirá "um número fechado de hipóteses tuteladas: o tutelado é o valor da pessoa sem limites, salvo aqueles colocados no seu interesse e naqueles de outras pessoas" (2009, p. 156).

Do mesmo modo, Cristiano Chaves de Farias, Felipe Peixoto Braga Netto e Nelson Rosenvald asseveram que "aproximar o modelo jurídico do dano moral com o princípio da dignidade da pessoa humana é um exercício indispensável para todos que verdadeiramente queiram construir um direito civil constitucional" (2015, p. 293). Esta afirmação tem total procedência, em ambas as dimensões que o direito civil constitucionalizado pode ser lido: primeira, a partir da constatação de que institutos e regras tradicionais, antes exclusivas do direito civil, passam a ser tratadas explicitamente pela Constituição (é o caso do dano moral); segundo, a partir da necessidade de observância do diploma civil com o conteúdo axiológico da Constituição, "informado pelos princípios estabelecidos na Constituição, dentre os quais, como é de todos sabido, ressalta, com supremacia, o princípio da dignidade da pessoa humana (CF, art. 1º, III)" (NEGREIROS, 2006, p. 61).

Após se debruçar sobre os postulados filosóficos da dignidade, Maria Celina Bodin de Moraes (2008, p. 117) entende que o substrato material da mesma é composto por quatro princípios jurídicos: igualdade; a liberdade; a solidariedade social e a proteção da integridade psicofísica da pessoa. Para cada postulado há um princípio que arrima a dignidade da pessoa humana, motivo pelo qual se diz que ela é um superprincípio. Estabelece, em outras palavras, que a pessoa humana não é circunscrita à sua esfera patrimonial, "possuindo dimensão existencial valorada juridicamente à medida que a pessoa considerada em si e por sua humanidade constitui o valor-fonte que justifica a existência de um ordenamento jurídico" (FARIAS; BRAGA NETTO; ROSENVALD, 2015, p. 294).

Uma importante observação sobre a faceta social do dano moral deve ser sublinhada, pois a proteção dos interesses existenciais não está centrada apenas nos bens individuais, eis que possui uma consideração social do titular dos direitos, de modo que é possível surgir o cabimento da indenização por dano moral a partir da violação da dimensão social da pessoa humana. Em outras palavras, a dimensão social a seguir explicada é fundamental para a compreensão de duas questões envolvendo o dano moral: a) que há bens que transcendem o valor da pessoa em si mesma, como a honra e a imagem, que se revelam como bens individuais com projeção social; b) que as considerações acerca do que é e não é dano moral indenizável perpassa pela análise sobre o que as pessoas merecem umas em face das outras (na favela, no interior, na família, na vizinhança, na sociedade, na escola etc.).

Nesse sentido, o dano moral surge não apenas da violação dos aspectos intrínsecos da pessoa humana, como a saúde, a integridade psíquica e a liberdade, mas também pela inobservância de interesses relativos à "valoração da pessoa no meio social em que vive e atua, o da reputação ou da consideração social, na estima social" (BITTAR, 2015, p. 45).

Por conseguinte, a pessoa humana tem uma projeção social (interativa com outros) recheada de inúmeros interesses juridicamente protegidos, motivo pelo qual pode ser ofendida e agredida nessa parte social de sua personalidade. Nessa linha, Augusto Zenun destaca que pode ser objeto de direito "os modos de ser da pessoa na própria vida social (...) e tudo aquilo que pode ser amparado por tutela jurídica" (1996, p. 65).

Em suas interações com outros, a pessoa humana se desdobra socialmente a partir da inteligência (manifestações), atos motores físicos e vínculos afetivos (BITTAR, 2015, p. 48). E, embora cada pessoa busque, prioritariamente a sua realização e bem-estar individual, para alcançar isto necessita interagir com outros a partir do bem da sociabilidade, sendo fundamental, para fins de harmonizar os interesses existenciais nas relações intersubjetivas, uma consciência pública acerca do que o meio social exige durante essa convivência quase que obrigatória (trabalho, amizade, lazer, família, educação).

Neste viés, o Direito preocupa-se em proteger a projeção da pessoa no seio social, visto que esta cultiva uma série de vínculos dentro de seu convívio social, e, por este motivo, a violação de sua honra, intimidade, a perda de ente querido, dentre outros, representam dano moral indenizável. É nessa linha que, ao tratar da ideia de igual dignidade e da consequente ideia de simetria nas relações interpessoais no espaço público, afirmam Cristiano Chaves de Farias, Felipe Peixoto Braga Netto e Nelson Rosenvald (2015, p. 21) que "não há como desconsiderar a dimensão comunitária (social) da dignidade de cada e de todas as pessoas. A dignidade só assume significado em um contexto de intersubjetividade, que marca todas as relações humanas".

Destarte, o pensador do dano moral deve possuir esse termômetro do meio social para o fim de estabelecer quais interesses merecem e quais não merecem proteção do direito, respostas estas que se encontram, como vetores, na ordem jurídica, mas que se relevam muito transparentes a partir de juízos de experiência, porque é óbvio que o tratamento que se espera de um atendente de telemarketing é diferente do que se acredita de um Síndico de um edifício numa discussão acalorada sobre contas negativas ou de um presidente de comissão de formatura no momento do acerto de contas da renda de um evento. Vetores principiológicos, portanto, são a origem da tarefa hermenêutica acerca do reconhecimento do dano moral, mas jamais possuirão uma resposta adequada em casos difíceis se o julgador não for dotado do saber prático a ser tratado na presente pesquisa.

2.3 A IDENTIFICAÇÃO A PARTIR DE OUTROS INTERESSES DESVINCULADOS DA DIGNIDADE

Considerando que o princípio da dignidade humana se encontra imbrincado com os bens mais básicos a uma plena existência e realização humana, uma demasiada exigência da violação da dignidade para a configuração do dano moral pode acarretar o não cabimento da indenização por dano moral em inúmeras hipóteses em que se constata a violação clara de interesses existenciais. Em outras palavras, quer se dizer que a pessoa humana pode ser aviltada sem que a sua dignidade, de forma direta e imediatamente, seja afetada, como nos exemplos a seguir delineados: a) nome de música de um compositor aparecer em novela com a indicação errada sobre quem é o compositor; b) amassado na porta de um carro de coleção, que o proprietário herdou de seu pai; c) perda de tempo útil com um processo judicial que a outra parte deu causa indevidamente; d) exposição a um perigo que poderia ter ocasionado à morte ou danos físicos graves, mas nenhuma lesividade concreta no plano do dano-prejuízo/consequência foi vislumbrada; e) mosquito dentro do bolo de casamento; f) ausência de anotação da Carteira de Trabalho do empregado.

Por conseguinte, forçar o magistrado a realizar uma ginástica hermenêutica para justificar que a dignidade humana foi violada seria absolutamente insensível a inúmeros interesses existenciais que se desdobram na experiência humana. De igual modo, seria uma postura asséptica em relação à uma gama de atributos inerentes ao ser humano e que fazem parte de seu patrimônio moral, embora não diretamente relacionado à sua dignidade, a qual, como se sabe, teve a sua evolução ligada a um movimento de soerguimento do ser humano a partir dos horrores da 2ª Guerra Mundial, movimento de suma importância, mas que trouxe consigo o risco de que "a força ética e jurídica de que é portadora a ideia de dignidade humana (...) impeça uma seleção criteriosa dos interesses merecedores de tutela" (SCHREIBER, 2013, p. 140).

Sendo assim, apanhando todos os atributos inerentes ao ser humano, em todas as suas facetas (física, psíquica, relacional, espiritual), percorrendo diversos interesses existenciais daí decorrentes, percebe-se que a definição eloquente do dano moral como violação da dignidade da pessoa humana pode soar incompleta e insatisfatória face à necessidade de proteção integral do ser humano, como explicam Cristiano Chaves de Farias, Felipe Peixoto Braga Netto e Nelson Rosenvald:

> Resumir o dano moral à sedutora noção da ofensa à dignidade da pessoa humana pode redundar em uma fórmula abstrata e genérica, que não propiciará segurança ou estabilidade jurídica, pois a dignidade se tornaria uma figura retórica capas de justificar qualquer pretensão à reparação pelo dano extrapatrimonial. Não consideramos um 'erro' a menção ao dano moral como violação à dignidade. Porém, uma definição incompleta, insatisfatória, à luz de um ordenamento jurídico plural e complexo (2015, p. 294-295).

Portanto, diversos interesses pessoais de cunho existencial frustrados podem gerar a compensação dos danos morais sem que exista conexão imediata com a dignidade humana, uma vez que se busca com o dano moral o respeito a todos os interesses "individuais ou sociais da pessoa humana e possa ela cumprir seus fins. Impõe-se o respeito a esses valores individualizadores da pessoa, como ente pensante e comunicante, como ser social, que realiza as funções para as quais veio ao mundo" (BITTAR, 2015, p. 69).

3
INTERESSES EXTRAPATRIMONIAIS PROTEGIDOS JURIDICAMENTE (QUE GERAM DANO MORAL)

Inúmeros interesses existenciais juridicamente protegidos estão permeados pelo ordenamento jurídico brasileiro, tornando-se imperioso que o jurista da responsabilidade civil conheça o conteúdo mínimo (o ponto de partida) ou aspectos centrais e basilares de cada um desses interesses. A seguir, serão apresentados sucintamente os interesses mais comuns de serem violados no bojo das práticas sociais sob a visão deste autor, considerando que as hipóteses de cabimento do dano moral estão envolvidas em uma cláusula aberta, não passível de taxatividade. Cabe salientar que os bens extrapatrimoniais que serão desenvolvidos não foram fruto de uma escolha arbitrária da pesquisa, mas sim decorreram de análise atenta de diversas obras jurídicas como a dos irmãos Mazeaud e André Tunc (1957), que discorrem sobre o cabimento do dano moral em muitas hipóteses que lembram as que serão aqui trabalhadas:

> (…) El juez puede conceder, especialmente, una indemnización a la víctima en el caso de lesión corporal, atentado contra su honor, contra su reputación, o contra la de su familia, contra su libertad personal o por la violación de su domicilio o de un secreto que le interese, a los parientes consanguíneos, afines o al cónyuge como reparación del pesar experimentado en caso de muerte de la víctima. (…) Resulta imposible una enumeración; cabe tan sólo citar, a título de ejemplos, los atentados contra las convicciones y las creencias; más generalmente, contra los sentimientos de moral propriamente dicha, y también todos los daños que afectam a la persona física sin diminuir su capacidad de trabajo: sufrimientos, cicatrices y heridas que atenten contra la estética (p. 424-427).

No mesmo sentido, António Menezes Cordeiro:

> Estão em causa, designamente, realidades como a vida, a integridade física e moral, o bom nome, a honra e a privacidade do próprio sujeito (...) a liberdade. A vida é sentida como uma vantagem, satisfazendo evidentes necessidades ligadas à sobrevivência do ser pensante. Daí podemos extrapolar outras vantagens: a saúde, a integridade física, o repouso, o sono e o ambiente adequado. O ser humano ainda tem uma vivência espiritual e social: implica estima pelos outros e autoestima. Tratando-se de si próprio, encontramos a honra, a consideração, a reputação e o bom nome (2004, p. 29-78).

Assevera-se que o estudo do dano moral não é afeito a bens jurídicos alocados em compartimentos, porque é muito comum que diversos bens jurídicos existenciais sejam atingidos em um único acontecimento. Ofensas cotidianas a alguém como "desonesto" atingem o bem jurídico honra subjetiva e integridade psíquica; a tortura de alguém para dizer algo fulmina o bem jurídico da integridade física e da integridade psíquica; longas esperas em banco, companhia aérea ou ao telefone para cancelar serviço ou obter informação viola o bem jurídico relacionado ao tempo, mas também a integridade psíquica; uma criança que é eletrocutada em uma cerca elétrica que despenca sobre defeito físico, mas também perturbação psíquica, revelada pela dor, traumas, sofrimentos; um rompimento abrupto de noivado após data marcada de casamento e convite enviado aos convidados gerará direito a indenização por dano moral por atingir a integridade psíquica da vítima e ao mesmo tempo a honra objetiva. Sendo assim, o estudo abaixo é feito de forma dividida para fins didáticos.

3.1 IMAGEM E NOME

Cada ser humano tem uma aparência física, de voz e de trejeitos distinta da dos restantes. Ao contrário do que sucede com outros animais, onde se torna possível encontrar indivíduos idênticos, entre os seres humanos prevalece sempre a variabilidade de genes e a unicidade, de modo que a imagem materializada de uma pessoa é um bem personalíssimo fortemente objetivado pois o destino que se dê à imagem é, de certo modo, um tratamento dado à própria pessoa que acaba surgindo no palco dos bens de personalidade (CORDEIRO, 2004, p. 193).

Todas as pessoas possuem o espaço protegido para dispor de sua aparência física, social ou sonora (voz) autorizando a captura, reprodução ou difusão dos mesmos. O direito à compensação por danos morais pelo uso indevido da imagem está estampado no art. 5º, X, da CF/88: "são invioláveis a intimidade, a vida privada, a honra e a imagem das pessoas, assegurado o direito a indenização pelo dano material ou moral decorrente de sua violação", bem jurídico este também esculpido nos artigos 20 e 21 do CC/2002. Ambos os diplomas visam a proteção da forma plástica da pessoa e de todos os seus "respectivos componentes identificadores (rosto, olhos, perfil, busto, voz, características fisionômicas etc.) que a individualizam na coletividade" (FARIAS; BRAGA NETTO; ROSENVALD, 2015, p. 398).

A imagem é um bem jurídico que diz respeito àquilo que nos diferencia e nos particulariza em relação aos outros, pois "a imagem está sempre vinculada a qualquer tipo de representação gráfica da figura humana, em que a própria pessoa se reconhece e é reconhecida por outras pessoas" (SANTOS, 2015, p. 382). A esse respeito, alude-se a uma tridimensionalidade do direito de imagem, formado por imagem-retrato, imagem-atributo e imagem-voz (FARIAS, BRAGA NETTO, ROSENVALD, 2015, p. 398), no sentido de que estão sob o campo de proteção da imagem as características fisionômicas atreladas à pessoa – como o perfil, o rosto e o corpo – as características pessoais que estão vinculadas à pessoa – como o jeito de dançar, de falar, de utilizar jargões, hábitos – assim como o próprio timbre sonoro peculiar de cada ser humano sob à luz do sol.

Salienta-se que a violação do bem jurídico da imagem não necessita da utilização da imagem do ofendido para ser consumada, bastando que se utilize uma representação gráfica, como o desenho de alguém muito parecido com o Zeca Pagodinho com uma cerveja na mão a fim de vender mais produtos, ou, como a utilização de um artista muito parecido com o cantor Roberto Carlos, o jogador Pelé ou o apresentador Faustão. Nestes casos, embora não se esteja diante da utilização de uma imagem fidedigna à pessoa, sabe-se que o ofensor está obtendo proveito indevido das características que distinguem aquela pessoa famosa. Destarte, "o retratado pode até ser uma pessoa desconhecida do público, em geral. Mas, se houver o reconhecimento no meio social em que vive, arranhada estará a sua imagem" (SANTOS, 2015, p. 382).

Nesse ponto, vale sublinhar que a violação do direito de imagem gera dano moral indenizável independentemente de ter como consequência o gravame à honra ou à intimidade, como já sedimentado na súmula 403 do STJ: "independe de prova do prejuízo a indenização pela publicação não autorizada de imagem de pessoa com fins econômicos ou comerciais", gozando o interesse jurídico da imagem de autonomia: "a imagem obtida sem consentimento do retratado, mesmo que não atente contra a honra e a intimidade, é passível de proteção" (SANTOS, 2015, p. 385). No mesmo sentido: "pode configurar-se um fato antijurídico, ainda que não exista atentado à honra, ou à identidade dinâmica, ou à privacidade, mas em forma autônoma não autorizada da imagem" (LORENZETTI; FRADERA, 1998, p. 488).

Como vive-se sob a égide de um sistema jurídico que balanceia interesses contrapostos, nada mais salutar do que o direito à integridade da imagem sofrer limitações. Assim é que "es libre la publicación del retrato cuando se relacione con fines científicos, didácticos y em general culturales, o con hechos o acontecimientos de interés público o que se hubieran desarrollado en público" (PIZARRO, 1996, p. 505). Na mesma linha, o consentimento tácito ou expresso também afasta qualquer violação do direito de imagem.

Uma limitação clara também se manifesta quando arrima a difusão da imagem o interesse didático, científico ou público relativo à informação de artista, esportista, político ou pessoa famosa de relevância para toda a sociedade. Também existem limitações quando se está em espaço ou evento público.

Questão difícil se referiu à possibilidade de escritor desenvolver obra sobre a vida de alguém sem a autorização do mesmo, a chamada biografia não autorizada. O Supremo Tribunal Federal, no julgamento da Ação Direta de Inconstitucionalidade n. 4815, de Relatoria da Ministra Carmem Lúcia, com acórdão publicado dia 01.02.2016, privilegiou a liberdade de expressão da atividade intelectual, artística, científica e de comunicação, independentemente de censura ou licença de pessoa biografada, asseverando que não é proibindo, recolhendo obras ou impedindo sua circulação, calando-se a palavra e amordaçando a história que se consegue cumprir a Constituição. Destacou, é claro, que os direitos do biografado não ficarão desprotegidos: qualquer sanção pelo uso abusivo da liberdade de expressão deverá dar preferência aos mecanismos de reparação *a posteriori*, como a retificação, o direito de resposta, a indenização e até mesmo, em último caso, a responsabilização penal.

Na referida ação, ajuizada pela Associação Nacional dos Editores de Livros, se buscava a declaração de inconstitucionalidade sem redução de texto dos artigos 20 e 21 do CC/2002, os quais, em uma leitura literal sem consonância com demais valores constitucionais expressam que a utilização da imagem de outrem necessita de autorização, sendo bem jurídico inviolável. Denotam, assim, o privilégio do direito do biografado em detrimento do direito do escritor de publicar obras sobre a vida daquele, conforme abaixo transcrito:

> Art. 20. Salvo se autorizadas, ou se necessárias à administração da justiça ou à manutenção da ordem pública, a divulgação de escritos, a transmissão da palavra, ou a publicação, a exposição ou a utilização da imagem de uma pessoa poderão ser proibidas, a seu requerimento e sem prejuízo da indenização que couber, se lhe atingirem a honra, a boa fama ou a respeitabilidade, ou se se destinarem a fins comerciais.
>
> Art. 21. A vida privada da pessoa natural é inviolável, e o juiz, a requerimento do interessado, adotará as providências necessárias para impedir ou fazer cessar ato contrário a esta norma.

O advogado que subscreveu a petição inicial da referida ação[1] foi Gustavo Binenbojm, o qual argumentou que as pessoas cuja trajetória pessoal, profissional, artística, esportiva ou política, haja tomado dimensão pública, gozam de uma esfera de privacidade e intimidade naturalmente mais estreita, inferindo que exigir a prévia autorização do biografado importa consagrar uma verdadeira censura privada à liberdade de expressão. Continuou afirmando que a extensão dos artigos 20 e 21 do Código Civil, ao não preverem qualquer exceção que contemple as obras biográficas, acabam por violar as liberdades de manifestação do pensamento, da atividade intelectual, artística, científica e de comunicação (CF, art. 5º, IV e IX), além do direito difuso da cidadania à informação (art. 5º, XIV), requerendo ao final a declaração de inconstitucionalidade parcial, sem redução de texto, dos artigos 20 e 21 do Código Civil para que, mediante interpretação conforme a Constituição, fosse afastada do ordenamento jurídico brasileiro a necessidade do consentimento da pessoa biografada para a publicação ou veiculação de obras biográficas, literárias ou audiovisuais (BINENBOJM, 2012, p. 1-17).

Logo, não configuram dano moral a veiculação de imagem nos seguintes casos: a) desportista que acaba de vencer um campeonato; b) político que realiza discurso; c) discussões em uma praia, na rua ou no congresso nacional; d) retratar vida de pessoa pública em livro ou filme; e) artista em performance no show; f) torcedor no

---

1. Ver petição inicial em: http://www.stf.jus.br/arquivo/cms/audienciasPublicas/anexo/paginador.pdf. Acesso em: 14.10.2017.

meio da arquibancada. É claro que em todos esses casos não pode haver abusos a ponto de explorar a imagem comercialmente, veiculá-la de forma descontextualizada e/ou enfatizar situações vexatórias e humilhantes, posto que tais circunstâncias afrontam claramente a proteção constitucional da pessoa humana.

A mensuração do *quantum* deve relevar se houve gravame à honra, a ponto de prejudicar reputação que a pessoa tem perante a sociedade em nível profano ou profissional; se violou a intimidade ou privacidade, adentrando em esfera que o ofendido dedicou para o seu espaço particular; a duração e intensidade da utilização da imagem, que vai desde uma simples publicação em jornal, até constantes usos para fins lucrativos; o grau de prestígio que a vítima goza no meio em que a imagem foi difundida, de modo que utilizar a imagem do Ronaldinho Gaúcho para incrementar a venda de material esportivo é mais danoso do que utilizar a imagem de um estudante para o mesmo fim.

Como exemplos: a) reprodução da imagem original ou de similar de modo a se apropriar daquela para fins artísticos, comerciais ou fotográficos sem autorização da vítima; b) uso de imagem verdadeira com autorização, mas deturpando ou modificando a imagem do ofendido; c) uso da imagem para além do permitido em contrato; d) pintura representando o rosto de alguém em estampa de blusa sem autorização; e) utilização da voz da pessoa em comerciais ou filmes; f) abordar em filme, programa de televisão ou comercial trejeitos que remetem a alguém famoso, como o jeito de falar, se vestir, se portar; g) construção de busto de alguém para enfeitar uma loja, sem a devida autorização; h) divulgar fotografia de pessoa famosa em local público que mostre os seios ou outras partes íntimas[2]; i) divulgação de imagem de menor envolvido em ato infracional, mesmo que com provas cabais[3]; j) a simples reprodução da pessoa, pela pintura, pela fotografia ou pelo filme, é suficiente para configurar a violação do direito à imagem (CORDEIRO, 2004, p. 193).

Assim como a imagem é um bem extrapatrimonial, o direito ao nome também, o qual recebe uma proteção muito semelhante àquele pela ordem jurídica brasileira. O nome civil é um direito da personalidade regulado pelos arts. 16 a 19 do CC/2002 e pode ser conceituado como um "sinal exterior pelo qual são reconhecidas e desig-

---

2. Assim já decidiu o Superior Tribunal de Justiça: "No tocante às pessoas notórias, apesar de o grau de resguardo e de tutela da imagem não ter a mesma extensão daquela conferida aos particulares, já que comprometidos com a publicidade, restará configurado o abuso do direito de uso da imagem quando se constatar a vulneração da intimidade, da vida privada ou de qualquer contexto minimamente tolerável" (julgamento do Recurso Especial 1594865/RJ, de Relatoria do Ministro Luís Felipe Salomão, com acórdão publicado dia 18.08.2017).
3. "A preservação da imagem e da intimidade dos menores, em tenra idade ou prestes a alcançar a maturidade, é reflexo do comando constitucional da sua proteção integral, com absoluta prioridade em assegurar seus direitos fundamentais (arts. 227, da CF/88, 4º do ECA). Independente do grau da reprovabilidade da conduta do menor, o Ordenamento Jurídico veda a divulgação de imagem de adolescentes a quem se atribua a autoria de ato infracional, de modo a preservar a sensível e peculiar condição de pessoa em desenvolvimento" (trecho do voto da Relatora Ministra Nancy Andrighi, no julgamento do Recurso Especial n. 1442083/ES, julgado pelo Superior Tribunal de Justiça, com acórdão publicado dia 02.10.2017).

nadas as pessoas no seio familiar e social" (FARIAS; ROSENVALD, 2015, p. 239). Desta feita, o prenome (primeiro componente do nome) somado ao sobrenome (nome de família) recebem a mesma proteção conferida à imagem, uma vez que de acordo com o art. 18 do CC/2002 "sem autorização, não se pode usar o nome alheio em propaganda comercial", conforme decisões judiciais a seguir: a) dano moral por inclusão equivocada do nome de médico em guia orientador de plano de saúde sem expressa autorização (Resp 1.020.936/ES); b) dano moral por veiculação de nome artístico de atriz brasileira em site pornográfico (Resp 1695778/RJ); c) dano moral por uso do nome do piloto de Fórmula 1 "Rubinho" em publicidade da Varig Logística S/A – Velog (Resp 1.432.324/SP); d) dano moral por publicidade de cursinho com nome de aprovado em concurso em prévia autorização (processo n. 1002474-88.2018.8.26.0100, TJSP).

Salienta-se que o espírito por trás da proteção conferida ao nome é no sentido de que o mesmo não seja utilizado sem autorização do titular para fins comerciais, pois do contrário a empresa/anunciante se aproveitaria de toda a reputação e história vinculada àquele nome, e, por esse motivo, para configurar a transgressão desse direito não há necessidade de utilização do nome completo, pois às vezes apenas o prenome ou o sobrenome aliado a um determinado contexto já são suficiente para que o público faça alusão a tal pessoa, como por exemplo: Bernardinho, Neymar, Romário, Faro, Hassum etc. Por esse motivo, para configurar a violação desse bem extrapatrimonial não há necessidade de utilização do nome completo, sendo suficiente, dependendo do contexto, apenas o prenome ou o sobrenome ou o apelido ou o pseudônimo, como o que aconteceu no caso acima, em que a empresa utilizou o nome "Rubinho" aliado a um contexto de uma criança num carro de fórmula 1 com macacão vermelho.

Isto se justifica porque assim como o rosto, a voz e os trejeitos de alguém o diferenciam no seio da comunidade, o nome também, o qual se liga à história e a reputação construída ao longo de anos. Nessa mesma linha, o pseudônimo – que é uma expressão diversa do nome verdadeiro e que identifica alguém em sua atividade profissional de modo a ocultar a identidade do titular ou com fins mercadológicos – goza da mesma proteção que se confere ao nome (art. 19, CC/2002). Portanto, o jornalista Kajuru, o youtuber Pirula, o político Sarney e a cantora Anitta, mesmo não possuindo tais nomes em seus respectivos registros civis, poderão pleitear indenização por dano moral e ação de obrigação de não fazer contra quem utilize tais pseudônimos para fins comerciais pelo simples fato de que são reconhecidos assim no meio social e profissional.

3.2 HONRA

O direito à honra, previsto no art. 5º, inciso X, da CF/88, está ligado à preservação em nível social e individual dos aspectos que dizem respeito à reputação que a pessoa tem de si e perante os outros, motivo pelo qual o direito à honra pode ser transgredido de duas formas distintas: a) pode ferir a auto valoração que cada um tem de si mesmo enquanto ser humano no tocante à sua autoestima e consciência (PIZARRO, 1996, p. 493), no Brasil conhecido por injúria ou honra subjetiva, sendo o "apreço próprio, do juízo que cada um tem de si" (SILVA, 2005, p. 188); b) pode atingir a reputação que a vítima construiu perante terceiros em nível social, momento este que se verifica que o vilipêndio a esse interesse, ao prejudicar a relação do ofendido com terceiros, acaba por obstruir chances de êxito, confiança, crédito e oportunidades (PIZARRO, 1996, p. 493-494), no Brasil chamado de calúnia, quando imputar ilícito penal indevidamente à alguém, e de difamação, quando vilipendiar a boa fama da pessoa em nível social, ou seja, a sua honra objetiva, que é "o respeito, a consideração, a reputação, a fama de que gozamos no meio social" (SILVA, 2005, p. 188).

Cabe ressaltar que em se tratando de ofensa ao bem jurídico honra o nosso ordenamento jurídico admite a exceção da verdade, quando o possível transgressor demonstra a veracidade das alegações apurada pelo mínimo de diligência razoável e não necessariamente de uma verdade cabal e absoluta. Aqui, para configurar o dano moral indenizável basta transmitir como fatos verdadeiros "simples rumores, carentes de toda constatação, ou meras invenções ou insinuações insidiosas" (SANTOS, 2015, p. 300).

Além do mais, mesmo verdadeira, nem tudo que se faz tem de ser revelado, como no caso de contas da de um motel do cidadão, os insucessos escolares ou opções pessoais legítimas, pois o direito civil procura a felicidade das pessoas e nunca poderá coadunar com a maldade gratuita (CORDEIRO, 2004, p. 149). Assim, a informação não pode ser abusiva, caracterizando perseguição, como no caso de uma decoradora de festas que não realizou seu serviço a contento e tem a sua página da internet bombardeada diuturnamente de informações depreciadoras da ofendida enquanto profissional. Aliás, comete ato ilícito aquele que excede manifestamente os fins para o exercício do direito (art. 187 do CC/2002). Nessa mesma linha, denota-se ilegal o manejo de informações, mesmo verdadeiras, que invadam a intimidade e vida privada do ofendido, como o fato dele beber todas as noites ou realizar orgias em sua casa, como explica Antônio Jeová dos Santos: "quando divulga notícia verdadeira, mas avança, de forma indevida, na intimidade, a conduta é antijurídica porque violadora de direitos da personalidade" (SANTOS, 2015, p. 300-301).

Diversos critérios podem orientar uma fixação adequada de indenização compensatória para casos de violação da honra individual ou social, tais como a maior ou menor propagação da divulgação; o impacto negativo da divulgação na vida da vítima; condições pessoais da vítima; importância da reputação atingida na vida da vítima, dentre outros.

À guisa de exemplos, imagine-se a) falsa imputação de quaisquer crimes, pois, como assevera Ramon Daniel Pizarro "nadie puede ser tiltado de delincuente, asesino, violador o corrupto hasta tanto así lo que determine la justicia competente" (1996, p. 496); b) imputação falsa de fato desonroso, como o fato de o ofendido viver bêbado ou drogado; c) menosprezo à pessoa por meio de gestos, palavras ou escritos; d) publicações inverídicas, como as constantes em cadastros de restrição de crédito, que aludem a débitos inexistentes ou em valores errados; e) publicações verídicas, mas que desrespeitam os parâmetros legais, como a inscrição em cadastro de restrição de crédito sem a notificação prévia do consumidor[4]; f) acusar cliente de furto em loja; g) informar que pessoa é criminosa após ser absolvida ou ter o inquérito arquivado; h) divulgação de informação inverídica como a que tal pessoa é um estuprador ou responde em ação penal pelo crime de homicídio "quando ela é o resultado de um conceito equivocado que difere da realidade. Tanto em um como em outro caso, a informação não é verdadeira" (SANTOS, 2015, p. 301); i) protesto indevido de título cambial[5]; j) veiculação de matéria jornalística imputando práticas ilícitas a alguém sem o mínimo de indícios[6]; k) em suma, juízos valorativos quanto à integridade, à seriedade e à moralidade do sujeito; a reputação familiar; a reputação profissional; a reputação cívica; a reputação política e assim por diante (CORDEIRO, 2004, p. 143).

3.3 IGUALDADE

De inúmeras formas a violação do direito de igualdade (art. 5º, caput e inciso I, CF/88) pode gerar dano moral indenizável, visto que a CF/88 repudia qualquer forma de discriminação, estabelece o racismo como crime inafiançável, sendo intolerável qualquer conduta que denote preconceito por origem, raça, posição política, condição social, doenças, sexo, cor, idade e quaisquer outras formas de discriminação. Portanto, no bojo das práticas sociais as pessoas físicas e jurídicas têm direito de realizarem preferências, distinções, exclusões ou restrições, mas não podem estar calcadas em cor, sexo, religião, origem étnica, condição social, idade, dentre outras, desde que devidamente justificadas, como no caso da legislação que determina que a mulher deve carregar menos peso que o homem e a que estipula idade mínima para obter habilitação de motorista. Portanto, o respeito que se exige à igualdade para não ser responsabilizado é aquele que suprime e elimina, de forma radical, qualquer

---

4. O Superior Tribunal de Justiça tem proferido reiteradas decisões no sentido de reconhecer o dano moral decorrente da própria existência do ato ilícito (seja por inscrever dívida inexistente, seja por desrespeitar os requisitos legais para uma inscrição devida), como no julgamento do Recurso Especial n. 1.369.039/RS, com acórdão publicado dia 10.04.2017, no qual o Ministro Relator Ricardo Villas Bôas Cueva asseverou que "a inscrição ou manutenção indevida do nome do devedor no cadastro de inadimplentes acarreta, conforme jurisprudência reiterada deste Tribunal, o dano moral *in re ipsa*, ou seja, dano vinculado à própria existência do fato ilícito, cujos resultados são presumidos".
5. Nessa linha, o Superior Tribunal de Justiça já se pronunciou, no julgamento do Recurso Especial n. 60033/MG, Relator Ministro Ruy Rosado de Aguiar, acórdão publicado dia 27.11.1995.
6. "A emissora recorrente extrapolou os limites da liberdade de manifestação e de informação, pois induziu os telespectadores a acreditar que o recorrido compactuava com atividade ilícita, sem o cuidado de checar ao menos um indício de plausibilidade dessa declaração" (trecho do voto do Relator Ministro Marco Aurélio Bellizze, no julgamento do Agravo Interno no Agravo no Recurso Especial n. 2016/0247299-5, com acórdão publicado dia 02.08.2017).

discriminação arbitrária entre as pessoas, ou seja, quando uma pessoa é colocada por outra em situação de inferioridade (SANTOS, 2015, p. 429-430).

Na ocasião de ter sido violado o interesse de ser tratado com igualdade, alguns parâmetros são importantes para uma justa fixação do dano moral, como se a violação expôs o ofendido de forma negativa perante outras pessoas; o nível do sofrimento; a duração da ofensa; a existência de irreversibilidade e a repercussão na vida posterior da vítima etc.

Desta feita, fora de hipóteses adequadamente justificadas – como requisitos de idade e teste físico para determinados cargos, de idoneidade financeira para contratos, de especialidade em determinada área – tratamentos desiguais violam frontalmente valor existencial protegido pelo direito, fazendo *jus* a vítima à indenização por danos morais, como nos casos expostos a seguir: a) empregado demitido por ser portador de HIV; b) mulher demitida por ser bonita e atrair homens; c) estagiário não aprovado em seleção por possuir tatuagem; d) consumidor mal atendido por ser negro seja por ser expulso da loja, seja por negarem atendimento ao mesmo[7]; e) pessoa vestida de forma simples ser expulsa de estabelecimento comercial; f) consumidor não ter atendimento adequado por possuir ação judicial contra a empresa; g) brincadeiras que ridicularizam a pessoa por ser de uma cidade pequena do interior ou de outro país[8]; h) mulheres que não recebem atendimento em locais frequentados por homens; i) proibir homossexuais como candidatos de vaga de garçom em restaurante; j) mulher grávida proibida de disputar vaga de emprego; k) criança com síndrome de down ou dentro do espectro autista ter negada a matrícula em colégio; l) casal homossexual vítima de insultos e ofensas em restaurante, metrô, cinema e qualquer outro espaço público ou privado; m) mulher grávida que tem seu cargo ou função modificada[9]; n) chacotas, ofensas e humilhações em razão de o empregado ou colega de turma ser homossexual[10].

---

7. Assim já decidiu o Tribunal de Justiça da Bahia, no julgamento do Recurso Inominado 6714102003, de Relatoria de Baltazar Miranda Saraiva, com acórdão publicado dia 29.07.2005, em caso envolvendo pessoa negra que foi impedido de ingressar em estabelecimento comercial em área nobre.
8. Ganharam destaque dois casos julgados pelo Tribunal Superior do Trabalho que condenaram a empresa a pagar danos morais aos trabalhadores chamados, respectivamente, de baiano preguiçoso e árabe sujo. Trata-se do julgamento dos Recursos de Revista n. 305-63.2012.5.09.0009 (Relator Ministro Cláudio Mascarenhas Brandão, acórdão publicado dia 30.05.2014) e 861-24.2011.5.04.0661 (Relator Ministro Alberto Luiz Bresciani de Fontan Pereira, acórdão publicado dia 09.05.2014).
9. "A gravidez de uma empregada nem sempre é recebida com bons olhos pelo empregador e, no caso em concreto, houve uma prova real de que a Reclamante teve a função alterada após a gravidez. De toda sorte, não pode passar despercebido por esta Justiça Especial que o conjunto da prova oral produzida favorece às alegações da Reclamante, inclusive quanto à rescisão indireta do contrato de trabalho. A rescisão indireta decorrente de um tratamento diferenciado que foi dispensado à Reclamante após a sua gravidez é fato objeto de prova nesses autos e autoriza a extinção do contrato, por culpa do empregador, porque é um ato discriminatório, além de ofensivo" (trecho do voto da Desembargadora Relatora Taisa Maria M. de Lima, no julgamento do Recurso Ordinário n. 00476-2008-022-03-00-7, tramitando perante o Tribunal Federal do Trabalho da 3ª Região, com acórdão publicado dia 08.10.2008).
10. "Para efeito de cumprimento das cláusulas do contrato de trabalho é absolutamente irrelevante a orientação sexual adotada pelo empregado, vez que se trata de questão estritamente relacionada à sua intimidade. *In*

Sendo assim, é lícito ter preferência por verde e não azul, por praias e não fazenda, por filmes de suspense e não de ficção científica, por pessoas com alto aproveitamento acadêmico e não por negligentes em relação às disciplinas da faculdade, por pessoas que demonstrem humildade e não por aquelas que afirmam que não gostam de receber ordens. Fora desse âmbito exclusivamente privado, sabe-se que as diferenças criadas são puramente ideológicas e calcadas em poder simbólico de uma sociedade tendente a afirmar valores de uma maioria que detém o poder.

3.4 PRIVACIDADE

Em suma, o direito à intimidade e à vida privada implicam na proteção de que cada um pode orientar sua vida com bem entender sem prejudicar terceiros, como nas facetas relacionadas à origem e a identidade da pessoa; a sua situação de saúde; a sua situação patrimonial; a sua imagem; os seus escritos pessoais; as suas amizades e relacionamentos sentimentais; as suas preferências estéticas; as suas opções políticas e religiosas, sendo tudo que não seja público, profissional ou social (CORDEIRO, 2004, p. 205). Tanto a intimidade quanto a vida privada estão protegidas pelo art. 5º, X, da CF/88 estão imbrincados, porque a vida privada é mais ampla do que a intimidade. Desta feita, a intimidade se refere à faceta mais interna e sagrada do ser humano, ao passo que a vida privada tem relação com questões que não são íntimas, mas que fazem parte de um conjunto de fatos que não são de conhecimento da sociedade e podem merecer proteção pelo zelo de a pessoa manter reservadas a si ou a um grupo restrito, fora do alcance de conhecimento dos demais (SILVA, 2005, p. 264). Nesse sentido, informações sobre como a pessoa dorme, almoça e janta dentro de seu recinto familiar, se a pessoa frequenta bordeis, se está com novo namorado ou terminou o noivado, se vai todos os dias ao encontro da amante, se tem dois ou mais parceiros sexuais não dizem respeito ao seu íntimo mais intrínseco, mas conectam-se com um campo que o sujeito deseja manter confidencial, motivo pelo qual está protegido pelo bem jurídico da vida privada. De outro lado, deformidades, anomalias, fatos desabonadores do passado e/ou vícios que o ser humano possua se referem mais propriamente à intimidade.

Vale lembrar que não será de tanta relevância estabelecer um termômetro que divida o bem jurídico da vida privada da intimidade, pois ambos são igualmente protegidos pela Carta Magna e, em um sentido amplo, se referem à inviolabilidade de a pessoa ter um espaço mínimo reservado apenas para si e com quem queira di-

---

casu, restou provada a insólita conduta patronal, com a prática reiterada de ofensas de cunho homofóbico por parte de superior hierárquico, que atingiram o patrimônio moral da obreira, resultando a obrigação legal de reparar. ... Independentemente da orientação sexual da autora, que só a ela diz respeito posto que adstrita à esfera da sua liberdade, privacidade ou intimidade, a prática revela retrógrada e repugnante forma de discriminação, qual seja, o preconceito quanto à orientação sexual do ser humano" (trecho do voto do Relator Desembargador do Tribunal Federal do Trabalho da 2ª Região, Ricardo Artur Costa e Trigueiros, no julgamento do Recurso Ordinário 00010612020135020078, com acórdão publicado dia 15.08.2014).

vidir, ou, nos dizeres de Américo Luís Martins da Silva, trata-se da "liberdade de se introverter, de se recolher à vida privada" (2005, p. 263). Diz respeito a um âmbito que o ser humano deseja manter condutas e situações dentro do espectro privado, sem difundir ao conhecimento de terceiros, como questões ligadas a doenças, a tristezas e frustrações, a hábitos circunscritos ao âmbito familiar, a deformidades físicas, ao cotidiano com os ascendentes, descendentes, cônjuge ou companheira, dentre outros. Em todos esses casos, estar-se-á diante de informações que não possuem relevância significativa para mais ninguém, a não ser à própria pessoa e àqueles com quem queira compartilhar.

É importante destacar que o espectro de proteção da intimidade é mais amplo do que possa parecer. De acordo com Ramon Daniel Pizarro, tal direito está vinculado a uma tripla dimensão: a) direito de ser deixado em paz e tranquilidade; b) direito à autonomia em relação as decisões de sua existência; c) direito de controle de informações pessoais (1996, p. 501). De tal modo, também está dentro da proteção da intimidade a violação de correspondência, a divulgação de dados pessoais (CPF, endereço, número do celular etc.) para terceiros, assim como a toda e qualquer difusão de informações do íntimo do ser humano.

Cabe fazer um paralelo com o bem jurídico da integridade psíquica, pois neste será visto que a quebra da tranquilidade/sossego/paz de alguém por sons altos na vizinhança, demora demasiada em atendimento, longas filas intermináveis e necessidade de diversas idas ao estabelecimento para resolver algum problema do serviço ou do produto geram direito à indenização por danos morais. Contudo, aqui também se faz presente a proteção de uma outra faceta da tranquilidade, desvinculada do equilíbrio psíquico e mais relacionada ao direito de ser deixado sozinho (nos Estados Unidos chamado de *right to be alone*). É o que acontece com pessoas famosas que são perseguidas por humoristas em praias, ruas e outros locais públicos, fazendo com que aquelas não consigam gozar de um mínimo de vida privada livre da interferência de outrem, como explica Antônio Santos Jeová:

> O homem pode ensimesmar-se, ou seja, ter o poder de retirar-se virtual e provisoriamente do mundo e meter-se dentro de si. O que há de mais surpreendente neste fato, é o poder que o homem tem de retirar-se virtual, e provisoriamente do mundo, e meter-se dentro de si mesmo. Esta faculdade, maravilhosa que é, implica dois poderes muito distintos: o de desatender o mundo em torno e o de ter onde se introjetar, onde estar quando se tem saído do mundo. Significa que o homem pode sair fora do mundo e, paradoxalmente, esse sair do mundo é um entrar verdadeiro (2015, p. 401).

Cabe destacar que, diferentemente dos ataques à honra, que admitem a exceção da verdade, para as transgressões à intimidade são irrelevantes que o fato veiculado seja verdadeiro ou não. Em qualquer caso, quando por ato de terceiro aspecto reservado ao íntimo do ofendido for divulgado e revelado, este fará *jus* à indenização por danos morais.

Em relação a critérios para valor o dano moral, Ramon Daniel Pizarro aconselha a identificar a personalidade da vítima; a gravidade do prejuízo; a maior ou menor divulgação da informação; a índole da intrusão (1996, p. 504). Acrescenta-se o gravame à profissão ou laços familiares e de amizade do ofendido; se o vazamento foi corriqueiro ou um caso isolado, dentre outros; o nível de importância de a informação ter sido mantida em segredo, pois a divulgação de foto de uma pessoa dormindo é diferente da transmissão de uma doença terminal.

São exemplos de violações aos bens jurídicos intimidade e/ou vida privada: a) divulgação de foto da pessoa agonizando em cirurgia; b) publicação de sentença de divórcio com a identificação do nome das partes; c) divulgação de fotos íntimas da pessoa sozinha ou com seu parceiro; d) violação de correspondência; e) transmissão para terceiros de cadastro de consumidor contento suas informações pessoais; f) vazamento de informações acobertadas pelo sigilo profissional; g) intromissão por fotos ou filmagens no domicílio do ofendido, retratando a intimidade familiar; h) instalação de câmeras dentro de residências ou espaços privados sem a divulgação; i) interceptação telefônica sem autorização judicial, porém observa-se que a gravação de telefonema feita por um dos interlocutores sem autorização do outro não gera dano moral[11]; j) vizinho que tira fotografia da vizinha aos beijos com o novo namorado na saída do elevador e publica para o conhecimento de terceiros; k) divulgação de vídeo capturando momentos do ofendido dentro de sua casa com sua família em diversas situações cotidianas; l) divulgação de doença ou vício que a pessoa desejava manter em sigilo; m) locador que não providencia a reconstrução de muro de casa alugada, deixando a privacidade do locatário exposta pela falta de reparo do muro desabado[12]; n) violação de dados pessoais e familiares em relação aos sentimentos, conduta sexual, saúde, defeitos físicos, fé religiosa, ideias políticas, lembranças, gravação de conversas (LORENZETTI; FRADERA, 1998, p. 492).

3.4.1 Dano moral diante da lei geral de proteção de dados (Lei 13.709/2018)

Após o estudo dos bens jurídicos imagem, privacidade, igualdade e honra, é indispensável realizar um link com situações de violação de tais bens jurídicos no campo dos dados pessoais em cotejo com a Lei Geral de Proteção de Dados – LGPD (Lei n. 13.709/2018). Assim, dados pessoais são fatos e/ou representações sobre uma pessoa física ou jurídica, passíveis de coleta, armazenamento e transferência a terceiros (SANTOS, 2014, p. 351)[13], tais como número de telefone, endereço, conta bancária, nome completo, CPF, profissão, identificador online (IP), preferências, hábitos, desejos, buscas e compras recentes, localização, opiniões, padrão de vida,

---

11. O Supremo Tribunal Federal, no julgamento do Recurso Extraordinário n. 583.937/RJ, de Relatoria do Ministro Cezar Peluso, DJ 19.11.2009, decidiu que não é ilegal a gravação ambiental realizada por um dos interlocutores sem conhecimento do outro.
12. Conforme decisão do Tribunal de Justiça de São Paulo no julgamento da Apelação n. 483.023, de Relatoria do Desembargador Renato Sartorelli, DJ 10.03.1997.
13. Nesse sentido, dispõe a LGPD: "Art. 5º: Para os fins desta Lei, considera-se: I – dado pessoal: informação relacionada a pessoa natural identificada ou identificável.

"origem racial ou étnica, convicção religiosa, opinião política, filiação a sindicato ou a organização de caráter religioso, filosófico ou político, dado referente à saúde ou à vida sexual, dado genético ou biométrico" (art. 5, II, LGPD) etc. Em suma, tudo aquilo que é capaz de apresentar as principais características que individualizam aquela pessoa. Dentre esses dados pessoais, existem aqueles que são considerados sensíveis, como identifica José Luiz de Moura Faleiros Júnior (2019, p. 207):

> Quaisquer características da personalidade do indivíduo e as suas escolhas pessoais, a exemplo de sua origem racial ou étnica, de sua convicção religiosa, de sua opinião política, da filiação a sindicato ou a organização religiosa, filosófica ou a partido político, bem como os detalhes referentes à sua saúde ou à sua vida sexual, além dos dados genéticos, da biometria, da geolocalização.

A LGPD, em seus 65 artigos, se dedica exclusivamente às diversas nuances envolvendo dados pessoais no Brasil, e, detalhe, não trata apenas de situações onde a coleta, armazenamento e tratamento ocorrem no âmbito da internet, tanto é verdade que no art. 1º da LGPD é frisado que "esta Lei dispõe sobre o tratamento de dados pessoais, inclusive nos meios digitais". Ou seja, inclusive, mas não somente, pois caso um hospital/seguradora/banco/estacionamento/escola/faculdade colete seus dados (CPF, RG, endereço, telefone etc.) por meio de fichas físicas deve cumprir integralmente a LGPD, mesmo tal coleta não tendo ocorrido por meio digital. Ademais, a LGPD se assemelha a um verdadeiro microssistema legislativo sobre dados pessoais, pois dispões de normas de direito material, administrativo, empresarial e direito processual, e, como se não bastasse, cria um órgão da administração pública, a Autoridade Nacional de Proteção de Dados – ANPD.

Apesar das inúmeras benesses marcadas pelo uso de tecnologias (maior velocidade de comunicação, acesso à informação, produtividade, segurança e qualidade de produtos e serviços etc.), há um risco de que a forma pela qual os dados pessoais são rastreados pelo *Big Data*[14] seja ofensiva aos direitos da personalidade, notadamente a privacidade (por manipular e usar dados pessoais sem prévia anuência) e a igualdade (por deixar pessoas alijadas de certos serviços, produtos e notícias a partir de uma preconcepção estigmatizada de um perfil digital do sujeito)[15]. Nesse sentido, o incremento tecnológico não é marcado apenas por progressos, especialmente se não existir a correspondente proteção da pessoa humana diante de novas formas de violações de direitos, exsurgindo a potencialidade de que no campo digital o ser humano seja tratado como mais um número e bloco de informações, perdendo de vista a sua individualidade e dignidade correlata.

---

14. Big Data representa um conjunto de dados armazenados de enorme volume e de diversas origens, maior do que a capacidade humana para captura e análise, e que possuem valor dependendo da forma pela qual se escolhe para processá-los. "O valor é o significado que pode ser atribuído ao dado por meio da sua análise" (SARAIVA NETO; FENILI, 2018, p. 4).
15. Sobre a potencialidade de violação da igualdade, potencializada pela utilização de dados sensíveis, asseverá José Luiz de Moura Faleiros Júnior (2019, p. 217): "devido à sua natureza, tais dados revelam um acirramento dos riscos de estratificação pessoal e estigmatização de pessoas a partir de perfis traçados pelo processamento de dados coletados".

Nessa linha, José Luiz de Moura Faleiros Júnior (2020, p. 1.019-1.020) traz alguns exemplos de violações do bem extrapatrimonial da igualdade, como na possibilidade de o enviesamento para adjetivar um algoritmo racista; implemento de algoritmos para a seleção de candidatos a emprego, privilegiando homens pelo simples fato de que historicamente a maioria dos trabalhos eram realizados pelos mesmos; utilização de estatísticas para catalogar o desempenho de jogadores em ligas universitárias, ignorando a possibilidade de superação etc.

Nesse diapasão, tais violações de direitos perpassam pela utilização de dados pessoais que alimentam o Big Data, e, por exemplo, criam perfis com base na personalidade e no comportamento do indivíduo, sem que esse tenha conhecimento (...) e/ou manipulam indevidamente tais informações de modo a acarretar discriminação (FREITAS; PAMPLONA, 2017, p. 126). Tal prática de criação de perfis de usuários é denominada de "profiling", são catalogadas e formatam um certo perfil digital do usuário, porém muitas vezes o fazem sem anuência do consumidor e com fins mercadológicos. Nessa linha, a identidade passa a ser manipulada e deixa de estar dentro da esfera exclusivamente pessoal daquele sujeito que deveria ser o único protagonista de sua esfera privada de construção da identidade, principalmente porque esta pode ser constantemente alterada ao longo do tempo.

Outrossim, para que haja mútuo conhecimento e uma troca de relações é necessário que as pessoas construam identidades virtuais. Com a internet, os processos de construção identitária vêm ganhando uma nova forma, pois a rede possibilita a um número maior de pessoas a oportunidade de se relatar e garante maior liberdade de mostrar ou construir a própria identidade (MEUCCI; MATUCK, 2005, p. 161-162). Contudo, essa liberdade se encontra em crise com o "profiling", o qual obstaculiza relações entre pessoas com a imobilização de um perfil baseado em dados pessoais deixados no ambiente cibernético.

O "profiling" consiste na criação de um perfil digital do usuário, com dados que demonstram os desejos, preferências e hábitos dos mesmos, auxiliando na massificação do consumo e da publicidade, facilitando a personalização de produtos e serviços para atingir o público alvo (FREITAS; PAMPLONA, 2017, p.121). Portanto, ao desejar um perfil de cada pessoa, estabelecem quem somos para a publicidade e diversos produtos e serviços, influenciando decisivamente com o que o sujeito irá se deparar no ambiente virtual.

O que possibilita a criação do "profiling" são as informações rastreadas pelos usuários quando utilizam internet ou quando eles mesmos alimentam sistemas com seus dados (para utilizar aplicativos ou se cadastrar em sites, por exemplo) (SARAIVA NETO; FENILI, 2019, p. 7). Nesse viés, é possível transformar a privacidade em mercadorias (quando tais informações são vendidas para empresas ou publicitários), expor informações que o sujeito gostaria de reservar apenas para si ou seus familiares (doenças, deformidades, conta bancária, débitos etc.), assim como permitir que os indivíduos cedam a pressões externas que influenciam suas escolhas

(VAN DEN HOVEN, 2008, p. 302), como uma pessoa viciada em apostas que recebe a todo momento sugestões de aplicativos desse gênero. Para se ter uma ideia prévia de quais os desdobramentos são causados pelo "profiling", cabe destacar trecho do Roteiro de Atuação do Ministério Público Federal (2019, p. 58):

> Sabe-se que empresas de tecnologia monitoram as atividades do consumidor quando conectado à internet – incluindo as pesquisas que ele fez, as páginas que ele visitou e o conteúdo consultado – com a finalidade de fornecer publicidade dirigida aos interesses individuais desse consumidor.
>
> Grandes empresas de tecnologia da internet, como o Google, coletam dados pessoais dos usuários de seus serviços, para fins comerciais, principalmente. Os dados são tratados com o auxílio de métodos estatísticos e técnicas de inteligência artificial, com o fim de sintetizar hábitos, preferências pessoais e outros registros. A partir disso são criados perfis para cada usuário (*profiling*) que possibilitam o envio seletivo de mensagens publicitárias de um produto a seus potenciais compradores.
>
> As possibilidades oferecidas a uma pessoa são fechadas (encaixotadas) em torno de presunções realizadas por ferramentas de análise comportamental, guiando dessa forma suas escolhas futuras. A publicidade especifica tem o efeito colateral de uniformizar padrões de comportamento, diminuindo o rol de escolhas apresentadas a uma pessoa. A elaboração de perfis pode levar à negativa de acesso a determinado bem ou serviço (negativa de acesso a site porque o consumidor acessou sites de proteção ao crédito), bem como preços diferentes a consumidores diversos conforme o seu perfil (*adaptative pricing*).

Nesse desiderato, pertinente trazer uma das maiores ferramentas de coletas de informações, os cookies, que são dados armazenados no computador do usuário sobre quais buscas ele realizou, os quais a princípio visam a melhoria dos sites, contudo alguns cookies podem servir para que o comércio conheça os gostos e preferências do usuário para enviar anúncios de um produto que o mesmo tenha visualizado recentemente (PALMER, 2005, p. 272). Portanto, na atual conjuntura, no momento em que buscam sites e cadastros, são os usuários que deixam inocentemente suas informações pessoais em redes sociais, aplicativos e sites de busca ou compra, os quais requisitam mais e mais dados, já que informação é uma das maiores riquezas da era atual.

No tocante à prática do "profiling", cabe destacar os seguintes vetores normativos. Primeiramente, logo no art. 1º, a LGPD deixa claro que o objetivo da lei é regular o tratamento de dados pessoais de modo a proteger os direitos fundamentais (dentre os direitos fundamentais estão a igualdade e a privacidade). Outro ponto importante diz respeito as definições de tratamento e de consentimento. No inciso X do art. 5º da LGPD, tratamento é toda operação realizada com dados pessoais, inclusive a coleta, produção, recepção, classificação, utilização, acesso, reprodução, transmissão, distribuição, processamento, arquivamento, armazenamento, eliminação, avaliação ou controle da informação, modificação, comunicação, transferência, difusão ou extração, verbos esses que se encaixam como uma luva em relação ao "profiling" (leia-se armazenamento, coleta, utilização, controle e transferência de dados pessoais). Já consentimento, de acordo com o inciso XII do mesmo artigo, é a manifestação livre, informada e inequívoca pela qual o titular concorda com o tratamento de seus dados pessoais para uma finalidade determinada, livre manifestação esta que de acordo com o art. 8º da citada lei deve ser escrito e em destaque das demais cláusulas ou por qualquer outro meio que demonstre de forma clara a vontade do agente[16].

Apenas com esse conjunto normativo, somado ao art. 5º, caput (igualdade) e inciso X (privacidade), da CF/88, já seria possível inferir a ilicitude de qualquer conduta que pudesse armazenar e manipular os dados do titular sem o seu consentimento ou desvirtuando da anuência dada, como se aproveitar dos dados pessoais para focar campanhas publicitárias de diversos fornecedores. Mas, como se não bastasse, o art. 6º da LGPD ainda reza que o tratamento dos dados pessoais deve observar a finalidade (propósitos legítimos, específicos e informados ao titular, sem possibilidade de tratamento posterior de forma incompatível com essas finalidades), necessidade (limitação do tratamento ao mínimo necessário para a realização de suas finalidades), segurança (medidas técnicas e administrativas aptas a proteger os dados pessoais de acessos não autorizados), e não discriminação (impossibilidade de realização do tratamento para fins discriminatórios ilícitos ou abusivos).

Ademais, a LGPD exige que o controlador possua provas de que o consentimento foi obtido em conformidade com a lei (art. 8º, p. 2), além do que quaisquer autorizações genéricas (sem uma finalidade especificada previamente) serão nulas de pleno direito (art. 8º, p. 4º), podendo o referido consentimento ser revogado a qualquer momento de forma simples e gratuita (art. 8º, p. 5º). Quando o tratamento de dados pessoais for condição para o fornecimento de produto ou de serviço ou para o exercício de direito, o titular será informado com destaque sobre esse fato (art. 9º, p. 3º).

Realizando um diálogo com o CDC, percebe-se uma harmonia envolvendo a determinação de consentimento prévio e informado com os direitos básicos à informação adequada e clara dos serviços e produtos (art. 6º, III) e à liberdade de escolha (art. 6º, II). No mesmo sentido, a exigência de destaque para a cláusula que alerta a consumidor sobre o armazenamento e uso posterior dos dados pessoais, assim como a obrigatoriedade de deixar explícita a finalidade que será dada aos dados pessoais está no mesmo sentido que o art. 54, §. 4º[17], o qual dispõe que as cláusulas limitativas de direitos devem ser redigidas com destaque das demais. Por fim, a imposição de que o fornecedor mantenha a prova de que obteve o consentimento nos termos previstos na LGPD abraça o direito básico do consumidor à inversão do ônus da prova como forma de facilitação de sua defesa processual (art. 6º, VIII).

---

16. Nesse mesmo sentido: art. 7º: O tratamento de dados pessoais somente poderá ser realizado nas seguintes hipóteses: I – mediante o fornecimento de consentimento pelo titular.
17. Art. 54, § 4º: As cláusulas que implicarem limitação de direito do consumidor deverão ser redigidas com destaque, permitindo sua imediata e fácil compreensão.

No tocante ao CC/2002, para além de os direitos da personalidade abrangerem a privacidade e a igualdade, há um bloco normativo dedicado aos negócios jurídicos, que protege a parte do contrato que não manifestou a vontade de forma livre, podendo anular o negócio, o que está em simetria com a nulidade de autorizações genéricas para o uso de dados pessoais (previsão da LGPD). De tal modo, o art. 112 prevê que nas declarações de vontade se atenderá mais à intenção nelas consubstanciada do que ao sentido literal da linguagem, acentuando que as diversas condições gerais de contratos em sites e aplicativos não valem mais que a real intenção do consumidor. Ademais, são anuláveis os negócios jurídicos, quando as declarações de vontade emanarem de erro (o consumidor pensa que está realizando um negócio e está celebrando outro) ou dolo (o consumidor se submete a um negócio que não desejou porque foi induzido a erro pela outra parte) (arts. 138, 145 e 171[18]). Ambos os defeitos do negócio podem ocorrer envolvendo o uso de dados pessoais para o "profiling", haja vista que o fornecedor pode induzir o usuário a acreditar que está apenas aumentando o pacote de serviços ou pode ter informações lacônicas que fazem com que o próprio consumidor acredite estar realizando negócio que não envolva seus dados.

Embora não existam pesquisas empíricas publicadas no sentido de comprovar que o tratamento de dados pessoais por meio do "profiling" viola a legislação brasileira (em especial a igualdade e a privacidade), é possível identificar alguns indícios de irregularidades a partir das seguintes notícias: a) Ministério Público investiga exposição de dados no Cadastro Positivo, a qual cria classificações dos consumidores com base nas suas operações de crédito[19]; b) Ministério Público propôs Ação Civil Pública para que empresa de telefonia "Vivo" apresente relatório de impacto à proteção de dados pessoais, haja vista a necessidade de esclarecimentos sobre as finalidades exatas para as quais os dados coletados pela empresa são utilizados, incluindo o uso dos dados pessoais e de localização de consumidores[20]; c) Ministério Público instaurou Inquérito Civil Público para apurar responsabilidades pelo suposto vazamento de dados pessoais dos clientes do Banco Pan[21]; d) Ministério Público abre inquérito para apurar vazamento de dados no Facebook[22]; e) Ministério Público abre inquérito para investigar FIESP

---

18. Art. 138: São anuláveis os negócios jurídicos, quando as declarações de vontade emanarem de erro (...).
    Art. 145: São os negócios jurídicos anuláveis por dolo (...).
    Art. 171: Além dos casos expressamente declarados na lei, é anulável o negócio jurídico: II – por vício resultante de erro, dolo (...).
19. Disponível em: https://teletime.com.br/13/01/2020/mpdft-apura-vazamento-de-dados-no-cadastro-positivo/. Acesso em: 17.01.2020.
20. Disponível em: http://www.azevedosette.com.br/noticias/pt/mpdft-propoe-acao-civil-publica-para-que-empresa-de-telefonia-apresente-relatorio-de-impacto-a-protecao-de-dados-pessoais/5407. Acesso em: 17.01.2020.
21. Disponível em: https://www.convergenciadigital.com.br/cgi/cgilua.exe/sys/start.htm?UserActiveTemplate=site&UserActiveTemplate=mobile%252Csite&infoid=51609&sid=18. Acesso em: 17.01.2020.
22. Disponível em: https://forbes.com.br/last/2018/10/mp-abre-inquerito-para-apurar-vazamento-de-dados-no-facebook/. Acesso em: 17.01.2020.

em caso de vazamento de dados pessoais[23]; f) Ministério Público Federal ajuíza ação contra Google por violar normas de proteção de dados[24]; g) Netshoes terá de pagar R$ 500 mil por vazamento de dados de milhões de clientes[25]; h) Ministério Público abre inquérito após reportagem da "The Hack"[26]; i) Ministério Público investiga uso de dados pessoais de crianças pelo Youtube[27]; j) MP investiga 3 empresas por vendas de dados de reconhecimento facial[28]; m) Entidades combatem câmeras em metrô que leem emoções dos passageiros para facilitar posterior publicidade, classificando-os como "adulto feliz", "jovem triste", "mulher com raiva"[29]; l) Ministério Público ajuíza ação em virtude da prática do "profiling", pleiteando que o Google seja condenado em obrigação de fazer, consistente em obter dos usuários do Gmail, em todo o território nacional, consentimento prévio, expresso e destacado[30].

Feitas estas observações, deve ser lançado um olhar para o instituto da responsabilidade civil, a qual, como já se disse, não lida apenas com reparação de danos, mas também com prevenção (nessa linha, art. 6º, VI do CDC[31], art. 12 do CC/2002[32] e art. 6, da LGPD[33]). Porém, antes de adentrar no capítulo de responsabilidade civil da LDPG (arts. 42 a 45), cabe trazer algumas vigas mestras desse instituto a partir do CC e do CDC, que irão iluminar a análise do direito de danos no campo do direito digital, mais propriamente no que tange a prática do "profiling".

Sabe-se que todo aquele que viola direito e causa dano a outrem, fica obrigado a repará-lo (art. 186 e 927 do CC[34]) e, mesmo que desenvolva atividade e conduta lícita, mas transbordar os limites pelos quais o direito foi criado (art. 187 do CC[35])

---

23. Disponível em: https://olhardigital.com.br/fique_seguro/noticia/mp-abre-inquerito-para-investigar-fiesp-em-caso-de-vazamento-de-dados-pessoais/80111. Acesso em: 17.01.2020.
24. Disponível em: http://pgt.prp.usp.br/mpf-pi-ajuiza-acao-contra-google-por-violar-normas-de-protecao-de-dados/. Acesso em: 17.01.2020.
25. Disponível em: https://www.jota.info/paywall?redirect_to=//www.jota.info/tributos-e-empresas/mercado/netshoes-vazamento-dados-clientes-05022019. Acesso em: 17.01.2020.
26. Disponível em: https://thehack.com.br/ministerio-publico-abre-inquerito-apos-reportagem-da-the-hack. Acesso em: 17.01.2020.
27. Disponível em: https://link.estadao.com.br/noticias/empresas,mp-investiga-uso-de-dados-pessoais-de-criancas-pelo-youtube,70002406221. Acesso em: 17.01.2020.
28. Disponível em: https://canaltech.com.br/seguranca/mp-investiga-3-empresas-por-vendas-de-dados-de-reconhecimento-facial-120542/. Acesso em: 17.01.2020.
29. Disponível em: https://theintercept.com/2018/08/31/metro-cameras-acao-civil/. Acesso em: 22.01.2020.
30. Disponível em: http://www.mpf.mp.br/pi/sala-de-imprensa/docs/acp-google. Acesso em: 17.01.2020.
31. Art. 6º, VI: a efetiva prevenção e reparação de danos patrimoniais e morais, individuais, coletivos e difusos;
32. Art. 12: Pode-se exigir que cesse a ameaça, ou a lesão, a direito da personalidade, e reclamar perdas e danos, sem prejuízo de outras sanções previstas em lei.
33. Art. 6º: As atividades de tratamento de dados pessoais deverão observar a boa-fé e os seguintes princípios: VIII – prevenção: adoção de medidas para prevenir a ocorrência de danos em virtude do tratamento de dados pessoais.
34. Art. 186: Aquele que, por ação ou omissão voluntária, negligência ou imprudência, violar direito e causar dano a outrem, ainda que exclusivamente moral, comete ato ilícito.
    Art. 927: Aquele que, por ato ilícito, causar dano a outrem, fica obrigado a repará-lo.
35. Art. 187: Também comete ato ilícito o titular de um direito que, ao exercê-lo, excede manifestamente os limites impostos pelo seu fim econômico ou social, pela boa-fé ou pelos bons costumes.

ou tais danos estiverem dentro do espectro de riscos que devem ser suportados pela atividade (art. 927, p.u[36]) deverá arcar com a indenização proporcional a magnitude do dano causado. Trazendo para o que foi discutido no presente artigo, caso a criação do "profiling" viole a LGPD estará configurado o ato ilícito (contrário ao direito) e, ato contínuo, o dano-evento (violação da ordem jurídica em relação a LGPD e dos direitos à igualdade e privacidade) e prejuízo (consequência lesiva, que são as situações danosas geradas pelas transgressões aos direitos)[37]. Por conseguinte, em se tratando de relação de consumo, seja pelo vício (serviço não possui a qualidade esperada pelo consumidor em relação aos seus dados pessoais) ou pelo defeito/fato (serviço não tem a segurança em relação a proteção de dados) do serviço, o dever de indenizar não necessita da demonstração da falha do dever de cuidado ou intenção (culpa lato sensu), posto que a responsabilidade é objetiva[38].

Nessa seara, estará primordialmente configurado o dano moral, posto que este se caracteriza como a violação de bem extrapatrimonial protegido juridicamente, que é o caso da privacidade e da igualdade, considerando que quando são violados não acarretam de imediato perdas econômicas, mas principalmente obstáculos no plano existencial (felicidade, dignidade, projetos de vida etc.). Contudo, levando-se em conta os principais critérios de quantificação do dano moral (grau de lesão, importância dos bens jurídicos, intensidade, afetação no mundo interior e exterior, quantidade de bens atingidos, perda de projetos de vida etc.[39]) as indenizações seriam de pequena monta em uma perspectiva individual. Sendo assim, é mais adequada a tutela coletiva, quando direitos de pouca relevância econômica – mas de grande envergadura quanto à sua reprovabilidade – podem obter a proteção judicial, seja no aspecto compensatório seja no que tange a punição do ato mediante valor indenizatório maior do que o suficiente para cumprir o papel reparatório (*punitive damages*). Ou seja, permite que lesões pífias para ser objeto de litigação individual mostrem sua gravidade quando consideradas coletivamente (BONNA, 2015, p. 51).

Ademais, sublinha-se que além de a Ação Civil Pública (tutela coletiva por excelência) permitir a condenação em dano moral individual (direitos individuais homogêneos) ou dano moral coletivo (direitos difusos ou coletivos) pode ter por

---

36. Art. 927, Parágrafo único: Haverá obrigação de reparar o dano, independentemente de culpa, nos casos especificados em lei, ou quando a atividade normalmente desenvolvida pelo autor do dano implicar, por sua natureza, risco para os direitos de outrem.
37. Sobre o tema, vide "BONNA, Alexandre Pereira; LEAL, Pastora do Socorro Teixeira. Responsabilidade civil sem dano-prejuízo? Revista Eletrônica Direito e Política. Programa de Pós-graduação Stricto Sensu em Ciência Jurídica da UNIVALI, Itajaí, v. 12, n. 2. 2ª quadrimestre de 2017".
38. Art. 14: O fornecedor de serviços responde, independentemente da existência de culpa, pela reparação dos danos causados aos consumidores por defeitos relativos à prestação dos serviços (...)
    Art. 20: O fornecedor de serviços responde pelos vícios de qualidade (...)
39. Sobre o tema, vide "BONNA, Alexandre Pereira; LEAL, Pastora do Socorro Teixeira. A quantificação do dano moral compensatório: em busca de critérios para os incisos V e X do art. 5º da CF/88. *Revista Jurídica da Presidência Brasília*. v. 21 n. 123. p. 124-146. fev./maio 2019".

objeto o requerimento de obrigação de fazer (art. 3º da LACP[40]) no sentido de condenar as pessoas físicas e jurídicas que lidam com dados pessoais de forma ilegal a se adequarem, sob pena de multa (astreintes) periódica (art. 11 da LACP[41]). De outro lado, na esteira de formas alternativas de solução de conflitos e de despatrimonialização da responsabilidade civil, prudente também a celebração de Termo de Ajustamento de Conduta (TAC) antes de propor qualquer ação coletiva, como autoriza o art. 5º, p. 6º da LACP: "os órgãos públicos legitimados poderão tomar dos interessados compromisso de ajustamento de sua conduta às exigências legais, mediante cominações, que terá eficácia de título executivo extrajudicial".

Pois bem. A LGPD trata de responsabilidade civil e reparação de danos entre os seus arts. 42 e 45 e, endossando tudo que foi exposto alhures sobre a teoria da responsabilidade civil, assevera em seu artigo 42 que o controlador ou o operador que, em razão do exercício de atividade de tratamento de dados pessoais, causar a outrem dano patrimonial, moral, individual ou coletivo, em violação à legislação de proteção de dados pessoais, é obrigado a repará-lo. Na mesma linha, apoia o dito anteriormente sobre a aplicabilidade da tutela coletiva e consumerista, fazendo menção à legislação específica[42].

Por fim, o ponto mais importante de análise diz respeito às excludentes do dever de indenizar previstas no art. 43, incisos II (cumprimento da legislação de proteção e dados) e III (culpa de terceiro). No que toca a excludente de o agente de tratamento ter cumprido fielmente a legislação, a maior preocupação surge em um cenário de hipervulnerabilidade de uma massa de consumidores com dificuldades de leitura ou de compreensão do ambiente digital, acendendo um alerta para as técnicas corriqueiras de fornecedores que inserem cláusulas de autorização no bojo de contratos de adesão, sem que o consumidor tenha de fato compreensão das consequências de liberar acesso aos seus dados para uma finalidade específica, pelo que se conclui que o Judiciário e as autoridades fiscalizadoras[43] devem analisar profundamente se a informação sobre a apreensão e uso de dados pessoais foi repassada de forma clara e transparente ao consumidor diante de sua realidade cognitiva.

E, quanto a excludente denominada de culpa de terceiro, é imprescindível que no momento de o juiz analisá-la tenha em mente que a cláusula geral do risco da

---

40. Art. 3º A ação civil poderá ter por objeto a condenação em dinheiro ou a obrigação de fazer ou não fazer.
41. Art. 11. Na ação que tenha por objeto o cumprimento de obrigação de fazer ou não fazer, o juiz determinará o cumprimento da prestação da atividade devida ou a cessação da atividade nociva, sob pena de execução específica, ou de cominação de multa diária, se esta for suficiente ou compatível, independentemente de requerimento do autor.
42. Art. 42, § 3º: As ações de reparação por danos coletivos que tenham por objeto a responsabilização nos termos do caput deste artigo podem ser exercidas coletivamente em juízo, observado o disposto na legislação pertinente.
Art. 45: As hipóteses de violação do direito do titular no âmbito das relações de consumo permanecem sujeitas às regras de responsabilidade previstas na legislação pertinente.
43. No art. 52, a LGPD autoriza a aplicação de sanções administrativas pela autoridade nacional, como multa, advertência e suspensão das atividades em caso de violação da lei.

atividade (Art. 927, p.u) tem como uma de suas funções a de afastar determinadas excludentes por considerar que as mesmas estão dentro do círculo de riscos inerentes à atividade. Nessa linha, trovoadas e ventanias não afastam o dever de indenizar de companhias aéreas, nem assalto em agência bancária rompem o nexo causal entre o dano e a atividade do banco. Por esse motivo, deve-se ter prudência diante da prática do "profiling" no sentido de avaliar que embora o vazamento ou manipulação de dados tenha sido feita por terceiro com quem o consumidor não possui relação contratual, é possível que a atuação desse terceiro (outros sites, aplicativos e plataformas digitais parceiras) esteja atrelada à atividade do fornecedor do serviço perante o consumidor. Por exemplo, é possível que o site Mercado Livre tenha todos os dados de uma pessoa X, porém, ao permitir que a empresa Y faça uma auditoria em seu banco de dados, esta se aproveita para vendê-los ou manipulá-los de alguma forma. Aqui estará configurado o dever de indenizar mesmo que abstratamente exista culpa de terceiro, à luz do risco da atividade, tal como um restaurante P terá obrigação de indenizar o cliente Z que passou mal por conta de a carne adquirida ter vindo estragada do fornecedor B.

Diante do exposto, conclui-se que o direito à proteção de dados pessoais no patamar de direito humano, fundamental e da personalidade prova que a cláusula geral de tutela da pessoa humana é aberta, ilimitada e com porosidade diante dos avanços culturais, sociais e tecnológicos. Assim, tendo como núcleo a igualdade e a privacidade, nesse contexto os tentáculos da dignidade da pessoa humana alcançam a necessidade de o ser humano ter domínio sobre informações a seu respeito e que tais dados não a estigmatizem.

Deduz-se também, a partir da leitura conjugada da CF/88, CC/2002, LACP, LGPD e do CDC, que o direito à proteção de dados pessoais no Brasil não carece de uma legislação apropriada. Em outras palavras, os dados pessoais no Brasil não são informações sem dono que podem ser apropriadas e manipuladas na internet, pois há um sólido conjunto normativo que confere proteção jurídica ao indivíduo contra o vilipêndio de sua privacidade e/ou igualdade.

Nesse cenário, a grande preocupação com a violação de dados pessoais não diz respeito a insuficiência do material legislativo, mas sim com a dificuldade prática de fiscalização e cumprimento da regra que exige o consentimento do consumidor, em um contexto de hipervulnerabilidade no campo digital. Como destaca Daniel Justin Solove (2013, p. 1880-1903) os percalços para um consentimento substancial envolvem os seguintes aspectos: a) dificilmente no momento de baixar um aplicativo ou se inscrever em um site o consumidor lê as políticas de privacidade; b) quando leem, muitos não compreendem as consequências e implicações do compartilhamento de dados pessoais; c) quando compreendem, não há base de informações suficientes para que a tomada de decisões sobre dados pessoais seja segura; d) por fim, ainda quando a decisão do consumidor é sólida, como por exemplo compartilhar sua localização com a Uber, seu email e endereço com o Mercado Livre, ou CPF e celular com uma rede de farmácia para obter descontos, muitas vezes não há liberdade de escolha. Em outras palavras, sem o endereço residencial, o Mercado Livre não terá como entregar o produto, sem sua localização o motorista do aplicativo pode se perder e sem o CPF e celular, a farmácia não dará o desconto.

Ademais, o ponto de maior vulnerabilidade não é obter a aceitação do consumidor de forma consciente, mas sim a transparência necessária para que caso esses dados sejam utilizados para fins diversos daquele esperado pelo consumidor (endereço pra entregar mercadoria, localização para o motorista encontrar, CPF e celular para o desconto da farmácia), como o compartilhamento dos mesmos com empresas diversas, isso seja didaticamente explicado, com clareza solar e apropriada a massa de consumidores vulneráveis em se tratando de meios digitais.

Por conseguinte, para além das sanções administrativas previstas na LGPD e no CDC, pode ser necessária a tutela civil no âmbito judicial, ganhando importância os legitimados para a ação coletiva, pois em uma perspectiva individual normalmente o valor indenizatório do dano moral (por violação de bens extrapatrimoniais como a igualdade e a privacidade) é de pequena monta, mas em uma perspectiva coletiva ganham robustez. Contudo, essa robustez não necessariamente está ligada a valores indenizatórios de cunho compensatório ou punitivo, mas também e principalmente a medidas preventivas ligadas a termo de ajustamento de conduta ou ação coletiva de obrigação de fazer e não fazer de modo a compelir, sob pena de multa, os agentes do campo digital a cumprirem fielmente as disposições legais relativas a proteção de dados pessoais.

Ressalta-se que futuras pesquisas sobre o tema devem sopesar o valor da liberdade econômica e a importância que as informações de consumidores têm para o sucesso de negócios, especialmente porque no próprio CDC os direitos do consumidor devem ser harmonizados "com a necessidade de desenvolvimento econômico e tecnológico" (art. 4º, III). Mas, como projeção dos direitos da personalidade, humanos e fundamentais, não deve se perder de vista que a proteção de dados pessoais tratamento auxilia a evitar discriminações que não encontrem fundamento constitucional, como aquelas que possam dificultar o acesso ao crédito ou a empregos por determinados grupos. Além disso, afasta práticas que possam reduzir a liberdade e autonomia dos indivíduos, como decisões a partir de análises de dados não informadas ao titular e sob critérios não transparentes (TEFFÉ; TEPEDINO, p. 2019, p. 288).

Por fim, a questão do dano moral por violação da LGPD estará sempre presente pelo descumprimento de qualquer direito previsto nesse diploma normativo, pois automaticamente estará sendo aviltada a privacidade, como por exemplo pela transgressão de qualquer direito a seguir: a) direito ao consentimento livre, expresso e informado, que não se resume aos padrões de "termos de uso" ou "políticas", nem ao "Li e aceito", pois a linguagem truncada, extensa e de pouca clareza inviabiliza o exercício da autonomia por meio do titular dos dados pessoais na prática[44]; b) direito de retificação de registros desatualizados, incompletos ou inexatos; c) direito de exclusão e revogação do consentimento; d) direito de portabilidade de dados fornecidos a um controlador para transmissão a outro fornecedor de produtos ou serviços; e) nuances específicas sobre dados de crianças e adolescentes e dados sensíveis; f) direito de explicação e esclarecimentos. Contudo, dependendo do caso, pode estar sendo violada também a igualdade (tratamento discriminatório de dados) e a honra (vazamento de dados que afeta a reputação da pessoa na sociedade), dentre outros.

3.4.2 Direito ao esquecimento

Sabe-se que uma das características mais peculiares dos seres humanos é a sua capacidade de se reinventar/refazer, em suma, de transformar seu destino. Nesse longo e tortuoso caminho[45] que é a vida, muitas vezes as atitudes do passado não condizem mais com a maturidade e solidez moral do presente, haja vista que o ser humano é o que fez, mas principalmente é que faz pra mudar o que fez, estando mais próximo de um rio (contínuo, fluido) do que de uma rocha (imutável, fixa). Portanto, não é justo que alguém tenha fatos do passo sendo repristinados e relembrados de forma descontextualizada num ciclo de julgamentos eternos, não deixando espaço para o refazer. De outro lado, há também fatos do passado que se relembrados causam profundo sofrimento, como a morte de um filho, um crime praticado contra si ou familiar, desastres, agressões, quadro de depressão, assédios, estupros, bullying etc. Em ambas as situações descritas acima a pessoa pode querer "esquecer de tudo, as dores do mundo, e não querer saber quem foi, mas sim que é"[46], tornando-se inarredável ponderar que pode prevalecer o direito à privacidade/honra/imagem/integridade psíquica em detrimento da liberdade de expressão ou de imprensa.

Nesse ínterim surge o que vem sendo chamado pela doutrina e jurisprudência de direito ao esquecimento, que é a faculdade que o titular de um dado ou fato pessoal possui para vê-lo apagado, suprimido ou bloqueado em virtude de violação aos seus direitos fundamentais graças ao decurso do tempo (CHEHAB, 2015, p. 557), tendo como substrato a própria dignidade humana, como destacou o Enunciado n. 531 da VI Jornada de Direito Civil promovida pelo Conselho Superior da Justiça Federal e pelo Superior Tribunal de Justiça: "*A tutela da dignidade da pessoa humana na sociedade da informação inclui o direito ao esquecimento*". Esse direito só é possível perante a ordem jurídica brasileira diante da prevalência de direitos fundamentais como a honra, imagem, integridade psíquica e privacidade diante de direitos fun-

---

44. BRANDÃO, Luíza Couto Chaves. o Marco civil da internet e a Proteção de dados: diálogos com a LGPD. In: *Proteção de dados pessoais:* privacidade versus avanço tecnológico. Rio de Janeiro: Fundação Konrad Adenauer, outubro 2019. p. 40.
45. Alusão à expressão "the long and winding road", canção dos Beatles.
46. Parafraseando a canção "as dores do mundo": "e eu vou esquecer de tudo, as dores do mundo, não quero saber quem fui, mas sim quem sou" (Hyldon).

damentais como a liberdade de expressão e de imprensa. Para além da construção no direito estrangeiro (*rigth to be forgotten, search engine, delisting request, derecho al olvido, diritto all'oblio*)[47], na jurisprudência brasileira há diversos julgados que reconheceram expressamente o direito ao esquecimento: a) Maria da Graça Xuxa Meneghel obteve direito ao esquecimento diante do filme "Amor, estranho amor" (1987), pois havia cenas de Xuxa nua com um garoto de 12 anos de idade ((TJ/RJ, Ap. Cív. 3819/91, Rel. Des. Thiago Ribas Filho); b) direito ao esquecimento reconhecido a um dos acusados da Chacina da Candelária no Rio de Janeiro, que foi absolvido por unanimidade pelo Tribunal do Júri (STJ, Ac. Unân., 4a T., REsp. 1.334.097/RJ, Rel. Min. Luís Felipe Salomão, j. 28.5.2013, DJe 10.9.2013); consagrado direito de exclusão de dados pessoais em provedores de busca (Resp. 1660168/RJ, Rel. Min. Nancy Andrighi, 3ª T, DJ 08.05.2018); d) direito ao esquecimento de vítima de crime sexual em buscador na internet, por restar ausente interesse público (*Acórdão 1147053, 07065388220178070003, TJDF, Relator: Teófilo Caetano, 1ª Turma Cível, data de julgamento: 30.01.2019, publicado no DJe: 13.02.2019*).

Contudo, nem sempre o Judiciário tem entendido pela prevalência do direito ao esquecimento, especialmente nas situações em que fatos do passado fazem parte da memória coletiva e se inserem como informações de interesse público. Assim, no caso Aida Curi, mulher que foi estuprada e assassinada em 1958, o STJ, no Resp 1.335.153/RJ, negou pedido de familiares ao direito ao esquecimento, sob o argumento de que os fatos estavam na órbita do interesse público e o acolhimento do pedido geraria um sacrifício demasiado à liberdade de imprensa. No mesmo sentido: a) "A retirada, de forma indiscriminada, de dados da plataforma de provedor de pesquisas na rede mundial de computadores importaria na imposição de verdadeira censura, que é expressamente vedada pelo art. 5º, inc. IX, do Texto Constitucional. A divulgação de informação relevante e contemporânea aos fatos, objeto de apuração em matérias jornalísticas disponibilizadas pelos sítios eletrônicos de busca não se enquadra em situações de direito ao esquecimento" (Acórdão 1186782, 07165884220188070001, TJDF, Relator: Alvaro Ciarlini, 3ª Turma Cível, data de julgamento: 18.07.2019, publicado no DJe: 25.07.2019); b) "O transcurso de considerável quantidade de tempo é elemento essencial para aplicação do direito ao esquecimento, haja vista que se baseia nos efeitos advindos do passar do tempo, ou seja, da ilegitimidade da lembrança de acontecimentos depois de determinado lapso temporal. Inaplicável na hipótese dos autos a teoria do direito ao esquecimento, diante do lapso temporal curto entre a publicação das matérias, o ajuizamento da ação e seu julgamento, especialmente considerada a função pública exercida pela apelante, a atualidade e relevância do interesse em fiscalizar o poder público e suas relações pertinentes"

---

47. Para ter acesso de forma didática as diversas decisões sobre direito ao esquecimento proferidas na Alemanha, Áustria, Bélgica, Colômbia, Espanha, França, Hoanda, Israel, Itália, Japão, Reino Unido e Turquia, ler Boletim de Jurisprudência Internacional produzido pelo STF em dezembro de 2018: http://www.stf.jus.br/arquivo/cms/jurisprudenciaInternacional/anexo/BJI5DIREITOAOESQUECIMENTO.pdf.

(Acórdão 1172754, 07302585020188070001, TJDF, Relatora: Gislene Pinheiro, 7ª Turma Cível, data de julgamento: 22.05.2019, Publicado no DJe: 27.05.2019).

Ademais, as discussões que tangenciam o direito ao esquecimento não param por aí. No campo laboral, há constatações que 75% dos recrutadores de recursos humanos relataram que as empresas exigem pesquisas on-line sobre candidatos, incluindo redes sociais, fotos, opiniões, polêmicas, vídeos, blogs, sites pessoais, buscas, jogos etc., de modo que 70% desses responsáveis por processos seletivos já rejeitaram candidatos em razão de informações encontradas (MOLINA; HIGA, 2018, p. 16). Há também elaboração de listas sujas divulgadas por empregadores com nome de empregados que buscaram tutela jurisdicional de modo a inviabilizar contratação posterior, o que é reconhecido como ilegal (TST, 3ª T, AIRR 010151-32.2014.5.03.0129, Rel. Min. Maurício Godinho Delgado, DJ 10.06.2016). De outra ponta, fala-se em direito ao esquecimento no âmbito da proteção de dados pessoais diante da LGPD, que consiste na eliminação de dados armazenados que não sejam condizentes com a identidade atual do sujeito (SCHREIBER, Anderson, 2019, p. 363).

Importante norte para as diversas nuances do direito ao esquecimento foi dado pelo STF no julgamento do Rext 1.010.606 (tema 786), em caso envolvendo Nelson Curi e outros contra a Globo, tendo em vista que esta emissora reconstituiu o assassinato de Aida Curi em 2004 no programa Linha Direta, mas os familiares da vítima se sentiram desrespeitados pelo fato de que tais episódios reviveram/reprisaram atos tenebrosos do passado sem relevância para o momento. Diante disso, requereram pedido de indenização por danos morais com base no direito ao esquecimento, chegando a causa ao STF por meio da esfera recursal, quando este fixou a seguinte tese:

> É incompatível com a Constituição a ideia de um direito ao esquecimento, assim entendido como o poder de obstar, em razão da passagem do tempo, a divulgação de fatos ou dados verídicos e licitamente obtidos e publicados em meios de comunicação social analógicos ou digitais. Eventuais excessos ou abusos no exercício da liberdade de expressão e de informação devem ser analisados caso a caso, a partir dos parâmetros constitucionais, especialmente os relativos à proteção da honra, da imagem, da privacidade e da personalidade em geral – e as expressas e específicas previsões legais nos âmbitos penal e cível (acórdão publicado em 20/05/2021, de Relatoria do Ministro Dias Toffoli)

Cumpre esclarecer que dentro da teoria geral dos precedentes obrigatórios, no qual estão inseridas as decisões do STF no controle concentrado de constitucionalidade, o que vincula não é a tese, mas sim as razões de decidir (*ratio decidendi/holding*), que podem ser extraídas dos fatos e da interpretação dada aos dispositivos legais. Desta feita, embora a tese do caso em comento assevere que o direito ao esquecimento é incompatível com a ordem inconstitucional, uma leitura mais aprofundada dos votos vencedores aponta para a viabilidade de tal direito em algumas situações específicas. Tem-se que a tese pode ser equiparada à "ponta do iceberg", ao passo que os desdobramentos da decisão na vida social demandam uma análise do todo, o que envolve os fatos e a argumentação jurídica.

Por conseguinte, os ministros deixaram explícito que *prima facie* o reconhecimento ao direito ao esquecimento afronta a liberdade de expressão e, como regra geral, não devem ser acolhido, mas, comprovado em algum caso concreto o abuso da referida liberdade, poder-se-á abrir margem para a prevalência do direito à honra, imagem e privacidade, o que deve ser feito de forma pontual no caso, tendo em vista que a ordem jurídica prevê a categoria do abuso do direito no artigo 187 do Código Civil de 2002, que se caracteriza como um exercício anormal do direito que atropela a finalidade pela qual o mesmo foi criado.

O STF, de maneira acertada, entendeu que a omissão legislativa em relação ao direito ao esquecimento viabilizou a solidificação e o robustecimento de uma categoria jurídica falsa, vaga e perigosa, como destaca trecho do voto do Ministro Dias Toffoli:

> [...] E isso não é apenas um problema de nomenclatura; pode haver repercussões práticas importantes, dada a forte simbologia que está embutida na de dizer-se que existe um 'direito ao esquecimento', quando, de fato, há apenas uma vaga ideia sobre isso, aplicada a um punhado de casos concretos. A liberdade de comunicação, por exemplo, pode ser tolhida se a jurisprudência criar um ambíguo "direito ao esquecimento", cujos limites ninguém sabe exatamente quais são.

Nessa linha, o ministro traz exemplos de situações embaraçosas que um reconhecimento amplo de um direito ao esquecimento poderia ocasionar, como, por exemplo: *sites* de busca estarão suscetíveis a receber pedidos de desindexação, sob alegação de que situações já teriam sido afetadas pelo "direito ao esquecimento"; digitalizações e jornais antigos também poderiam ter seu direito à liberdade de expressão suprimido em situações banais do cotidiano, sob o argumento de que fatos do passado já estão descontextualizados, por exemplo, em casos de corrupção de políticos; entes públicos têm potencial para enfrentar esse tipo de dificuldade em seus cadastros.

Contudo, dentro das razões de decidir do respectivo julgado, os próprios ministros estabelecem que o cerne para resolver questões dessa natureza é determinar se houve abuso do poder de informar, apto a gerar dever de indenizar. Esse exercício envolve necessariamente um cotejo dos direitos fundamentais em questão, concluindo, então, que há uma linha tênue que separa o jornalismo legítimo do abuso jornalístico e em cada demanda deverá ser feita "a verificação de circunstâncias concretas e do próprio *ethos* jornalístico", pois "(...) não é possível estipular, *a priori*, um direito ao esquecimento contra imprensa", mormente considerando que muitos fatos do passado atingiram grande relevância histórica e interesse público/social/cultural.

Por fim, segue um exemplo que demonstra a prevalência dos direitos da personalidade em detrimento da personalidade jornalística. No dia 28 de agosto de 2014, a torcedora Patrícia do clube Grêmio, então com XX, chamou o goleiro do Santos de "macaco" e foi massacrada nas redes sociais, teve sua casa apedrejada e incendiada e sofreu diversas ameaças. Mas, após o incidente, mudou de endereço, de nome, fez cursos relacionados à odontologia e trabalhou em ONGs relacionadas à educação racial. Verifica-se que a Patrícia de hoje (2021), não é a mesma de outrora, posto que amadureceu, reconheceu seus erros e adquiriu novos valores, motivo pelo qual tenta soerguer sua vida pessoal/profissional/social, não sendo crível admissão de uma reportagem no momento que revivesse os episódios racistas para ganhar audiência e patrocínio assolando o projeto de vida da torcedora.

Por fim, embora a tutela mais apropriada nos casos de direito ao esquecimento seja a obrigação de não fazer em sede de tutela provisória, nada obsta que surja obrigação de indenizar em alguns casos, já que se está no campo de desdobramentos de direitos fundamentais (bens extrapatrimoniais).

3.5 AFETO

As hipóteses de dano moral indenizável a serem vistas nesse tópico (abandono afetivo, perda de ente querido, dano à memória de falecido, afeto a bens materiais e afeto a seres sencientes) possuem um fio condutor: é o afeto. Aliás, se o dano moral é a afetação ou o transtorno a bens extrapatrimoniais/existenciais, se tem algo que indubitavelmente está no plano existencial é o afeto, o qual vem tendo sua importância cada vez mais enaltecida a partir do reconhecimento jurídico do casamento homoafetivo, da multiparentalidade, da paternidade/maternidade afetiva, do dano moral por abandono afetivo etc.

É absolutamente inviável o Judiciário obter prova da afetividade em um sentido subjetivo, mas, como ensina Ricardo Lucas Calderón, "a afetividade se manifesta por intermédio de uma atividade concreta exteriorizadora que é cognoscível juridicamente. Essas manifestações de afeto, quando exteriorizadas, podem ser captadas pelos filtros do Direito, pois fatos jurídicos representativos de uma relação afetiva são assimiláveis" (2017, p 10-11), pelo que "desaconselha que os juristas se aventurem na sua apuração com as suas métricas atuais. Consequentemente, resta atentar juridicamente para as atividades exteriorizadoras de afeto (afetividade)" (2017. p. 11-12): uma vez constatada a presença da dimensão objetiva da afetividade, restará desde logo presumida a sua dimensão subjetiva.

Essa noção introdutória é essencial para que sejam desbravadas as situações existenciais a seguir, posto que será dito que entre a coisa destruída e a pessoa, entre o parente e o falecido, entre o dono e o animal etc., deve existir um vínculo de afeto. Nessa linha, alguns eventos podem demonstrar a afetividade: "manifestações especiais de cuidado, entreajuda, afeição explícita, comunhão de vida, convivência mútua, mantença alheia, coabitação, projeto de vida em conjunto, existência ou planejamento de prole comum, proteção recíproca, acumulação patrimonial compartilhada, dentre outros" (CALDERÓN, 2017, p. 10-12).

3.5.1 Abandono afetivo

Outro interesse digno de proteção é o das crianças e adolescentes de terem as fases da vida, escolhas, conhecimentos e afetos com participação significativa dos pais, por força dos deveres inerentes ao poder familiar, que exigem que os pais dirijam a criação e educação e os tenham em sua companhia. Deste modo, trata-se de um interesse que não é monetário, mas é digno de tutela jurídica, no sentido de que não podem ser jogados de escanteio por força das pretensões individuais de seus pais, que decidirem comportar-se de forma insensível e asséptica para com o desenvolvimento da personalidade e construção de projetos dessas pessoas (crianças e adolescentes), cabendo destacar que o mesmo dever de cuidado é exigido dos filhos em relação aos pais idosos.

Houve um tempo que no Brasil a entidade familiar, nas relações entre marido e mulher, pais e filhos, era considerada imune para fins de dano moral, no sentido de o Judiciário intervir o mínimo possível, motivo pelo qual "até a segunda metade do século XIX, foi negativa a doutrina sobre a possibilidade de indenizar por danos e prejuízos quando o fato lesivo ocorria na família" (SANTOS, 2015, p. 214). Contudo, essa blindagem da família e a intensa autonomia da vontade de cada um de seus membros, livres de qualquer forma de responsabilização, passou a ser ultrapassada, considerando a equiparação entre todos os filhos, fora ou dentro do casamento; o reconhecimento da união homoafetiva; a igualdade referente ao exercício do poder familiar do homem e da mulher; o valor máximo da dignidade da pessoa humana em nosso ordenamento jurídico. Assim, a responsabilidade civil, visando a impor padrões de conduta desejáveis e a compensar danos injustos, deve atuar também no seio de famílias que passam por situações danosas e perturbadoras, como esclarece Antônio Jeová Santos:

> Sem embargo, a família pode se transformar em um barril de pólvora. Basta uma centelha para que exista a explosão. O marido se desentende permanentemente com a mulher. Esta, por sua vez, no privado, é alvo de brincadeiras jocosas acerca de sua aparência, da sua inteligência e da sua forma de viver. À palavra mais aguda e ferina, segue-se a discussão em que o baldão e a ofensa são livres de freios inibitórios. Um pequeno espaço de tempo é suficiente para as ofensas orais se transformarem em agressões físicas. Os filhos, quando atemorizados, se encolhem em algum canto da casa, para irem se transformando em seres cheios de traumas e dramas psicológicos. Quando podem, em idade adolescente, enfrentam os pais tendo comportamento totalmente diferente daquele que a família esperou e respondem, na mesma medida, às ofensas físicas ou verbais (2015, p. 218).

Acerca desse interesse protegido das crianças e dos adolescentes, na decisão do Recurso Especial n. 1159242, publicado dia 10.05.2012, a partir da análise do dever de cuidado como dever legal (art. 227 da CF/88), a Ministra Relatora Nancy Andrighi fixou o entendimento de que havendo descumprimento desse dever se manifesta uma conduta ilícita, e, portanto, surge o dever de indenizar os prejuízos sofridos. Nesse sentido, o julgado estabeleceu que uma vez comprovado o descumprimento da imposição legal de cuidar da prole trata-se de claro ilícito civil, sob a forma de omissão (*non facere*), que atinge um bem juridicamente tutelado (criação, educação e companhia), surgindo a possibilidade de se pleitear compensação por danos morais por abandono afetivo.

Destaca-se que também é um interesse juridicamente protegido o dos pais idosos ou em situações de saúde delicadas serem assistidos pelos filhos, se aplicando analogicamente o mesmo raciocínio para condenar filhos insensíveis e ausentes da vida dos pais quando estes mais precisam. Por esse motivo, diz-se que a responsabilidade civil por abandono afetivo (pais em relação aos filhos e filhos em relação aos pais) tem como fundamento também o princípio da solidariedade social, que não deve ser visto apenas como parâmetro para políticas públicas e produção de leis, mas também para a interpretação e aplicação do Direito:

> [...] a tutela da personalidade não é orientada apenas aos direitos individuais pertencentes ao sujeito no seu precípuo e exclusivo interesse, mas, sim, aos direitos individuais sociais, que têm uma forte carga de solidariedade, que constitui o seu pressuposto e também o seu fundamento (PERLINGIERI, 2009, p. 38).

Dentre os critérios para aferir o *quantum* indenizatório, nota-se a duração do abandono afetivo, podendo variar de poucos meses até uma vida inteira; a repercussão do abandono nos projetos de vida; a vergonha decorrente da absoluta ausência dos pais em momentos importantes; a magnitude do sofrimento corolário da falta de um dos pais durante uma fase da vida; a idade do ofendido; a forma que o abandono se manifestou, variando de abandonos brandos até mais graves.

Como exemplos, é possível sublinhar a) pai que não se faz presente em datas comemorativas; b) pai que decide morar em outro país sem continuar mantendo contato; c) pai que nunca se faz presente em consultas médicas, reuniões de colégio e atividades esportivas; d) pai que não exerce o direito de visitação; e) pai que nunca realizou momentos de lazer e descontração; f) filhos que menosprezam os pais em asilo ou em hospital; g) filhos que negam assistência moral ou material para os pais em momentos de necessidade.

3.5.2 Afeto a bens materiais

Como assevera Ramon Daniel Pizarro, "nada obsta a la existencia de interesses no patrimoniales, de afección, vinculados a bienes patrimoniales, cuya minoración (por destrucción, pérdida o deterioro) puede generar un detrimento espiritual" (1996, p. 531). Desta feita, uma vez provado pela vítima que havia entre o bem destruído e a sua pessoa um vínculo afetivo, fará *jus* não apenas aos danos materiais, mas também à indenização por danos morais, visto que a recomposição do equilíbrio tão propugnada pela responsabilidade civil deve mergulhar a fundo no tamanho da perda sofrida pela vítima, e, se tal perda foi também de cunho existencial, o direito deve conceder ao ofendido o direito à compensação pelos danos sofridos.

Nesse sentido, Antônio Jeová Santos aduz que nestes casos existe uma relação subjetiva entre a pessoa e o bem, de ordem espiritual, diferente e autônoma do interesse econômico que representa o objeto, de modo que a substituição por um bem similar ou igual não será suficiente para compensar a total magnitude do dano.

Isto porque a inclinação do ânimo não somente se dirige às pessoas, como também às coisas, em relação as quais é possível constituir um verdadeiro sentimento afetivo que o leva a gozar com sua posse (valor de afeição) (SANTOS, 2015, p. 209).

Consequentemente, o ordenamento jurídico brasileiro reconhece a valoração jurídica do afeto relacionado a coisas e objetos, conforme o art. 952, parágrafo único, do CC/2002: "para se restituir o equivalente, quando não exista a própria coisa, estimar-se-á pelo seu preço ordinário e pelo de afeição, contanto que este não se avantaje àquele". Contudo, não se está a reconhecer o dano moral em decorrência da deterioração ou destruição de qualquer objeto ou coisa, nem tampouco identificar dano moral indenizável em razão do alto valor de determinado bem. Destarte, é possível vislumbrar o dano moral pela destruição de uma simples carta de pedido de casamento e não tutelar o dano moral pela destruição de um carro de luxo. O que está em jogo é a existência na coisa de "um valor peculiar e vivencialmente intransferível para a vítima, quando um outro bem, similar ao que foi desaparecido, não serve para substituí-lo" (SANTOS, 2015, p. 210-211).

À guisa de mensuração, destaca-se quanto tempo durou ou dura a relação entre a coisa e o ofendido; o grau do valor de afeto entre a coisa e a pessoa; o nível de irreparabilidade do bem deteriorado ou perdido; dentre outros.

Como exemplos de ofensa a esse bem jurídico: a) destruição de veículo de colecionador; b) destruição de veículo que pertenceu ao avô e ao pai; c) deterioração de joia de família ou de anel de noivado; d) perda de fotografia de valor único e peculiar para a vítima; e) destruição de carta de valor sentimental para o ofendido; f) desaparecimento de um livro autografado por alguém que já faleceu; g) destruição da 1ª via do diploma de bacharel, mestre ou doutor de longa data; h) quebra irreversível de um troféu.

3.5.3 Afeto a seres *scientes*

Os animais vêm ganhando novo *status* dentro da ordem jurídica brasileira a partir do Projeto de Lei n. 27/2018 (já aprovado pelo Senado), o qual os reputa natureza jurídica *sui generis*, como sujeitos de direitos despersonificados e seres sencientes, ou seja, detentores de natureza biológica e emocional passível de sofrimento. Sabe-se, de outro lado, que os hábitos de alimentação e culturais denotam o oposto disso, animais como coisas.

De todo modo, o desprezo por qualquer forma de vida ofusca o enaltecimento da própria vida humana, uma vez que a construção de uma sociedade justa e solidária perpassa necessariamente pela busca de convivência harmônica com outras espécies. No campo penal, não faltam condenações por violências contra animais, como no caso do prefeito de Santa Cruz do Arari, que mandou matar 400 cachorros de rua[48];

---

48. Fonte: https://g1.globo.com/pa/para/noticia/prefeito-e-condenado-a-20-anos-de-prisao-no-pa-por-ordenar-morte-de-400-cachorros-de-rua.ghtml. Acesso em: 23.12.2020.

do Cláudio Cesar Messias, que arrastou por seis quarteirões seu rottweiler[49]; de Dalva Lina da Silva, que ocasionou a morte de 37 cães e gatos[50]. Ademais, o STF, na ADIN 5710, reconheceu que a vaquejada viola a proteção da fauna conferida pela Constituição, assim como essa mesma corte constitucional decidiu no bojo do Rext 153.531 que o festival popular anual denominado de "Farra do Boi" se enquadra como prática cruel vedada pela ordem constitucional vigente.

Contudo, no campo cível ainda é tímido o reconhecimento do dano moral pela morte de animais visando a compensar o sofrimento causado ao dono ou à sociedade. Na órbita do dano aos sentimentos da sociedade difusamente considerada, a 10ª Câmara Cível do TJRS condenou Jorge Gilberto Lima dos Santos a pagar R$ 20.000,00 a título de danos morais coletivos em favor do Fundo Municipal de Proteção ao Meio Ambiente em razão de ter chutado violentamente um cachorro da raça Yorkshire até à morte pelo simples fato de o animal ter urinado na frente de sua casa[51]. Outro caso emblemático da reprimenda civil ocorreu em Pelotas (RS), quando uma cadela prenhe muito querida pela população da cidade foi amarrada ao para-choque de um automóvel e arrastada até a morte, atingindo o íntimo de toda a coletividade. Ao julgar a ação, a 21ª Câmara Cível do TJRS condenou o réu ao apagamento de R$ 6.035,04 por danos morais coletivos.

Destarte, a morte injusta de animais domésticos em *pet shops*, veterinários, envenenamento ou atropelamento vem sendo reconhecida como hipótese de dano moral indenizável também no campo individual[52], bastando que o juiz do caso identifique que entre o animal doméstico e o seu proprietário exista um liame de sentimentos e memórias que atrai a existência de dano moral indenizável. Nessa linha, o Pet Shop e Clínica Veterinária de Vila Velha (ES) foi condenado a pagar R$ 20.000,00 de danos morais à dona de um cachorro que sofreu uma queda e morreu no interior do estabelecimento[53]; a 1ª Turma Recursal Cível dos Juizados Especiais Cíveis do RS condenou ao pagamento de R$ 3.500,00 uma loja de banho e tosa que deixou o cachorro fugir e ser atropelado[54]; a 30ª Câmara de Direito Privado do TJSP também condenou em R$ 5.000,00 de danos morais um pet shop que vendeu um cachorro que morreu 3 dias depois da compra em razão de doença

---

49. Fonte: https://www.jcnet.com.br/noticias/nacional/2013/01/365768-homem-que-amarrou-cachorro-ao--carro-e-condenado.html. Acesso em: 23.12.2020.
50. Fonte: https://g1.globo.com/sp/sao-paulo/noticia/serial-killer-de-animais-condenada-por-matar-37-caes--e-gatos-e-presa-em-sp.ghtml. Acesso em: 23.12.2020.
51. Fonte: https://www.mprs.mp.br/noticias/ambiente/47754/. Acesso em: 23.12.2020.
52. Nessa linha se posicionou o Tribunal de Justiça de São Paulo, no julgamento da Apelação n. 70072151491, de Relatoria do Desembargador Eugênio Facchini Neto, com acórdão publicado dia 31/03/2017.
53. Fonte: http://www.tjes.jus.br/pet-shop-e-clinica-veterinaria-sao-condenados-por-morte-de-cachorro-durante-o-banho/. Acesso em: 23.12.2020.
54. Fonte: https://coad.jusbrasil.com.br/noticias/159490132/pet-shop-devera-indenizar-por-morte-de-cachorro. Acesso em: 23.12.2020.

preexistente[55]. Repisa-se, o direito protege o afeto e tem por objetivo compensar perdas dessa natureza.

3.5.4 Morte de familiar próximo

No caso de morte de ente querido, na perspectiva do falecido, este é a vítima direta e imediata, contudo, pelo fato de a morte ceifar a aptidão para contrair direitos, é inviável pedido de indenização em benefício do mesmo. De outro lado, os familiares mais próximos, que sofrem demasiadamente a perda de alguém que nutriam enorme afeto, são vítimas indiretas (ricochete), podendo requerer indenização por danos morais em face do causador da morte. Portanto, o bem jurídico vida, caso seja atingido inteiramente, restam aos familiares mais próximos, circunscritos ao seio de convivência mais íntima, o direito de pleitear indenização por danos morais, dano moral este certamente presumido pelo julgador, sendo absolutamente inerente às práticas sociais o conhecimento de que a perda de um ente querido gera dor aguda desmedida em decorrência dos tempos de convivência e vínculo afetivo com aquele que se fazia presente nos momentos bons e ruins, na calada da noite e no primeiro bom dia, no café da manhã e na jantar, na praia ou na fazenda, na piscina ou na hora do dever de casa. Esta convivência, somada aos vínculos afetivos, potencializam a identificação do dano moral por perda de parente próximo.

Em termos de identificação desse dano moral, legitimidade para pleitear indenização e a própria mensuração do *quantum* indenizatório, nada mais esclarecedor do que os mais recentes julgados do Superior Tribunal de Justiça sobre o tema (Agravo Interno no Recurso Especial n. 1165102/RJ, Relator Ministro Raul Araújo, DJ 07.12.2016; Recurso especial n. 1095762/SP, Relator Ministro Luís Felipe Salomão, DJ 11.03.2013; Recurso especial n. 1076160/AM, Relator Ministro Luís Felipe Salomão, DJ 21.06.2012; Recurso Especial n. 1291702/RJ, Relatora Ministra Nancy Andrighi, DJ 30.11.2011), em relação aos quais é possível resumir os seguintes termos: a) em princípio, rechaça-se o direito à indenização daqueles que não fazem parte do núcleo familiar da vítima ou não sejam herdeiros; b) é possível que diante das peculiaridades do caso se conceda o direito a indenização por danos morais a sobrinho, irmão, sogra e tio; c) o valor indenizatório deve observar o grau de parentesco ou de proximidade; d) não obstante a formação de um novo grupo familiar com o casamento e nascimento de filhos, entende-se que o poderoso laço afetivo que une os pais com o filho não se extingue, de modo que o que se observa é a coexistência de dois núcleos familiares, sendo correto afirmar que os ascendentes e sua prole integram um núcleo familiar inextinguível para fins de demanda indenizatória por morte. Nessa linha de intelecção, os ascendentes têm legitimidade para a demanda indenizatória por morte da sua prole ainda quando esta já tenha constituído o seu

---

55. Fonte: https://www.conjur.com.br/2020-out-17/cao-morre-tres-dias-compra-cliente-indenizada. Acesso em: 23.12.2020.

grupo familiar imediato; e) os irmãos podem pleitear indenização por danos morais em razão do falecimento de outro irmão, sendo irrelevante a existência de direito hereditário. A questão não é sucessória, pois a legitimidade ativa está relacionada a todos aqueles atingidos pelo sofrimento da perda do ente querido.

3.5.5 Afetação da boa fama de pessoa falecida

Após assassinato de Marielle Franco, em março de 2018, a desembargadora Marília de Castro Neves (TJRJ) afirmou, sem provas, que Marielle foi "eleita pelo Comando Vermelho" e que era "engajada com bandidos", motivo pelo qual teria sido morta por não ter cumprido acordos com eles. Desta feita, em razão da propagação da mensagem em diversas mídias sociais houve mácula à reputação de Marielle, pelo que o juiz Luiz Eduardo de Castro Neves, da 21ª Vara Cível do Rio de Janeiro, condenou a desembargadora ao pagamento de R$ 6.000,00 a cada membro da família, a título de danos morais[56].

Essa possibilidade está descrita no art. 12, p.u, do CC[57], o qual reconhece que é possível a existência de lesados indiretos por ofensa a direitos da personalidade de pessoa morta. Contudo, analogicamente ao visto no dano moral pela perda do ente querido, a legitimidade para pleitear dano moral por violação da reputação de pessoa morta é de quem demonstrar ter tido uma relação íntima e próxima, nutrida de afeto. Destaca-se que o art. 20 do CC fixa como limite de legitimidade ativa para requerer dano moral por violação da imagem e honra do falecido, apenas os cônjuges/companheiros, ascendentes ou desentendes, excluindo os colaterais, razão pela qual Cristiano Chaves de Farias e Nelson Rosenvald (2015, p. 169) o entendem que o vínculo afetivo estabelecido entre o falecido e o colateral pode ser igual ou ainda mais forte, razão pela qual o rol indicado no dispositivo legal deve ser considerado exemplificativo.

Por fim, assevera-se que embora a boa fama atingida seja da pessoa morta, os titulares do direito à reparação por danos morais são os familiares, lesados indiretos, que defenderão em nome próprio o direito de resguardar a memória do seu ente querido. Em outras palavras, o direito da personalidade violado que permite o surgimento do dever de indenizar é o direito ao respeito à reputação, memória, sepultura ou legado do parente próximo, como explicam Cristiano Chaves de Farias e Nelson Rosenvald (2015, p. 169):

---

56. Fonte: https://www.conjur.com.br/2020-out-31/desembargadora-tj-rj-indenizar-familia-marielle. Acesso em: 23.12.2020.
57. Art. 12. Pode-se exigir que cesse a ameaça, ou a lesão, a direito da personalidade, e reclamar perdas e danos, sem prejuízo de outras sanções previstas em lei.
    Parágrafo único. Em se tratando de morto, terá legitimação para requerer a medida prevista neste artigo o cônjuge sobrevivente, ou qualquer parente em linha reta, ou colateral até o quarto grau.

Ou seja, é um direito reconhecido às pessoas vivas de ter salvaguardada a personalidade dos seus parentes (e do seu cônjuge ou companheiro) falecidos, sob pena de afronta à sua própria personalidade. Isso porque ao violar a honra, imagem, sepultura etc. de uma pessoa morta, atinge-se, obliquamente (*indiretamente*, na linguagem do Código Civil), os seus parentes (e o cônjuge ou companheiro) vivos.

3.6 VIDA

Antes de adentrar no conteúdo do direito à vida, cabe uma digressão acerca da magia e beleza que circunda tal bem jurídico. Em primeiro lugar, a vida é anterior ao seu próprio reconhecimento pelo Estado, é primária e condição para o exercício de todos os direitos: "somente a pessoa viva, em sua realidade radical, pode ter outros direitos, já que nenhum outro direito pode ser exercido por cadáveres. Quando se afirma sobre o direito a uma vida estão sendo colocados todos os demais direitos" (SANTOS, 2015, p. 180). Registra-se que há teóricos que defendem que o morto, caso tenha agonizado por semanas, por exemplo, tem direito a dano moral a ser recebido pelos seus sucessores independentemente de estes terem direito a indenização pela perda do ente querido (CORDEIRO, 2004, p. 139).

O direito à vida também fundamenta, em meandros mais específicos, outros bens jurídicos que possibilitam a indenização por dano moral, como a exposição ao perigo, a integridade psíquica, a integridade física e o afeto por parentes próximos, bens estes que decorrem, em maior ou menor grau, do gravame a um bem mais amplo, que é a vida.

O ser humano possui um misto entre animalidade e humanidade, visto que é detentor de massa corporal e anatômica, contudo, também carrega consigo a racionalidade, que não se faz presente nos demais animais, porque tem a capacidade observar, compreender generalidades teóricas e bens como a justiça, entender sua vida e de outros seres humanos, para então optar o caminho que deseja seguir, de forma única e peculiar, decidindo constantemente não segundo uma natureza dada, mas sim orientado segundo suas próprias deliberações (FINNIS, 2008, p. 176-186).

Nesse sentido, a vida humana é um verdadeiro espetáculo narrativo, contrastando com a vida dos animais irracionais, visto que o ser humano nasce absolutamente peculiar em relação aos demais, compreende o meio em que vive no tempo e no espaço, traça projetos únicos e os persegue conscientemente. Por esse motivo, a vida não lhe é dada feita, mas o ser humano, cada um, deve fazê-la dentro dos limites temporais e espaciais na comunidade onde vive, como explica Antônio Jeová Santos:

> A vida é intransferível, incomunicável e indelegável. Ao homem lhe é dado o que nenhum ser até então havia recebido: a faculdade de reger-se por si mesmo, de eleger entre instâncias opostas, em suma, de fazer-se. É um sujeito único, irrepetível e distinto (SANTOS, 2015, p. 175-176).

A vida implica em um contínuo decidir o que cada um tem que fazer; o ser humano elabora seus planos racionais de vida e os persegue. Esta complexidade que forma a vida torna esse bem tão caro na ordem jurídica em uma dupla dimensão: ninguém pode indevidamente ceifar a faceta biológica e anatômica do ser humano, que constitui bem da mais alta importância em razão da sua irrecuperabilidade; ninguém pode obstruir o caminho/projeto traçado por cada ser humano, que livremente – diante de suas qualidades pessoais, do meio em que vive, das oportunidades que surgem e de seus talentos e dons – traçou um itinerário único e exclusivo seu, motivo pelo qual obstáculos indevidos nos projetos de vida de cada um se revelam como violação não apenas do direito à liberdade, mas também do direito à vida em um sentido amplo.

O direito à vida "assegura a preservação das funções vitais do organismo biológico humano" (2004, p. 123). Deste modo, a interpretação ampla do direito à vida, previsto expressamente no art. 2º do CC/2002 e art. 5º, *caput*, da CF/88, traz consigo diversas exigências, como o dever negativo, de não violar o direito à vida, utilizando-se de condutas positivas; o dever, também negativo, que obriga a não impedir o pleno desenvolvimento da vida, em quaisquer de suas manifestações, deixando fazer livremente ao titular dela; o dever positivo de manter a vida alheia (por exemplo: satisfazer – por parte do Estado – prestações concretas para proteger a vida, através de medicamentos e tratamentos); o dever de informar (o médico ou estabelecimento hospitalar), ao enfermo, de todas as consequências (positivas e negativas) do tratamento, ou aplicação de medicamentos, tenha caráter experimental ou não (SANTOS, 2015, p. 179).

Infelizmente, em um sentido mais estrito, uma fez ceifada a vida em sua inteireza, nada há que se discutir em termos de direitos da vítima fatal, que padeceu de um dano irrecuperável e definitivo. Destarte, somente interesses que tangenciam a vida mediatamente/indiretamente possuem relevância para fins de dano moral, como o projeto de vida, a integridade física e psíquica e a perda de ente querido, pois "embora a morte seja a maneira mais radical e absoluta do detrimento a este bem superior que é a vida humana, outros bens existem que, apesar de atingirem a pessoa em menor dimensão, também merecem absoluto resguardo" (SANTOS, 2015, p. 203).

Duas exceções podem ser apontadas para o que foi afirmado acima. A primeira diz respeito as ações que pediram indenização por dano moral em razão da falta de pagamento de pensão alimentícia, que é um interesse juridicamente protegido que está umbilicalmente ligado à vida, ou melhor, à necessidade de manutenção da vida a partir do cumprimento de obrigações relativas à prestação de alimentos, que o inadimplemento põe em xeque uma existência digna com o mínimo de apoio material daqueles que têm obrigação para tanto[58]. Analogicamente, tem-se o cabimento da

---

58. Assim já decidiu o Superior Tribunal de Justiça, no bojo do Recurso Especial n. 1.087.561/RS, com acórdão publicado dia 18/08/2017, de Relatoria do Ministro Raul Araújo, que assim asseverou: "a omissão voluntária e injustificada do pai quanto ao amparo material do filho gera danos morais, passíveis de compensação pecuniária. Cinge-se a controvérsia a definir se é possível a condenação em danos morais do pai que deixa de prestar assistência material ao filho. Inicialmente, cabe frisar que o dever de convivência *familiar*, com-

indenização por dano moral que decorre do atraso no pagamento de salários ao empregado[59]. Em ambas as hipóteses, exige-se que o atraso não seja um evento isolado, mas sim se constitua de forma reiterada e ultrajante.

A segunda, está relacionada a afronta à vida sem ceifá-la, na chamada exposição ao perigo, que se caracteriza pela criação de um perigo concreto a outras pessoas, como no caso de motorista sem habilitação que participa de racha; parque de diversões que não realiza as manutenções preventivas; construtora que entrega empreendimento com vazamento de gás; empresa de construção civil que não compra equipamentos de proteção do trabalho para os seus empregados; explosão em boate ou posto de gasolina; empregado contratado para ser motorista, mas que acaba por ser designado para transportar valores altos sem o mínimo de segurança; queda de fio de alta tensão próximo a pedestres; exposição de trabalhadores a condições perigosas de trabalho. Em todos esses exemplos, embora a vida ou integridade física não seja ceifada, todas as pessoas expostas ao perigo farão *jus* ao recebimento de indenização por danos morais por se tratar de situação concretamente lesiva à vida em seu sentido amplo, tratando-se de clara violação de um bem juridicamente tutelado. Como se não bastasse, inúmeros diplomas legais corroboram para tal interpretação:

preendendo a obrigação dos pais de prestar auxílio afetivo, moral e psíquico aos filhos, além de *assistência material, é direito fundamental da criança e do adolescente, consoante se extrai da legislação civil, de matriz constitucional* (Constituição Federal, art. 227). Da análise dos artigos 186, 1.566, 1.568, 1.579 do CC/02 e 4º, 18-A e 18-B, 19 e 22 do ECA, extrai-se os pressupostos legais inerentes à responsabilidade civil e ao dever de cuidado para com o menor, necessários à caracterização da conduta comissiva ou omissiva ensejadora do ato ilícito indenizável. Com efeito, *o descumprimento voluntário do dever de prestar assistência material, direito fundamental da criança e do adolescente, afeta a integridade física, moral, intelectual e psicológica do filho, em prejuízo do desenvolvimento sadio de sua personalidade e atenta contra a sua dignidade, configurando ilícito civil e, portanto, os danos morais e materiais causados são passíveis de compensação pecuniária*". A omissão voluntária e injustificada do pai quanto ao amparo material do filho gera danos morais, passíveis de compensação pecuniária. Cinge-se a controvérsia a definir se é possível a condenação em danos morais do pai que deixa de prestar assistência material ao filho. Inicialmente, cabe frisar que o dever de convivência familiar, compreendendo a obrigação dos pais de prestar auxílio afetivo, moral e psíquico aos filhos, além de assistência material, é direito fundamental da criança e do adolescente, consoante se extrai da legislação civil, de matriz constitucional (Constituição Federal, art. 227). Da análise dos artigos 186, 1.566, 1.568, 1.579 do CC/02 e 4º, 18-A e 18-B, 19 e 22 do ECA, extrai-se os pressupostos legais inerentes à responsabilidade civil e ao dever de cuidado para com o menor, necessários à caracterização da conduta comissiva ou omissiva ensejadora do ato ilícito indenizável. Com efeito, o descumprimento voluntário do dever de prestar assistência material, direito fundamental da criança e do adolescente, afeta a integridade física, moral, intelectual e psicológica do filho, em prejuízo do desenvolvimento sadio de sua personalidade e atenta contra a sua dignidade, configurando ilícito civil e, portanto, os danos morais e materiais causados são passíveis de compensação pecuniária.

59. Nesse sentido, o Tribunal Superior do Trabalho, no julgamento do Agravo Interno em Recurso de Revista, com acórdão publicado dia 30.11.2011, de Relatoria do Ministro Maurício Godinho Delgado, asseverou "Embora a jurisprudência, regra geral, considere incabível a indenização por danos morais em face de esporádicos atrasos nos pagamentos salariais do obreiro, essa tendência não é absoluta. Evidenciado nos autos que a lesão se tornou grave, por ser reiterada, atingindo a estabilidade emocional da pessoa humana trabalhadora e afetando seu prestígio e imagem na comunidade, emerge a regra constitucional e legal reparadora do malefício, consistente na indenização pela afronta ao patrimônio moral e psicológico do obreiro".

Código de Defesa do Consumidor (Lei n. 8.078/1990)

Art. 6° São direitos básicos do consumidor:

I – a proteção da vida, saúde e segurança contra os riscos provocados por práticas no fornecimento de produtos e serviços considerados perigosos ou nocivos;

Art. 8° Os produtos e serviços colocados no mercado de consumo não acarretarão riscos à saúde ou segurança dos consumidores, exceto os considerados normais e previsíveis em decorrência de sua natureza e fruição, obrigando-se os fornecedores, em qualquer hipótese, a dar as informações necessárias e adequadas a seu respeito.

Art. 12 (...)

§ 1° O produto é defeituoso quando não oferece a segurança que dele legitimamente se espera.

Código Penal (Decreto n. 2.848/1940)

Perigo de contágio venéreo

Art. 130. Expor alguém, por meio de relações sexuais ou qualquer ato libidinoso, a contágio de moléstia venérea, de que sabe ou deve saber que está contaminado:

Perigo de contágio de moléstia grave

Art. 131. Praticar, com o fim de transmitir a outrem moléstia grave de que está contaminado, ato capaz de produzir o contágio:

Perigo para a vida ou saúde de outrem

Art. 132. Expor a vida ou a saúde de outrem a perigo direto e iminente:

Consolidação das Leis do Trabalho (Decreto n. 5.452/1993).

Art. 189. Serão consideradas atividades ou operações insalubres aquelas que, por sua natureza, condições ou métodos de trabalho, exponham os empregados a agentes nocivos à saúde, acima dos limites de tolerância fixados em razão da natureza e da intensidade do agente e do tempo de exposição aos seus efeitos

Art. 193. São consideradas atividades ou operações perigosas, na forma da regulamentação aprovada pelo Ministério do Trabalho e Emprego, aquelas que, por sua natureza ou métodos de trabalho, impliquem risco acentuado em virtude de exposição permanente do trabalhador a:

I – inflamáveis, explosivos ou energia elétrica;

II – roubos ou outras espécies de violência física nas atividades profissionais de segurança pessoal ou patrimonial.

Clarividente está o acolhimento da não exposição ao perigo como um interesse existencial protegido pelo Direito. Nessa linha, assim como ocorre com o uso de imagem não autorizada ou com a intromissão na privacidade da vítima, que a violação do direito não necessita de nenhuma outra consequência lesiva, aqui também em relação a vida, bem inclusive hierarquicamente superior aos demais, não precisa a mesma ser vilipendiada, o leite ser derramado, para surgir o direito de indenização. O atentado concreto contra a vida, por si só, revela o dano-evento e o dano-prejuízo.

3.7 INTEGRIDADE FÍSICA

O interesse de ter a saúde (normal funcionamento do corpo) ou integridade corporal (composição anatômica do corpo) invioláveis por ato de outrem (PIZARRO,

1996, p. 490), normalmente chamado de dano estético pelos tribunais brasileiros, se caracteriza como alteração ou diminuição da integridade física da pessoa de forma permanente ou duradoura (BITTAR, 2015, p. 271), possuindo como sustentáculo o art. 5º, *caput* (direito à vida) e o art. 196 (direito à saúde), ambos da CF/88.

Cabe salientar que o dano moral decorrente da violação do interesse relacionado a saúde ou integridade corporal pode se manifestar tanto quando ocorre transmissão de doenças e negligência médica que agrava o estado do paciente quanto quando a vítima perde alguma parte interna ou externa de seu corpo por ocasião de acidente, agressões ou falha de profissionais da saúde. De acordo com a Organização Mundial da Saúde, o conceito social e jurídico do direito à saúde é "o completo bem-estar psíquico, mental e social (...) problematizando tal conceito indaga-se 'qual foi a última vez que você sentiu-se assim?', assinalando que esse completo bem-estar é difícil em nossa forma de vida" (LORENZETTI; FRADERA, 1998, p. 474). Por esse motivo, o dano físico faz referência ao que era habitual na pessoa prejudicada, e que provavelmente o seguirá sendo no futuro (LORENZETTI; FRADERA, 1998, p. 475).

A quantificação do dano moral para estes casos deve levar em conta a duração ou intensidade da dor/sofrimento; a extensão da sequela ou da piora da saúde; o enfeamento externo; a inviabilidade de prosseguir com determinada profissão; o prejuízo de atividades sexuais ou atividades cotidianas; necessidade de cirurgias ou de acompanhamento profissional e medicamentos após a lesão; a extensão temporal da lesão ou do estado ruim de saúde; a perda do prazer de realizar determinadas atividades, "su implicancia en la vida de relación, y en el proyecto de vida del prejudicado, la reducción de las expectativas de vida que genera, la forma y modo en que se produjo el hecho lesivo" (PIZARRO, 1996, p. 492).

É salutar conceder uma atenção maior quanto ao parâmetro da perda do prazer e da relação, ambos de um certo modo entrelaçados, pois muitas vezes o vilipendio da saúde ou da anatomia do corpo ocasiona o desestímulo de a vítima realizar atividades que lhe proporcionavam satisfação/prazer/descontração, como por exemplo estar impossibilitado de tocar um instrumento, "praticar esportes, não poder dançar, não poder se locomover e realizar uma viagem de passeio, perda do olfato/gosto/visão que retiram o prazer de sentir o cheiro agradável de certos perfumes e da comida" (SANTOS, 2015, p. 69).

Como se não bastasse, danos morais de tal natureza também podem afetar os laços sociais construídos pela vítima. Portanto, sabe-se que para que as pessoas alcancem seus propósitos, é imprescindível que construam pontes de relacionamentos onde possa trocar experiências e conhecimento, relações estas que vão desde a família e a vizinhança até o clube, o trabalho e a roda de bar. Estas relações são constituídas ao longo da vida tendo como razões o amor, a política, religião, trabalho, estudo, arte, dentre outras. Como o ser humano é naturalmente inclinado à convivência e à sociabilidade, essa perda de relação com os outros fulmina uma das grandes dimensões de realização do ser humano, devendo ser devidamente considerada para fins de quantificação do dano moral, não apenas em face da violação do interesse à saúde/anatomia, mas também no caso de ofensa à honra, imagem ou qualquer outro bem jurídico que afete os laços já construídos, em construção ou potencialmente edificados no futuro, como destaca Antônio Jeová Santos, dando como exemplo a perda de relação por ofensa a honra de alguém:

> Quantas pessoas já não se viram impedidas de sair de casa, de manter sua regular e normal atividade cotidiana, porque o jornal e a televisão emitiram notícia de que aquela pessoa é acusada de algum crime hediondo ou grave. Vizinhos não mais cumprimentam a vítima que, envergonhada, deixa de frequentar os lugares em que ia antes da infundada notícia. Nem sequer pode ir à escola e tem de gozar férias do trabalho, obrigatórias, para evitar o mal-estar que acompanha os colegas. É o puro e simples dano à vida de relação. Deve ser computada e reparada, com dinheiro, toda lesão sofrida e que atinja também as faculdades culturais, desportivas, artísticas, religiosas, comunitárias, sexuais etc. (SANTOS, 2015, p. 70-73).

Além da perda de relação e do prazer de realizar determinadas atividades, o dano estético também pode afetar um projeto de vida, que tem seu sustentáculo maior no próprio interesse jurídico da liberdade ou vida, posto que todos os seres humanos possuem o direito à inviolabilidade injustificada dos caminhos, sonhos e planejamentos traçados. Assim, um menoscabo anatômico ou relacionado à saúde pode gerar alteração injusta do curso da vida de alguém, como no caso de um estudante de direito que faz parte de grupos de pesquisa de direito criminal e sonha em ser um grande advogado de júri, mas vem a perder a voz por ato injusto de outrem, o que fulmina a realização de uma vocação e aspiração. Desta feita, levando o dano moral à sério, para fins de quantificação não só a perda da voz (poderia ser de um membro, da audição, do olfato etc.) deve ser levada em conta, como também a dor, os procedimentos cirúrgicos, a vergonha em se portar em público, os medicamentos e acompanhamentos médicos que agora se impõem, a perda de relação, do prazer de realizar atividades e, finalmente, o projeto de vida, a mudança de curso abrupta de uma vida com um plano racional esboçado.

Em que pese a súmula 387 do Superior Tribunal de Justiça estabelecer que são cumuláveis o dano moral e o dano estético, com todo respeito, este autor discorda de tal orientação, visto que o interesse na integridade física externa ou interna, ligada à anatomia ou à saúde, é apenas mais um dos inúmeros interesses existenciais juridicamente protegidos que possibilitam o recebimento de indenização de cunho compensatório. Assim, tendo em vista que o dano estético possui outros desdobramentos danosos, para este trabalho, o dano estético pode ser compensado sob a alcunha de moral porque é uma espécie do gênero dano moral, como explica Antônio Jeová Santos:

> Em mais de 25 anos de exercício da magistratura, o autor deste trabalho jamais conseguiu estremar as causas do dano moral e do estético, nem viu em algum caso sob julgamento ser possível a apuração dessas causas de forma autônoma. Pense-se em caso grave, qual seja, a amputação de ambas as pernas. Para efeitos de indenização, o dano é moral e material tão somente. Basta que o juiz aumente o valor da indenização, dada a gravidade da lesão, e fixe o montante indenizatório

em valor alto, a título de dano moral, para a questão ser solucionada, sem que seja necessária a indesejada repetição (2015, p. 363).

Se, por exemplo, a vítima de um acidente de trânsito perde sua perna direita, deve ser relevado para fins de quantificação do dano moral a privação do membro em si (de parte do corpo); a vergonha que afligirá a vítima em suas relações sociais; a dor e o sofrimento que o ofendido sentiu no momento do acidente e posteriormente; as complicações de medicamentos e cirurgias advindas do evento danos, dentre outros. Ou seja, a questão puramente estética/anatômica/saúde, em si mesma, é talvez o mais importante parâmetro para quantificar a indenização nestes casos, mas que se soma a outros fatores para uma quantificação justa. Além do mais, do ponto de vista teórico nenhuma diferença conceitual existe entre os outros interesses extrapatrimoniais e o direito à integridade física. Todos, neste ínterim, são bens existenciais que uma vez violados fazem surgir o direito de indenização por dano moral.

Logo, são exemplos de violações a esse interesse: a) lesões físicas experimentadas por empregados no ambiente de trabalho, como perda de dedos, audição, olfato ou visão; b) perda de membro ou fixação de cicatriz em acidente de consumo, causada por explosões ou outros acidentes de consumo; c) acidente de trânsito que provoque tetraplegia; d) briga física que promova perfuração de órgãos; e) perda de baço ou rim por erro médico em cirurgia; f) remédio errado ou em dosagem errada que piorou situação do paciente; g) agressões físicas sofridas por uma mulher por pessoa desconhecida ou por namorado/companheiro/cônjuge; h) preso em situação degradante[60]; i) excesso de ruído, trepidação, mal cheiro e degradação do meio ambiente (CORDEIRO, 2004, p. 134).

Importante realizar uma digressão acerca da piora da saúde do paciente, pois esta pode ocorrer tanto por erro médico (superdosagem de medicamento, erro no procedimento da cirurgia etc.) quanto por situações em que não há erro médico na perspectiva da ciência, mas o paciente vem a sofrer um dano sem que tenha sido prévia e adequadamente informado sobre tal risco que um tratamento ou cirurgia envolvia. Nessa perspectiva, o art. 15 do CC/2002 prevê que "ninguém pode ser constrangido a submeter-se, com risco de vida, a tratamento médico ou intervenção cirúrgica", ao passo que o art. 22 do Código de Ética Médica veda ao médico "deixar

---

60. No julgamento do Rext n. 580.252/MS, com acordão publicado dia 08.09.2017, de Relatoria do Ministro Alexandre de Moraes, STF fixou a tese de que é cabível indenização por dano moral a ser paga pelo Estado quando este não cumpre condições legais do encarceramento (prisão em situação degradante); por outro lado, reacendeu a preocupação dos juristas da responsabilidade civil sobre se a capacidade econômica do ofensor dever ser levada em conta na quantificação da indenização, na medida em que diversos votos justificaram a indenização no valor de R$ 2.000,00 sob o argumento de que o Estado não teria condições de arcar com patamar maior considerando os milhares de presos em situação degradante, considerando que a população carcerária brasileira é a 3ª maior do mundo, com 726 mil pessoas. Em outras palavras, é preciso refletir se o foco da indenização compensatória é apenas a vítima e a magnitude de seu dano ou o ofensor também deve ter sua capacidade econômica sopesada.

de obter consentimento do paciente ou de seu representante legal após esclarecê-lo sobre o procedimento a ser realizado, salvo caso de risco iminente de morte".

Esse direito, também chamado de "consentimento ao ato médico", "consentimento à atuação médica", "consentimento esclarecido" ou "consentimento do paciente", é um ato jurídico com conteúdo existencial e revogável a qualquer tempo, representando a permissão emitida por um paciente a um médico, de modo expresso ou tácito, escrito ou verbal, destinada à pratica de determinado ato profissional, que atinja a própria esfera física ou psíquica do sujeito que o emite (o consentinte). Trata-se de ato exercido em face de sua autodeterminação, resultante da análise própria de conveniência e oportunidade permitindo uma atuação médica que esteja de acordo com o que o entende ser melhor para si (RAMPAZZO, 2021, p. 19). Na mesma linha, explicam Eduardo Dantas e Rafaella Nogaroli (2020, p. 30), que o arrimo e fundamentação de tal direito se encontra no princípio bioético da autonomia:

> (...) A relação entre provedor de serviços de saúde e paciente tem um de seus pilares no dever de informação, mais precisamente, na obrigação de o médico prestar ao enfermo, ou a quem por ele responda, todas as informações possíveis para que este possa exercer direito seu, amparado em um dos princípios bioéticos mais importantes, o da autonomia, ou seja, a possibilidade de dispor de seu próprio destino, decidindo que tratamento irá (se) permitir, embasado em informações claras e precisas sobre os riscos e benefícios possíveis, advindos de sua decisão (DANTAS, NOGAROLI, 2020, p. 30).

Esta relação médico-paciente, mais humanizada e horizontalizada contrasta com as práticas do século XIX até início do século XX, quando por conta da influência iluminista e do alto grau de confiabilidade da ciência, o protagonismo era dos médicos na tomada de decisões (RAMPAZZO, 2021, p. 9-12). A virada de Copérnico para uma prática médica calcada na dialética do médico com paciente veio a partir do reconhecimento de que a ciência pode falhar e, mesmo que não falhe é o paciente que sofrerá os resultados adversos e lesivos que tratamentos, medicamentos e cirurgias podem ocasionar, devendo o mesmo ter papel ativo na tomada das decisões que dizem respeito à sua saúde (RAMPAZZO, 2021, p. 19). Contudo, para que a decisão seja tomada com serenidade, o paciente deve obter o máximo de informações, que abrangem: o diagnóstico (obtenção e resultado); os meios empregados (tanto no diagnóstico quanto no prognóstico); os tratamentos disponíveis ou propostos e suas respectivas finalidades; o prognóstico; os efeitos dos tratamentos ou consequências do não tratamento; os riscos e benefícios dos caminhos que podem ser adotados; os custos e as alternativas terapêuticas (RAMPAZZO, 2021, p. 168).

O objetivo por trás dessa regra é que o paciente – conhecendo os custos, diagnósticos, prognósticos, ônus, riscos, bônus etc. – possa realizar uma decisão consciente sobre sua saúde[61], autonomia esta que só pode ser garantida se antes o

---

61. Cumpre destacar que nem sempre o paciente tem condições psíquicas de decidir ou mesmo deseja decidir, como explica Flaviana Rampazzo Soares: "ao não decidir, o paciente pode optar por retardar o atendimento

paciente obtiver de forma cristalina e acessível as informações necessárias para a escolha. Nesta senda, para além do CC e do Código de Ética Médica, o art. 6º, III do CDC estabelece que é direito básico do consumidor a informação clara e adequada sobre serviços e produtos, o que também reforça esse direito ao consentimento prévio e informado, na medida em que a relação médico-paciente é de consumo, com a presença de um fornecedor de serviços (profissional/habitual) e de outro lado uma pessoa leiga e vulnerável (consumidor).

Por todo esse contexto, não é condizente com a realização desse direito o preenchimento de formulários padrão, devendo o consentimento ser obtido ou não a partir de um processo comunicacional que leve em conta a idade, nível de instrução e discernimento, a condição de saúde etc., na perspectiva de uma relação médico-paciente horizontalizada, não mais tendo o médico como o centro de autoridade na tomada de decisão, haja vista que é o paciente que sofrerá as intercorrências dos riscos em seu cotidiano. Por esse motivo, entende-se que o direito ao consentimento prévio e informado não deve ser exigido apenas quando existir risco de vida, como descrito no art. 15 do CC, mas sim em toda e qualquer intervenção cirúrgica ou de tratamento que possa ter algum efeito adverso na vida do paciente, sem que necessariamente esteja presente o risco de vida – podendo ser risco de ficar cego, de ter uma perna amputada, de perder o paladar, de dormir com dores, de ficar infértil etc.

Alguns julgados do STJ denotam que o descumprimento do direito ao consentimento prévio e informado do paciente vem sendo razão para o surgimento de dano moral indenizável, pois o paciente passa a ter uma afetação em sua integridade física que não foi alertada pelo médico, se sentindo violentado por ter feito uma escolha com informações pífias e insuficientes. No Resp 326014/RJ, imputou dever de indenizar ao médico que realizou uma cirurgia plástica de rosto e mamas, mas não alertou sobre os riscos; no Resp 332025/MG, reconheceu dever de indenizar do médico por não ter informado riscos de cirurgia plástica de mamas em pessoa obesa; no Resp 467878/RJ o médico foi condenado a pagar indenização porque o paciente não recebeu informação do risco de perda de visão por conta de cirurgia oftalmológica, vindo a ser surpreendido com a perda completa da visão; no AgRg no Ag 818144/SP, houve a caracterização da responsabilidade civil médica advinda de uma cirurgia para retirada de bolso palpebral em que o médico assumiu em juízo que omitiu informação de risco sob o argumento de que "se avisar ninguém faz";

---

a outro momento (sendo advertido das principais consequências prejudiciais à sua saúde nessa decisão). Ao delegar a decisão ao médico, este somente responderá por conduta lesiva própria e não quanto a eventual objeção ou questionamento vinculado ao teor da decisão conferida ao médico ou a quem tenha decidido por representação do paciente, desde que tenha agido de acordo com as boas práticas e que, ao menos, as informações básicas tenham sido repassadas a esse paciente. Ao delegar a terceiro, o próprio paciente deve estar ciente de que não poderá posteriormente questionar que a decisão daquele possa não ter sido a ideal, embora possa modificá-la a qualquer momento antes de iniciado o atendimento autorizado ou suspender a sua execução após o seu início, desde que isso seja tecnicamente possível. Advirta-se que, mesmo quando o paciente delegue a decisão a terceiro, essa deliberação lhe deve ser repassada, tendo a possibilidade de rejeitá-la" (2021, p. 168).

no Resp 1051674/RS e no Resp 1180815/MG, o STJ negou o pedido do dever de indenizar, pois no primeiro caso o médico informou o paciente do risco de após a vasectomia o paciente tornar-se pai, ao passo que no segundo caso o médico cumpriu com o dever de informar o risco de queloide no local do corte para mamoplastia de aumento e lipoaspiração. Em todos os casos acima mencionados que geraram direito à reparação por dano moral possuem a justificação, para além da violação da autonomia do paciente, a da violação da integridade psíquica e física (DANTAS; NOGAROLI, 2020, p. 31).

Finalmente, esclarece-se que há uma expansão da inteligência artificial aliada à robótica, criando robôs de assistência inteligente para cuidados médicos, inclusive para procedimentos cirúrgicos, realizados de forma presencial ou à distância (telecirurgia). Embora até o momento essas cirurgias sejam assistidas por robôs, elas já permitem no campo da urologia, ginecologia, cirurgia geral, torácica, abdominal e neurológica promover maior segurança, diminuindo tremor das mãos e a perda de sangue, ampliando a visão do cirurgião, tornando a cirurgia mais rápida e exata nos cortes e sutura dos tecidos (DANTAS; NOGAROLI, p. 28-29). Nesse campo da cirurgia robótica também se aplica o direito ao consentimento do paciente, em razão de que o organismo humano e a inevitável influência de fatores externos fazem a álea terapêutica carregar consigo a incerteza como um atributo indissociável da pratica médica, de modo que a robótica implementada nas cirurgias não elimina o fator de imprevisibilidade no tratamento médico (DANTAS; NOGAROLI, p. 38). Por esse motivo, os referidos autores, propõem alguns contornos que devem ser observados no campo específico da cirurgia robótica para a plena satisfação do direito ao consentimento:

> Após análise de todos os contornos da cirurgia assistida por robô, propomo-nos a elaborar os itens essenciais ao termo de consentimento para a prática da cirurgia robótica. Seja realizada de forma presencial ou à distância (telecirurgia), deverão constar ao menos doze (12) informações: 1) Descrição da maneira que é realizada a cirurgia assistida por robô e suas principais vantagens; 2) Diferenças na adoção de uma cirurgia robótica em relação à convencional (aberta ou laparoscópica) para aquele caso específico; 3) Informações gerais sobre os benefícios esperados e os possíveis riscos associados à utilização da tecnologia; 4) Esclarecimento sobre o treinamento e a experiência do médico em cirurgias assistidas por robô; 5) Dados sobre a política de treinamento em cirurgia robótica do hospital onde será realizado o procedimento; 6) Informação se a cirurgia robótica em questão já foi realizada por qualquer outra pessoa no mesmo hospital ou em qualquer outra entidade hospitalar do país; 7) Apontamento sobre a possibilidade de ocorrer interrupção da telecirurgia por algum problema de conexão com a internet ou mesmo falha do próprio equipamento na cirurgia robótica; 8) Indicação da possibilidade de intercorrências no ato cirúrgico por falha do sistema ou do equipamento robótico, com a consequente transformação da cirurgia robótica para uma convencional (aberta) sem a assistência do robô – inclusive com outro médico a comandar o ato cirúrgico, que não aquele previamente acordado com o paciente; 9) Informação de que a necessidade de conversão da cirurgia robótica para a convencional (aberta) implica em cortes maiores e maior tempo de paciente sob anestesia, o que gera maiores riscos ao paciente; 10) Esclarecer que na telecirurgia há um *time delay* entre os movimentos da mão do cirurgião e a reprodução pelo robô, que pode gerar algum evento adverso; 11) Exposição de demais riscos

técnicos decorrentes de falha do *software* ou da própria limitação tecnológica; 12) Indicar com transparência a maneira que os dados do paciente são armazenados em rede e a possibilidade de acesso ilícito por terceiros (DANTAS; NOGAROLI, 2020, p. 43).

Não é objeto do presente livro a quem cabe o dever de indenizar por danos advindos do uso de inteligência artificial no campo da medicina. Contudo, diante do crescimento exponencial do seu uso na contemporaneidade, indica-se a leitura do artigo "Inteligência artificial na análise diagnóstica: benefícios, riscos e responsabilidade do médico" (2020, p. 80-81), de autoria de Rafaella Nogaroli e Rodrigo da Guia Silva, os quais explicam que embora o ordenamento jurídico brasileiro possua uma aparente lacuna na responsabilidade civil médica diante de novas tecnologias, eventuais danos causados por robôs inteligentes ou por uma atuação do médico calcada no dispositivo inteligente, pode ser aferida a partir do CC e do CDC: a) responsabilidade subjetiva do médico baseada no regime da culpa e da quebra do dever de cuidado (art. 186 do CC); b) responsabilidade objetiva em razão do risco da atividade em algumas situações envolvendo erros de fabricantes de softwares inteligentes e robôs de assistência médica (fato do produto ou do serviço; e/ou risco da atividade do art. 927, p.u do CC). Adverte-se, contudo, que no campo da responsabilidade civil do médico, os referidos autores traçam contornos para apurar se houve culpa na conduta pessoal do mesmo nesse campo específico e peculiar.

3.8 INTEGRIDADE PSÍQUICA

Como corolário do direito à uma vida plena (art. 5º, *caput*, CF/88) e à saúde (art. 196, CF/88) vem o direito à inviolabilidade da integridade psíquica do ser humano, compreendido como o direito de não sofrer, por ato de outrem, diminuição de seu bem-estar e equilíbrio mental, manifestado por uma alteração anormal dos padrões de humor, estresse, aborrecimentos, enfurecimentos, descontentamentos, frustrações, irritações, agonias, sossego e paz por ato de outrem e não por infortúnios e contingências da vida, anormalidade essa que transcenda a proporção dos dissabores do cotidiano. Ademais, uma visão integral do ser humano implica necessariamente em compreender que não basta a proteção da integridade física, mas também a da integridade da mente, como explica Pietro Perlingieri:

> A saúde refere-se também àquela psíquica, já que a pessoa é uma indissolúvel unidade psicofísica (...). Seja o perfil físico, seja aquele psíquico, ambos constituem componentes indivisíveis da estrutura humana. A tutela de um desses perfis traduz-se naquela da pessoa em seu todo (1997, p. 159).

Cabe destacar que embora não exista na CF/88 expressamente a palavra integridade psíquica, é possível vislumbrar tal pretensão não apenas do direito à vida e à saúde, mas de outras leis que protegem a higidez e incolumidade mental da pessoa humana, como por exemplo: art. 128, II, do decreto-lei n. 2848/1940 (Código Penal): não se pune o aborto praticado por médico se a gravidez resulta de estupro e o aborto é precedido de consentimento da gestante; art. 7º, I, da lei n. 11.340/2006

(Lei Maria da Penha): são formas de violência doméstica e familiar contra a mulher, entre outras: a violência psicológica, entendida como qualquer conduta que lhe cause dano emocional e diminuição da autoestima ou que lhe prejudique e perturbe o pleno desenvolvimento ou que vise degradar ou controlar suas ações, comportamentos, crenças e decisões, mediante ameaça, insulto, chantagem, ridicularização, exploração e limitação do direito de ir e vir ou qualquer outro meio que lhe cause prejuízo à saúde psicológica e à autodeterminação; art. 7º, da lei 8.069/1990 (Estatuto da Criança e do Adolescente): a criança e o adolescente têm direito à vida e à saúde, mediante a efetivação de políticas sociais públicas que permitam o nascimento e o desenvolvimento sadio e harmonioso, em condições dignas de existência; art. 71, da lei 8.078/1990 (Código de Defesa do Consumidor), na parte das infrações penais: utilizar, na cobrança de dívidas, de ameaça, coação, constrangimento físico ou moral, afirmações falsas incorretas ou enganosas ou de qualquer outro procedimento que exponha o consumidor, injustificadamente a ridículo ou interfira com seu trabalho, descanso ou lazer; art. 2º, da lei 10.741/2003 (Estatuto do Idoso): o idoso goza de todos os direitos fundamentais inerentes à pessoa humana, sem prejuízo da proteção integral de que trata esta lei, assegurando-se-lhe, por lei ou por outros meios, todas as oportunidades e facilidades, para preservação de sua saúde física e mental e seu aperfeiçoamento moral, intelectual, espiritual e social, em condições de liberdade e dignidade.

Logo, uma vez que por ato de outrem o ser humano seja colocado em situação que em condições normais da vida em sociedade acarretem um agigantamento desmedido de estresse, aborrecimentos, enfurecimentos, descontentamentos, frustrações, irritações, agonias e falta de paz, mesmo que inexista violação à integridade física, estar-se-á diante de um menoscabo de cunho psíquico, que ocasiona danos à pessoa humana passíveis de compensação por danos morais. Dentre elementos importantes para aferir o valor indenizatório destaca-se a intensidade e duração do dano; a magnitude do desequilíbrio psíquico no caso concreto; a afetação do dano na vida pessoal, profissional ou lúdica da vítima; se a vítima se encontrava em situação de vulnerabilidade; a perda de tempo que o dano ocasionou ao ofendido, dentre outros.

No que toca o aspecto técnico da psicologia ou psiquiatria para a apuração do dano psíquico, o presente trabalho entende ser prescindível na maior parte dos casos porque o dano psíquico não ocorre apenas quando o ato de alguém causa deterioração, debilidade ou distúrbio permanente, duradouro ou incurável nas condições mentais de outrem (no sentido patológico e que, portanto, necessita de tratamento e/ou medicamentos com auxílio de profissionais da saúde). Portanto, o dano psíquico para o direito tem harmonia com o conceito de Mariano Castex (1997, p. 65): "desenvolvimento psicogênico ou psico-orgânico que, afetando suas esferas afetiva e/ou volitiva, limita sua capacidade de gozo individual, familiar, laboral social e ou recreativa".

Por esse motivo, a maior parte dos danos psíquicos que geram direito à indenização por dano moral são danos que não deixam marcas permanentes e nem seriam evidenciados por laudos técnicos, sendo este um grande desafio para o juiz, que deve julgar demandas que envolvam danos psíquicos sem que o perito tivesse algo a acrescentar, isto é, sem sinais patológicos. Este desafio é atenuado pela existência da regra do art. 375 do CPC, segundo o qual "o juiz aplicará as regras de experiência comum subministradas pela observação do que ordinariamente acontece (...)". Sendo assim, a partir das vivências e observâncias da sociedade que o circunda, o magistrado pode se utilizar desse arcabouço prático para presumir situações danosas que quebram a incolumidade mental. É tautológico dizer, mas o magistrado, como alguém que constrói laços, desempenha outros papeis e vive na pele as agruras da vida dos demais membros da sociedade, tem condições de utilizar a técnica da presunção do dano (*in re ipsa*) através das suas experiências, presumindo que houve dano psíquico, ou seja, um desequilíbrio anormal do humor, aborrecimento, frustração, agonias, por exemplo, nas hipóteses a seguir descritas.

Como exemplos de situações ensejadoras de dano moral por violação à integridade psíquica, segue: a) espera por mais de quatro horas em fila de banco; b) falha no serviço que demandou diversas idas do consumidor ao fornecedor para resolver o vício; c) dezenas de ligações para obter cancelamento de serviço ou informação; d) festas corriqueiras com música alta da casa do vizinho[62]; e) constantes ameaças de colega de trabalho, empregador ou namorado (a); f) ofensas cotidianas perpetradas pelos colegas de turma do colégio ou da faculdade em face de um dos alunos; g) atraso de voo sem a consequente assistência da companhia aérea em fornecer hotel e transporte a uma família; h) extravio de bagagem em aeroporto; i) recebimento de inúmeras mensagens de texto pela operadora de telefonia[63]; j) recebimento de ligações reiteradas realizadas por bando no intuito de cobrar dívidas inexistentes[64]; k) atraso demasiado em voo, de aproximadamente 30 horas[65]; l) a neurose ou medo ao sinistro, a demência pós-traumática, o stress ou esgotamento do trabalho (LORENZETTI; FRADERA, 1998, p. 456).

Nesta lista acima, dois exemplos merecem relevo. O primeiro diz respeito a constrangimentos vivenciados pelo empregado no bojo de uma relação de emprego, como ser objeto de agressões verbais ou físicas pelo empregador, de humilhações e xingamentos, de exigências de metas inalcançáveis, de constantes ameaças, de proi-

---

62. Nesse sentido decidiu o Tribunal de Justiça de São Paulo, no julgamento da Apelação n. 992050163832, de Relatoria do Desembargador Emanuel Oliveira, com acórdão publicado dia 08.04.2010.
63. Assim já decidiu o Tribunal de Justiça do Rio Grande do Sul, no julgamento da Apelação n. 71007031032, de Relatoria da Desembargadora Glaucia Dipp Dreher, com acórdão publicado dia 15.09.2017.
64. Nessa linha decidiu o Tribunal de Justiça do Rio Grande do Sul, no julgamento da Apelação n. 71007069073, de Relatoria do Desembargador Roberto Carvalho Fraga, com acórdão publicado dia 08.09.2017.
65. Nesse sentido, decidiu o Superior Tribunal de Justiça, no julgamento do Agravo Regimental no Agravo no Recurso Especial n. 144558, de Relatoria do Ministro Paulo de Tarso Sanseverino, com acórdão publicado dia 04.02.2014.

bições ilegais como de ir ao banheiro, tomar água etc. Nestes casos, muitos chamam esse dano de assédio moral, contudo, trata-se na verdade de dano moral por ofensa a diversos bens jurídicos, que podem variar entre honra, imagem, integridade física e psíquica. O Tribunal Superior do Trabalho (de agora em diante TST), no julgamento do Agravo de Instrumento em Recurso de Revista n. 1.712/2005, de Relatoria do Ministro Renato de Lacerda Paiva, com acórdão publicado dia 10.10.2007, reconheceu que o assédio moral é um misto de ofensa a diversos bens jurídicos, fincando algumas características principais:

a) a intensidade da violência psicológica. É necessário que ela seja grave na concepção objetiva de uma pessoa normal;

b) o prolongamento no tempo, pois episódio esporádico não o caracteriza, mister o caráter permanente dos atos capazes de produzir o objetivo;

c) outro elemento do assédio moral é que tenha por fim ocasionar um dano para marginalizá-lo no seu ambiente de trabalho;

d) que se produzam efetivamente os danos psíquicos, permanente ou transitório.

O segundo exemplo que merece uma atenção maior se refere a perda de tempo em longas filas em bancos, aeroportos ou em atendimento telefônico, uma vez que parte da doutrina[66] tem discutido a existência de dano moral indenizável pela simples usurpação do tempo útil de forma indevida por outra pessoa, bem jurídico esse que pode decorrer tanto do princípio maior da integridade psíquica, como do princípio da liberdade, como será visto em tópico próprio.

3.9 INTEGRIDADE DA CRIAÇÃO DO INTELECTO

Assim como subsiste a proteção da integridade da mente e do corpo humano, há também a inarredável necessidade de proteger a criação do intelecto humano, tais como obras de arte, melodias e letras de músicas, poesias, livros, invenções, dentre outras formas de manifestação do pensamento criativo, de modo que a violação aos direitos do autor acarretam, por expressa determinação do art. 108 da Lei n. 9.610/1998, o direito de indenização por danos morais, simplesmente porque há, para além de pretensões lucrativas com tais criações, interesses não patrimoniais dignos de proteção.

O art. 7º da Lei n. 9.610/1998 enumera alguns exemplos de obras do intelecto humano protegidas pelo direito autoral: a) textos de obras literárias, artísticas ou científicas; b) conferências, alocuções, sermões; c) obras dramáticas e dramático--musicais; d) obras coreográficas e pantomímicas, cuja execução cênica se fixe por

---

66. Para aprofundar o tema, ver: DESSAUNE, Marcos. Desvio Produtivo do Consumidor: o prejuízo do tempo desperdiçado. São Paulo: Ed. RT, 2011; GUGLINSKI, Vitor Vilela. O dano temporal e sua reparabilidade: aspectos doutrinários e visão dos tribunais. Revista de Direito do Consumidor, v. 24, n. 99, p. 125-156, maio/jun. 2015.

escrito ou por qualquer outra forma; e) composições musicais, tenham ou não letra; f) obras audiovisuais, sonorizadas ou não; g) obras fotográficas; h) obras de desenho, pintura, gravura, escultura; i) projetos, esboços e obras plásticas concernentes à geografia, engenharia, topografia, arquitetura, paisagismo, cenografia e ciência; i) as adaptações, traduções e outras transformações de obras originais, apresentadas como criação intelectual nova; j) programas de computador, dentre outros.

Ademais, embora a criação de tais obras sejam fruto da racionalidade humana, o art. 11 e parágrafo único da mesma lei frisam que o autor é a pessoa física criadora da obra, mas que a proteção concedida ao autor poderá aplicar-se às pessoas jurídicas. Logo, tanto as pessoas físicas quanto as jurídicas titulares do direito autoral possuem diversos direitos previstos no art. 24 da mencionada lei: de reivindicar a autoria da obra; de ter seu nome indicado ou anunciado como sendo o autor na utilização da obra e o de conservar a obra inédita; de assegurar a integridade da obra; de retirar de circulação a obra ou de suspender qualquer forma de utilização já autorizada, quando a circulação ou utilização implicarem afronta à sua reputação e imagem.

Como critérios para a mensuração do dano moral, pode-se identificar o nível de exposição da obra utilizada indevidamente, seja a duração e quantidade, seja a abrangência de alcance a terceiros; a existência de deturpação da obra original; a consequência lesiva para a carreira do autor no futuro; a existência de prejuízo à obra em si no futuro, dentre outros.

São exemplos de violações ao direito do autor que acarretam o dever de indenizar danos morais: a) utilização não autorizada de programa de computador[67]; b) tradução da obra sem autorização do autor; c) execução da obra sem menção ao autor; d) distribuição da obra sem autorização do autor; e) menção errônea de nome do autor; f) publicação não autorizada da obra; g) utilização de trechos de obra de outro autor, no que vem a ser denominado de plágio; h) realização de discurso ou de peça processual como se fosse sua, sendo que tais escritos foram elaborados por outra pessoa; i) exposição de obra de arte sem autorização do autor[68]

3.10 PERDA DE UMA CHANCE

Inicialmente, afirma-se que a perda de uma chance vem se fincando como uma terceira modalidade de danos materiais, ao lado dos danos emergentes e dos lucros cessantes. Do ponto de vista exclusivamente patrimonial, a perda de uma chance se diferencia dos danos emergentes, pois enquanto estes se caracterizam como um desfalque patrimonial efetivo e imediato a partir da conduta lesiva, a perda de uma

---

67. Nesse sentido já decidiu o Superior Tribunal de Justiça, no julgamento do Recurso Especial n. 443119/RJ, de Relatoria da Ministra Nancy Andrigui, com acórdão publicado dia 30.06.2003.
68. Nesse sentido já decidiu o Superior Tribunal de Justiça, no julgamento dos Embargos de Divergência no Recurso Especial n. 56288/RJ, de Relatoria do Ministro Humberto Gomes de Barros, com acórdão publicado dia 25.03.1996.

chance se refere à frustração de uma expectativa de ganho ou vantagem futura que não se consumou. De outro lado, se diferencia dos lucros cessantes, pois estes se revelam como a perda de um ganho altamente esperado segundo a ordem natural dos eventos pretéritos, ao passo em que a perda de uma chance não é a frustração de um ganho ou vantagem altamente esperada, mas sim a perda de uma chance séria e efetiva, e, por se tratar apenas de uma oportunidade concreta desperdiçada a análise do dano material não se debruça integralmente ao dano final ou ganho final perdido, como explica Rafael Peteffi Silva:

> A chance representa uma expectativa necessariamente hipotética, materializada naquilo que se pode chamar de ganho final ou dano final, conforme o sucesso do processo aleatório. Entretanto, quando esse processo aleatório é paralisado por um ato imputável, a vítima experimentará a perda de uma probabilidade de um evento favorável. Esta probabilidade pode ser estatisticamente calculada, a ponto de lhe conferir um caráter de certeza (SILVA, 2009, p. 13)

Um interessante exemplo é desenvolvido por Rafael Peteffi da Silva, em sua obra "Responsabilidade Civil pela Perda de Uma Chance" (2009), o qual serve para a reflexão sobre as principais características desse instituto. Trata-se de um peão com excelente currículo que não participará do rodeio em razão da falta de pagamento da respectiva inscrição pelo seu agente. Neste caso, a ação ou omissão do agente não foi a causa para a perda do prêmio, porém não se pode negar a ocorrência de dano pela perda da chance de ganhar o prêmio. Nesse desiderato, o referido autor defende que a indenização por dano material pela perda de uma chance deve ser calculada com base na proporção de causalidade do ato do réu e o dano final (prêmio) (SILVA, 2009, p. 20).

A seguir, exemplos de casos onde se verifica a ocorrência da perda de uma chance indenizável: a) advogado que perde o prazo de um recurso com potencial de reformar a sentença; b) médico que negligentemente deixa de informar em tempo paciente com doença grave sobre tratamento alternativo; c) candidato à vaga de concurso público que perde a última prova em razão de atraso do voo; d) atleta de alta performance que foi atropelado nas vésperas da final em olimpíada ou mundial; e) eliminação de candidato durante prova de concurso sem demonstrar uma das hipóteses que o edital permitiria para tal sanção[69].

Em todos esses casos seria impossível cravar que a vítima obteria o ganho ou vantagem almejada, porém é possível afirmar inequivocamente que houve a perda de uma chance real, séria, factível, bem próxima de ser realizada. Em nenhuma das hipóteses acima o ofendido tinha uma chance hipotética, fictícia e altamente improvável, mas também em nenhuma delas havia o grau de certeza de obtenção do ganho, grau este que se faz presente no caso da dentista atropelada, que auferia R$

---

69. O Tribunal de Justiça do Rio Grande do Sul já decidiu essa hipótese de cabimento, no julgamento da Apelação n. 70062886031, de Relatoria do Desembargador Eduardo Delgado, com acórdão publicado dia 29.09.2017.

8.000,00 por mês em média nos últimos 10 anos; de taxista com veículo abarrotado, que recebia R$ 6.000,00 por mês nos últimos anos; de fábrica vítima de piquete de movimento social, que faturava R$ 1.000.000,00 por mês nos tempos pretéritos.

Portanto, na perspectiva do dano material, o grande ponto é que a jurisprudência brasileira tem admitido a reparação consistente em valor menor que o integral ou dano final (por se tratar apenas de uma chance), mas proporcional ao gravame, assim como a compensação pelos danos morais pela oportunidade frustrada por ato de outrem[70]. Ressalta-se que não será a mera conjectura que tornará viável a perda da chance como um agregador do dano moral. A chance deve ser séria e provável. O sonho de prosperidade, sem que tivesse existido de forma preexistente uma situação fática que pudesse propiciar a expectativa ou aspiração, não é perda de chance, mas pura elucubração (SANTOS, 2015, p. 76).

Assim, a indenização de cunho patrimonial consistirá em valor sempre menor que a possível vitória futura, devendo "ser feita de forma equitativa pelo juiz, que deverá partir do dano final e fazer incidir sobre este o percentual de probabilidade de obtenção de vantagem esperada (SAVI, 2006, p. 63). De outro lado, a quantificação do dano moral é centrada em outra lógica, calcada no esforço desperdiçado, nos desejos e sentimentos arruinados, na afetação da vida da pessoa humana em seus projetos, em sua perturbação psíquica e demais nuances existenciais, como por exemplo no caso de um jovem que concluiu o doutorado e sonhava em ser professor concursado da Universidade Federal de sua cidade, a qual lança edital do concurso em média a cada 10 anos, mas no dia de sua prova didática sofre um atropelamento, o que acaba desperdiçando sonhos, horas de estudos, planejamentos de vida a longo prazo etc.

No que tange o dano moral, dentre os critérios para a fixação do valor indenizatório, deve-se ter em mente quanto tempo de preparação foi desperdiçado; o grau de possibilidade de a chance ter sido exitosa, que pode variar desde um concurso com 100 candidatos por uma vaga até a final de um campeonato com duas pessoas; a chance em si mesma valorada em função da importância que tinha na vida do ofendido, sendo diferente a perda da chance de realizar um tratamento de uma doença grave da perda da chance de reverter uma sentença condenatória de R$ 1.000,00, e, por fim, o caráter reversível ou irreversível do prejuízo que provocou sua frustração.

3.11 LIBERDADE

A proteção do bem jurídico liberdade se encontra espalhada por todo o texto constitucional (art. 5, caput, incisos VI, IX e XV), estando protegida expressamente a liberdade artística, científica, intelectual, de comunicação, de locomoção, de

---

70. Nesse sentido, o Superior Tribunal de Justiça, no julgamento do Agravo Interno no Recurso Especial n. 1577177/AC, de Relatoria da Ministra Assusete Magalhães, com acórdão publicado dia 28.06.2017, acolheu o cabimento de indenização por danos morais no valor de R$ 100.000,00 aos parentes de paciente em tratamento de câncer que faleceu após a interrupção ilegal no fornecimento de medicamentos.

consciência e crença, de modo qualquer violação destas facetas da liberdade poderá ensejar dano moral indenizável, a depender do caso, porque quando a liberdade é afetada a dignidade também é fulminada na medida em a liberdade está ligada ao "direito que todo sujeito tem de regular juridicamente os seus interesses, de poder definir o que reputa melhor ou mais adequado para a sua existência; o direito de regular a própria existência, de construir o próprio caminho e de fazer escolhas" (DIDIER JR, 2015, p. 132).

Cabe salientar que Carlos Eduardo Pianovski Ruzyk desenvolveu tese de doutorado problematizando a liberdade no campo do direito privado, apresentando múltiplas classificações da liberdade (negativa/positiva; individual/coletiva; como insubordinação; formal/substancial) e criticando a possibilidade de "pretensões definidoras de conceitos unitários, excludentes de outros modos de se compreender a liberdade" (2009, p. 12). Por exemplo, mostra que a ênfase do conceito formal de liberdade pode ensejar eliminação de liberdades substanciais – já que pessoas sem acesso a bens básicos não poderão traçar planos de vida mais amplos – assim como a prevalência apriorística de uma liberdade positiva pode conduzir a uma superlativização do individualismo, criando barreiras na regulação de relações – tendo em vista que se o ser humano pode fazer o que bem entende, fica difícil regular limites dessa atuação no tumulto na vida de outrem (2009, p. 12).

Dentre os diversos conceitos de liberdade percebe-se que eles se chocam e colidem, pois de um lado há os libertários como Robert Nozick, que defendem uma liberdade formal e negativa, no sentido de poder fazer tudo o que não for proibido e que os limites devem ser mínimos, além do que não pode o governo realizar políticas de favorecimento a nenhum grupo social (RUZYK, 2009, p. 15-16). De outro lado, há autores liberais igualitários, como Amarthya Sen, que defendem que a liberdade deve ser vista como capacidade concreta de realizar aquilo que cada pessoa valoriza, na esteira de uma liberdade positiva e substancial/efetiva, e não apenas em uma perspectiva formal e negativa, posto que a pessoa humana deve ser capaz de autodeterminar-se e, para isso, necessita ter acesso a um conjunto de bens (RUZYK, 2009, p. 16).

Resumidamente, com base na obra de Carlos Eduardo Pianovski Ruzyk, serão explicados os principais conceitos que circundam a liberdade. Em primeiro lugar, a liberdade negativa é a ausência de coerção do Estado e agentes privados na vida da pessoa, enquanto a liberdade positiva é a "liberdade vivida" em dados lugares da intersubjetividade privada, como se percebe nas relações de família, tratando-se de proteger a possibilidade de o indivíduo traçar escolhas e persegui-las racionalmente (2009, p. 25). Nesse desiderato, vislumbra-se o alcance da proteção da liberdade negativa no campo do dano moral quando ocorre o cárcere privado em restaurantes, hotéis ou até mesmo uma prisão ilegal, posto se tratar de uma interferência ilegal na liberdade de locomoção, ao passo que se verifica a violação da liberdade positiva em longas esperas em filas ou em aeroportos, o que acarreta a frustração de caminhos e planos traçados para aquele dia, o que a longo prazo poder-se-ia estender para a perda de ente querido ou violação da integridade física que afete a profissão, a prática de esportes, de lazer e contemplação.

No que tange a classificação liberdade individual e coletiva, assevera-se que a liberdade não pode ser vista apenas em uma perspectiva centrada no indivíduo, pois a sociedade em redes é "um conceito instrumental à compreensão de que, na realidade, nem as instituições se formam a partir da vontade individual soberana, nem, tampouco, são entes que organicamente absorvem os indivíduos, movendo-se rumo a um destino inexorável" (2009, p. 48), motivo pelo qual a pessoa deve ser compreendida em suas múltiplas e complexas relações com os demais, ou seja, "o indivíduo se autoconstitui socialmente no âmbito dessas condições empíricas, pleno de contradições, permeado pela necessidade, mas no quais há o espaço para o exercício de liberdade" (2009, p. 48).

Assim, partindo do pressuposto que a "liberdade do indivíduo abstrato isolado da concretude de seus vínculos sociais" (2009, p. 50), surge a possibilidade de ligarmos o tema da liberdade a nível coletivo e de laços com outros com o dano moral, especialmente no tocante à perda de ente querido e abandono afetivo e, em critério de quantificação como a perda de relações e do prazer de realizar atividades, de modo que nesses casos se percebe que a pessoa tem diminuído o seu campo de relações com o mundo e com os outros. Em sendo a razão disso um ato ilícito, é possível surgir o dever de indenizar.

O autor também aprofunda o conceito de liberdade como insubordinação de Michael Foucault, que se caracteriza como a possibilidade de resistir às estruturas de poder, seja do Estado ou dos agentes privados, não vislumbrando a liberdade apenas como ausência de coerção em seu sentido negativo. Portanto, para alguém ser livre, não basta que não interfiram em sua liberdade, como também é necessário que possa se insurgir diante das estruturas de poder, rompendo com os esquemas de adestramento social propagados pelo poder disciplinar – poder sobre o corpo – e pelo biopoder – poder sobre a sociedade (2009, p. 52-57). Nesse viés, é possível refletir sobre a incidência desse conceito de liberdade no âmbito do dano moral para rechaçar demandas indenizatórias em face de pessoas que estavam se negando ao exercício dos padrões de comportamento impostos pela rede de relações de poder, especialmente no caso de pessoas que fazem parte de grupos vulneráveis como indígenas, negros, gays, mulheres e pessoas com necessidades especiais.

Por fim, existe a divisão entre liberdade formal e substancial. A formal traz a ideia de que "em tese, todos podem exercer sem sofrer coerção estatal, mas que não toma em consideração limites ou condicionamentos concretos, nem, tampouco, condições objetivas de exercício" (2009, p. 60); a substancial significa a "possibilidade efetiva de se fazer o que se valoriza" e implica em ter "as condições materiais e subjetivas de exercício da liberdade formal. Restrições materiais que eliminam concretamente as escolhas possíveis limitam liberdade efetiva" (2009, p. 60). Com base nessas linhas, informa-se que a responsabilidade civil não tem o condão de distribuir os bens na sociedade de forma justa, posto que lida com reparação e prevenção de danos injustos no bojo de relações entre pessoas, porém é possível conceber a liberdade substancial violada nos casos de dano moral envolvendo atraso de salários e de pensão alimentícia, assim como todos aqueles danos físicos ou psíquicos que fulminem as escolhas e planos dos indivíduos.

Todas essas concepções de liberdade (positiva, negativa, formal, substancial, como insubordinação, individual e coletiva) são importantes para o direito civil de acordo com a tese de Carlos Eduardo Pianovski Ruzyk, que assevera que a liberdade individual é insuficiente ante a extensão do comando constitucional pertinente ao direito fundamental de liberdade, pois não se é livre sozinho, fortalecendo a solidariedade; a liberdade formal também não é suficiente porque é preciso da liberdade substancial de modo a assegurar um conjunto capacitatário apto a ensejar um nível de liberdade(s) compatível com uma vida digna; a liberdade negativa unicamente considerada também não é adequada para diversas searas do direito civil, como o contrato, que também é um instrumento para satisfação de necessidades e promoção de liberdade(s), e como a família, importante para a liberdade positiva dos indivíduos na constituição de suas relações existenciais de afeto (2009, p. 376-380).

Ressalta-se que a liberdade individual representa uma pretensão legítima à livre vontade e determinação, sem limitação às escolhas nem ao projeto de vida e sofre limitações relacionadas aos bens jurídicos de outros cidadãos, como a intimidade, honra, privacidade, a propriedade privada, dentre outros. Por esse motivo, a liberdade não pode ser exercida a qualquer preço e é nesta limitação que se vê inúmeros humoristas, jornalistas, cantores e políticos serem condenados a pagar danos morais individuais ou coletivos por afrontarem outros bens jurídicos, como nos casos notórios envolvendo o humorista Rafinha Bastos e a cantora Vanessa Camargo e o relacionado ao Deputado Federal Jair Bolsonaro e as comunidades quilombolas e população negra.

Caso a liberdade em qualquer dimensão seja violada, é possível o reconhecimento do dano moral indenizável por afetar a faceta existencial do ser humano, devendo a fixação do valor indenizatório avaliar a intensidade, duração e magnitude do dano, dentre outros. Como exemplos de violações à liberdade: a) rigor excessivo no exercício da autoridade parental; b) a restrição à manifestação de pensamento e de crítica; c) a prisão ilegal[71]; d) o cárcere privado; e) fechamento

---

71. Assim já se manifestou o Superior Tribunal de Justiça, no julgamento do Recurso Especial n. 220982/RS, de Relatoria do Ministro José Delgado, com acórdão publicado dia 03.04.2000, o qual asseverou: "o Estado está obrigado a indenizar o particular quando, por atuação de seus agentes, pratica contra o mesmo, prisão ilegal. Em caso de prisão indevida, o fundamento indenizatório da responsabilidade do Estado deve ser enfocado sobre o prisma de que a entidade estatal assume o dever de respeitar, integralmente, os direitos subjetivos constitucionais assegurados ao cidadão, especialmente, o de ir e vir. O Estado, ao prender indevidamente o indivíduo, atenta contra os direitos humanos e provoca dano moral ao paciente, com reflexos em suas atividades profissionais e sociais".

arbitrário de exposições de arte ou de shows artísticos; f) proibição de empregado ir ao banheiro[72]; g) trancamento da empresa para que empregado saia apenas quando o gerente abrir o cadeado, obrigando o funcionário a ficar enclausurado no ambiente de trabalho[73].

3.12 TEMPO

O tempo é um bem precioso e caro para a consecução dos projetos de vida e contemplação de momentos sozinho, com família ou amigos, e, como se não bastasse, é imparável e irrecuperável. A preservação do tempo útil trata-se, portanto, de um interesse existencial digno de tutela jurídica posto que a ninguém é lícito ofender tal bem que o ser humano pode destinar ao seu lazer, educação, trabalho e descanso.

Contudo, cabe asseverar que não é o tempo o bem jurídico aqui protegido, pois este é uma grandeza física relacionada a um espaço e uma construção da racionalidade humana, motivo pelo qual, assim como a gravidade ou o espaço, não faz parte da esfera jurídica de ninguém, pois o que é protegido é a forma como o tempo é administrado por alguém: "a tutela do tempo, portanto não é a tutela do tempo em si, mas do direito que cada ser humano tem de utilizá-lo livremente da forma que entender melhor" (TARTUCE; COELHO, 2017, p. 6).

Este bem jurídico pode ser identificado como um bem existencial juridicamente protegido a partir do princípio da integridade psíquica, pois presume-se que a tomada de tempo de forma indevida em uma intensidade acima do normal desestabiliza o balanço mental. De outro lado, pode ser extraído do princípio da liberdade, na medida em que a perda do tempo útil pode ser identificada como a ofuscação do caminho traçado diariamente, ganhando acentuada importância o "reconhecimento de que certos atos que desperdiçam indevidamente o recurso temporal de terceiros fará com que haja um desincentivo dos fornecedores em agir em desrespeito aos interesses dos consumidores" (TARTUCE; COELHO, 2017, p. 8).

Reforça-se o cabimento do dano moral pela perda do tempo útil pela legítima proteção que o consumidor, por exemplo, goza em relação a um nível adequado de qualidade dos serviços. Adiciona-se que mesmo diante da ausência de previsão expressa – como a imagem, privacidade, intimidade, honra, vida, saúde – sabe-se que uma das principais características do direito de danos no Brasil, como visto no preâmbulo da presente pesquisa, é a existência de uma cláusula aberta apta a reconhecer hipóteses de danos indenizáveis não pensadas pelo legislador ou constituinte.

---

72. Nessa linha, já se manifestou o Tribunal Superior do Trabalho, no julgamento do Agravo Interno em Recurso de Revista n. 3429-68.2015.5.10.0802, de Relatoria do Ministro José Roberto Freire Pimenta, com acórdão publicado dia 27.10.2017.
73. Nesse sentido já decidiu o Tribunal Superior do Trabalho, no julgamento do Recurso de Revista n. 9635720145120034, de Relatoria do Ministro Antônio José de Barros Levenhagen, com acórdão publicado dia 10.03.2017.

Se os princípios constitucionais devem ser robustecidos, maximizados e potencializados, em uma visão mais elástica do direito à liberdade, poder-se-ia interpretar que o "roubo" de tempo útil de alguém atinge o plano concretamente traçado a curto ou a longo prazo, atrapalhando a liberdade que todos possuem de planejar sua vida e seu dia a dia sem interferência injustificada de outros.

Este autor, acompanhando precedente do Tribunal de Justiça do Rio de Janeiro, no julgamento da Apelação n. 0099632-11.2011.8.19.0001, de Relatoria do Desembargador Marcelo Lima Buhatem, com acórdão publicado dia 19.11.2013[74], considera que a tomada indevida de tempo de outrem gera o direito à compensação por danos morais e a perda de tempo útil não se configura espécie autônoma de dano, como uma nova modalidade ao lado do dano material e do moral. Em verdade, trata-se de mais um interesse existencial protegido pelo direito que pode ser encontrado no emaranhado normativo de nosso sistema jurídico, seja pela perda da paz e do sossego decorrente do bem jurídico da integridade psíquica, seja pela perda dos projetos e planos diários relacionado à liberdade, ou, como assevera Sergio Sebastián Barocelli, como violação do direito ao tratamento digno (não ser instrumento para fins) e equitativo (ser tratado de forma igualitária e sem diferenciações injustas), o que implica no respeito à humanidade das pessoas que depositaram confiança em produtos e serviços (2013, p. 14).

Seja como for, uma vez ultrajado, concede à vítima direito de indenização, como por exemplo nos casos de horas extras reiteradas sem o respectivo pagamento e anuência do empregado; espera de horas em filas de banco; dezenas de ligações para obter informação ou cancelamento de serviço; atraso desmedido de voo; ou qualquer outra situação que a vítima teve um gasto de tempo de seu planejamento que não estava sendo esperado.

Frisa-se que a tomada do tempo não necessariamente deve estar roubando um tempo dedicado ao trabalho, posto que independentemente de como o tempo seria usado, tal bem jurídico é violado pelo simples fato de privar a vítima do seu livre usufruto. Tal tempo pode até estar relacionado à solidão e isolamento, o qual é pressuposto fundamental para a realização humana, na proporção em que serve para recompor forças e analisar erros e acertos. Portanto, necessita-se do isolamento para experiências engrandecedoras, porque na solidão ocorre a comunicação "com o sobrenatural; cultiva a inteligência e o talento; o gênio desborda no campo próprio de sua expansão; o amor pode manifestar-se com plenitude; os efeitos entranháveis crescem e florescem; o homem sofre e chora" (SANTOS, 2015, p. 403).

---

74. "Há que se considerar que houve perda do tempo útil da apelante, impondo-se a contatos telefônicos demorados, irritantes e infrutíferos, retirando o consumidor de seus deveres e obrigações, e da parcela de seu tempo que poderia ter direcionado ao lazer ou para qualquer outro fim. Uma vez que não tomou a devida cautela, na condução da relação jurídica e na observância das determinações legais, o dano decorre in re ipsa, ensejando o pagamento de compensação a título de danos morais".

A esse respeito também discorreu o filósofo francês Antonin-Gilbert Sertillanges, ensinando que a solidão interior e o silêncio são as asas de qualquer pessoa, porque todas as obras grandes foram preparadas no deserto e todos os gênios pagam um tributo ao isolamento, à vida silenciosa e à noite. Assim, os mais belos cantos da natureza ressoam à noite. O rouxinol, o sapo com voz de cristal e o grilo cantam à sombra. O galo proclama o dia e não fica a esperá-lo. Todos os anunciadores, todos os poetas têm de mergulhar na grande vacuidade que é uma plenitude (SERTILLANGES, 2015, p. 53). Ilustrando com exemplos de intelectuais do passado a importância da solidão, do isolamento e do silêncio, o filósofo francês relembra que são nesses momentos que a criatividade e a inteligência afloram:

> Lacordaire dizia que ele tinha feito para si em seu quarto, um horizonte mais vasto que o mundo. Descartes se trancava em seu forno. Platão declarou que ele consumia mais azeite em sua lâmpada do que vinho em seu cálice. Bossuet levantava-se à noite para seu encontro com o gênio do silêncio e da inspiração. Os grandes pensamentos não vêm do barulho e dos problemas fúteis. Quando a tranquilidade do silêncio sobe em nós e quando a paz instaura a ordem das ideias, dos sentimentos, das investigações, estamos na disposição máxima para a aprendizagem. Pé à obra: não é hora de cuidar da vidinha enquanto o tempo voa, não é hora de vender o céu a troco de quase nada (2015, p. 53).

Como exemplos de violações a este bem jurídico destacam-se: a) longas esperas em filas de supermercado, planos de saúde, bancos, órgãos públicos, concessionárias de energia elétrica; b) dezenas de ligações para cancelamento de produtos ou serviços em relações de consumo; c) horas extras reiteradas em relações de trabalho, dentre outros. Como critérios para aferir o *quantum* indenizatório: o tempo tomado; as condições pessoais da vítima (grávida, idoso, mulher com crianças pequenas etc.); eventuais prejuízos no trabalho ou em família, dentre outros. Acrescenta Sergio Sebastián Barocelli que além da indenização compensatória, é fundamental um acréscimo na verba indenizatória de cunho punitivo, em razão de que o ofensor tem baixa probabilidade de ser responsabilizado pelo dano que causou e a indenização eminente compensatória não será suficiente para promover equilíbrio ótimo de serviços no mercado e a internalização de custos de modo a tornar a lesão a esse bem jurídico desvantajosa do ponto de vista do custo-benefício: "entendemos que el instituto de los daños punitivos constituye una herramienta eficaz en manos de la autoridad jurisdiccional a efectos de dissuadir la conducta del sujeto dañador y otros competidores en el mercado, ejemplificar situaciones de particular gravedad y prevenir eventuales situaciones análogas en el futuro" (2013, p. 17).

4
DEBATES ATUAIS SOBRE A IDENTIFICAÇÃO DO DANO MORAL

4.1 O QUE NÃO É DANO MORAL: COMO IDENTIFICAR O MERO DISSABOR/ABORRECIMENTO E BENS EXTRAPATRIMONIAIS QUE NÃO SÃO PROTEGIDOS?

De forma didática e clara, há duas situações em que não está presente o dano moral: a) quando o interesse existencial não é protegido juridicamente; b) quando o interesse existencial é protegido juridicamente, mas a violação se deu em uma intensidade mínima e compatível com aborrecimentos do cotidiano. Quanto a primeira hipótese, sabe-se que o conceito de dano está umbilicalmente ligado à noção de interesse juridicamente protegido, uma vez que quando o direito reivindica para si a tutela de um bem sabe-se que o respeito por esses interesses (agora juridicamente protegidos) se torna obrigatório e coercitivo, excluindo razões pessoais para descumpri-lo. É por isso que as pessoas podem frustrar o interesse patrimonial de uma padaria a partir da inauguração de outra no mesmo bairro com mais qualidade e menor preço; que os amigos do bairro podem quebrar o interesse econômico do único advogado daquela localidade de ser contratado para as demandas judiciais; que os vizinhos de alguém que deseje receber bom dia e boa noite todos os dias podem violar esse interesse extrapatrimonial; que a namorada de alguém pode dizer que não irá ao cinema hoje e desapontar o parceiro quanto a esse projeto; que os familiares podem se desobrigar de ligar uns para os outros para desejar feliz aniversário, quebrando expectativas de lembranças.

Isto é assim porque todos os interesses patrimoniais ou extrapatrimoniais acima identificados não são juridicamente protegidos e qualquer achatamento dos mesmos não se revela como dano injusto (contrário ao direito). De outro lado, a ninguém é dada a escolha de violar sem justificativa a integridade física ou psíquica de outrem; de frustrar o interesse dos nubentes de que a festa ocorra como o pactuado com a casa de recepção; de achatar a pretensão de um empregado de receber seus salários na data aprazada e possuir condições adequadas de segurança no trabalho; de ignorar o desejo de um consumidor de que um imóvel adquirido esteja em harmonia com o projeto; de vilipendiar a intimidade de outrem a partir da publicação de vídeos íntimos em rede social. Isto se explica porque acima se encontram interesses protegidos juridicamente, e, portanto, gozam de autoridade, coercibilidade e excluem outras razões pessoais para a ação.

Portando, em um sentido amplo, dano é a violação a um interesse, patrimonial ou existencial, concretamente merecedor de tutela jurídica, entendido como aquele que historicamente foi construído por uma comunidade política como digno de proteção, de modo que não existe rol de interesses jurídicos pretensamente válido para todos os casos (FARIAS; BRAGA NETTO; ROSENVALD, 2015, p. 232), havendo uma verdadeira cláusula geral de reconhecimento de danos a partir dos arts. 186 e 927 do Código Civil de 2002 (Lei Federal n. 10.406/2002, de agora em diante CC/2002), que asseveram que aquele que causa dano a outrem comete ato ilícito e fica obrigado a repará-lo, quando o dano for merecedor de tutela.

A cláusula geral é uma técnica que busca combater o engessamento da norma jurídica a partir de um caráter descritivo da norma, possuindo textura mais aberta que as regras convencionais. Ou seja, em contraposição às regras específicas, as cláusulas gerais "son reglas com sentido amplo" (CARRIÓ, 1994, p. 225) e extremamente úteis porque "os legisladores humanos não podem ter conhecimento de todas as possíveis combinações de circunstâncias que o futuro pode trazer" (HART, 1994, p. 141). Assim, são marcadas por uma lógica distante da casuística, que é "aquela configuração da hipótese legal que circunscreve particulares grupos de casos na sua especificidade própria" (ENGISHC, 2001, p. 229).

Tal cláusula geral se agiganta quando se está diante do chamado dano moral, na medida em que enquanto o dano material é a violação a um interesse patrimonial digno de tutela, o dano moral é a violação a um interesse existencial merecedor de proteção jurídica (FARIAS; BRAGA NETTO; ROSENVALD, 2015, p. 296). E, neste cenário um sem número de valores existenciais protegidos pelo direito surgem para embasar o chamado dano moral, como por exemplo a dignidade humana (art. 1º, III, CF/88); vida, liberdade, igualdade, intimidade, vida privada, honra, imagem (art. 5º, caput e incisos V e X, CF/88); fraternidade e solidariedade (preâmbulo e art. 3, I, CF/88); saúde física e mental (art. 196, CF/88); os direitos da personalidade, como o corpo, a vida, o nome e a vida privada (arts. 11 a 21 do CC/2002) dentre outros que são corolários dos mesmos, como o interesse ao projeto de vida – que advém como consequência direta da liberdade porque por ato injustificado de outra pessoa, a vítima deve refazer o curso de sua vida que já estava bem delineado por sua autodeterminação e escolhas visando a um fim[1] – e o direito à paz, sossego e tranquilidade – que se extrai a partir do valor da saúde mental.

---

1. Nesse sentido, o julgamento do Caso Cantoral Benavides vs Peru, julgado pela Corte Interamericana de Direitos Humanos em 3 de dezembro de 2001: "os fatos deste caso ocasionaram uma grave alteração do curso que, normalmente, teria seguido a vida de Luis Alberto Cantoral Benavides. Os transtornos que esses fatos lhe impuseram, impediram a realização da vocação, das aspirações e potencialidades da vítima, em particular no que diz respeito à sua formação e ao seu trabalho como profissional. Tudo isso tem representado um sério prejuízo para o seu 'projeto de vida'". Fonte: http://www.corteidh.or.cr/docs/casos/articulos/Seriec_69_esp.pdf. Acesso em: 07.09.2012.

Todos esses interesses são marcados por um elo comum: a sua perda ou subtração não permite a indenização por equivalente, visto que esses interesses não podem ser adquiridos na prateleira do mercado, como pode ocorrer com o dano causado em um celular, carro, móveis etc. Isso aguça o desafio de lidar com o dano moral como a violação de um interesse existencial merecedor de tutela, que, para além de envolver os bens mais caros da ordem jurídica e indispensáveis para a plena realização do ser humano ainda está envolto em uma cláusula geral abstrata e genérica.

A justificativa para a existência de uma cláusula geral de tutela da pessoa humana[2] centra-se na viabilização de atualização e a mobilidade constante do sistema jurídico para atender a complexidade e à mutabilidade das relações sociais, possibilitando o reconhecimento de novos interesses merecedores de tutela não pensados anteriormente, afastando o risco de imobilismo na defesa dos interesses existenciais diante da abertura semântica que permite a construção progressiva do seu conteúdo jurídico (MARTINS-COSTA, 1998, p. 129-154).

Deste modo, seria inviável um sistema fechado de tutela da pessoa humana pela impossibilidade de seleção *a priori* e rígida de interesses merecedores de tutela, considerando que o que se está a tutelar é o valor da pessoa humana sem limites, salvo os postos à sua própria proteção, já que o seu conteúdo não se limita a resumir os direitos tipicamente previstos por outros artigos da Constituição, mas permite estender a tutela a situações atípicas (PERLINGIERI, 2007, p. 154-156). E é exatamente essa significativa abertura normativa que dificulta a tutela da pessoa humana. Esse paradoxo é manifestado por Anderson Schreiber (2013, p. 126), segundo o qual "o caráter extremamente aberto do comando de tutela da personalidade (...) afasta uma utilidade concreta definitiva que pudesse lhe atribuir como critério selecionador dos danos ressarcíveis", assim como explicado por Luís Roberto Barroso (2014, p. 50):

> Apesar do grande apelo moral e espiritual da expressão, sua grande vagueza tem feito com que ela funcione, em extensa medida, como um espelho: cada um projeta nela a sua própria imagem, os seus valores e convicções. Isso tem feito com que a ideia de dignidade seja frequentemente invocada pelos dois lados do litígio, quando estejam em disputa questões moralmente controversas.

Portanto, esse é o grande paradoxo quanto à identificação do dano moral, pois de um lado inúmeros vetores existenciais presentes na ordem jurídica dão sustentáculo a uma enorme gama de danos indenizáveis. De outro, sabe-se que o raciocínio jurídico – para alcançar o maior grau de justiça – deve buscar uma compreensão mais ampla do fenômeno do dano moral, de modo a atenuar os problemas concernentes às reflexões abstratas dissociadas de questões da vida em sociedade, motivo

---

2. Expressão desenvolvida por Maria Celina Bodin de Moraes para se referir ao elemento central da responsabilidade civil: "(...) é efetivamente o princípio da dignidade humana, princípio fundante de nosso Estado Democrático de Direito, que institui e encima (...) a cláusula geral de tutela da personalidade humana, segundo a qual as situações jurídicas subjetivas não patrimoniais merecem proteção especial no ordenamento nacional, seja através de prevenção, seja mediante reparação, a mais ampla possível, dos danos a elas causados" (1991, p. 144-145).

pelo qual o presente trabalho se propõe a realizar a aproximação entre o abstrato e o concreto dentro da multifacetada vida humana, explorando o lado mais abstrato – a justificativa ética e jurídica – e o campo mais concreto do dano moral (análise de casos concretos de violação).

Quanto ao segundo caso de não cabimento do dano moral, é possível verificar a violação de um bem existencial e não ser o caso de reconhecer o direito à indenização, especialmente quando a intensidade da violação de um interesse existencial protegido juridicamente for tão baixa a ponto de se comparar com intercorrências inerentes à vida humana, no que doutrina e jurisprudência convencionaram a chamar de mero dissabor ou mero aborrecimento.

Desta feita, é inerente à vida humana o conflito de interesses, o choque de ideias, a beligerância e até mesmo animosidade decorrente das diferenças entre as pessoas. Por mais paradoxal que seja, é bom que haja um nível mínimo de conflitos, discordâncias e desacordos, uma vez que dessa forma o ser humano passa a ter empatia pelo outro, passa a se colocar no papel do outro no sentido de buscar compreensão das diferenças e do respeito das mesmas. Assim, pessoas, ideias e interesses se chocam, isso é a vida, de modo que "aborrecimentos comuns do dia a dia, meros dissabores normais e próprios do convívio social, não são suficientes para originar danos morais indenizáveis" (trecho do voto do Relator do Recurso Especial n. 1652567/PA, Ministro Ricardo Villas Bôas Cuevas, em julgamento realizado perante o Superior Tribunal de Justiça, com acórdão publicado dia 29.08.2017).

Deste modo, o mero dissabor ou mero aborrecimento veio sendo construído pela jurisprudência brasileira em casos concretos, onde "se reconhece a ocorrência de um ilícito que causou uma interferência na situação jurídica extrapatrimonial do indivíduo, mas se nega que essa interferência seja tamanha, a ponto de existir dano moral" (VERBICARO; PENNA E SILVA; LEAL, 2017, p. 90). Nesse sentido, acentua Ernest Weinrib que não é qualquer dano ou desvantagem que será considerada uma injustiça para os propósitos da compensação por danos (WEINRIB, 2013, p. 26).

Assim, mesmo havendo violação a um interesse tutelado, é possível rechaçar a indenização por danos morais de gravames que se equiparam a miudezas do cotidiano, a problemas corriqueiros que todos enfrentam nas batalhas do dia. Nessa linha, um atraso de voo de 15 minutos causa um dano existencial que se compara ao elevador parado de um prédio que force os condôminos a subirem de escada; atraso na informação de que, em virtude da incompatibilidade curricular, a estudante retornaria significativos períodos do curso de enfermagem em sua transferência universitária[3]; desconto em conta corrente de parcela de mensalidade relativa a revista

---

3. Trata-se de julgado do Superior Tribunal de Justiça, que, no julgamento do Recurso Especial 1655126/RJ, com acórdão publicado dia 14.08.2017, de Relatoria da Ministra Nancy Andrigui, asseverou que "nem toda frustração de expectativas no âmbito das relações privadas importa em dano à personalidade, pois é parcela constitutiva da vida humana contemporânea a vivência de dissabores e aborrecimentos".

que não teve o contrato renovado[4]; o dano por paralisação do serviço de internet por alguns minutos é comparável à porta que se encontra emperrada, tornando necessário acionar um chaveiro; o vício de um eletrodoméstico que foi adquirido e teve que ser levado à loja para a substituição é equiparável à uma entrada fechada da faculdade que exige a volta no quarteirão à pé para entrar pela entrada liberada. Em todos estes casos eventual pedido de dano moral deve ser julgado improcedente, sob pena de suportar-se o crescimento da hipersensibilidade que torne inviável a vida em sociedade, como explica Antônio Santos Jeová:

> Há pessoas que diante de qualquer pretexto, ficam vermelhas, raivosas, enfurecidas. Não se pode dizer que não houve lesão a algum sentimento. Seria proteger alguém que não suporta nenhum aborrecimento trivial, o entendimento que o dano moral atinge qualquer gesto que cause mal-estar. Simples desconforto não justifica indenização. Existe um mínimo de incômodos, inconvenientes ou desgostos que, pelo dever de convivência social, há um dever geral de suportá-los. Existe um piso de inconvenientes que o ser humano tem de tolerar, sem que exista o autêntico dano moral (2015, p. 79-81).

Outros exemplos de mero dissabor/aborrecimento são fornecidos por esse mesmo autor: se um motorista xinga outro depois de uma manobra arriscada ao volante, não se vá inferir que adveio dano moral; desabafo de cliente com o funcionário mais próximo e que passe mais tempo ouvindo-a; árbitro de futebol que, no estádio ouve de torcedores enraivecidos adjetivos pouco recomendáveis (2015, p. 81).

A grande celeuma se instaura quando o Poder Judiciário passa a estender o manto do mero dissabor/aborrecimento para situações concretamente caracterizadoras de dano moral indenizável, nivelando o nível ético da sociedade por baixo e não contribuindo em nada para estabelecer diretrizes de comportamentos intoleráveis no bojo da convivência em sociedade. Manifesta-se profunda revolta diante de pretensões indenizatórias julgadas improcedentes relativas à espera de 4 horas em fila de banco; envio não autorizado de cartão de crédito[5]; atraso na entrega de imóvel; pequenos acidentes de consumo; agressões verbais de vizinho ou colega de trabalho; alimentos contendo corpo estranho, dentre outras. Em todas essas circunstâncias o dano experimentado não se equipara ao elevador parado e a porta emperrada, não possuindo o mesmo nível de problemas enfrentados no dia a dia, pelo que não podem ter a pretensão indenizatória rechaçada sob o argumento do mero dissabor/aborrecimento.

Nessa perspectiva, cabe sublinhar o artigo intitulado "O mito da indústria do dano moral e a banalização da proteção jurídica do consumidor pelo Judiciário

---

4. Nesse sentido já decidiu o Tribunal de Justiça de São Paulo, no julgamento da Apelação n. 0000898-32.2013.8.26.0495, de Relatoria do Desembargador Caio Marcelo Mendes de Oliveira e acórdão publicado dia 21.08.2014.
5. Nesse sentido, já decidiu o Superior Tribunal de Justiça no julgamento do Agravo Regimental no Agravo em Recurso Especial n. 604582/RJ, de Relatoria do Ministro Raul Araújo, com acórdão publicado dia 07.12.2015.

brasileiro" (VERBICARO; PENNA E SILVA; LEAL, 2017, p. 90), o qual investiga como o desenvolvimento da jurisprudência envolvendo dano moral promoveu ideias que limitam a proteção jurídica extrapatrimonial, como a categoria do "mero aborrecimento". Nessa pesquisa, os autores mostram que o Judiciário muitas vezes enxerga o autor da demanda como alguém que deseja enriquecer e que quando se opta pelo juizado especial, já se interpreta que se trata de uma discussão secundária, rechaçando pretensões indenizatórias legítimas ou acolhendo-as em valores pífios, contribuindo em última instância para a reiteração da prática ilícita (VERBICARO; PENNA E SILVA; LEAL, 2017, p. 85-86).

Concluem que a propagada ideia de que as condenações em dano moral afetam a saúde financeira das empresas, que são as maiores demandas do Judiciário e que são fixadas em montas elevadas não se sustentam diante de pesquisas empíricas e dados oficiais, que demonstram que o dano moral é a décima terceira maior demanda no Brasil na justiça comum e que apenas 3% das indenizações são fixadas acima de R$ 100.000,00 (VERBICARO; PENNA E SILVA; LEAL, 2017, p. 81-84). Diante disso, a referida pesquisa demonstra que o desinteresse por uma investigação séria de critérios de quantificação do dano moral é um dos sintomas do descrédito que demandas envolvendo dano moral possuem no Brasil, o que dialoga com a presente tese, que se prega um resgate de parâmetros de quantificação do dano moral interessados na real magnitude do dano sofrido pela vítima.

4.2 A PROBLEMÁTICA ENVOLVENDO A (DES) NECESSIDADE DE DANO-PREJUÍZO PARA CONFIGURAR O DANO MORAL INDENIZÁVEL

Nem sempre se pode exigir a prova de uma consequência lesiva concreta (dano-prejuízo) para configurar o dever se indenizar. Assevera-se que as sensações de determinadas consequências lesivas, como sofrimento, dor, vexame, dentre outros, se revelam, algumas vezes, como consequências da ofensa a um bem jurídico existencial, mas não podem se impor como condição inarredável para a configuração do dano moral indenizável. Do contrário, seria preciso exigir, para a compensação por dano moral, que o consumidor que comesse um pão com um mosquito fosse hipersensível a ponto de manifestar espanto; que o trabalhador que sofresse constantes ameaças fosse frágil a ponto de se sentir humilhado; que o bebe prematuro com braço amputado fosse precoce a ponto de gritar de dor; que a mulher que sofresse uma apalpada em partes íntimas fosse atingida a ponto de sentir-se envergonhada; que o vizinho que fosse vítima de filmagem em momentos íntimos fosse reservado a ponto de externar seu sentimento de humilhação; que o artista que fosse vítima de utilização indevida de sua obra (música, quadro) ou de sua própria imagem fosse tão zeloso a ponto de se contorcer de raiva; que uma pessoa em coma induzido no leito de uma UTI xingada gravemente por alguém fosse ágil o suficiente para acordar e se enfurecer com as palavras deduzidas contra sua pessoa. Não, o dano moral não é isso, pois, embora essas consequências relativas as condições pessoais da vítima possam ser levadas em conta no momento de majorar o valor indenizatório, em nada têm relevância no momento de definir se houve ou não o dano moral indenizável, como ensina Carlos Roberto Gonçalves:

> O direito não repara qualquer padecimento, dor ou aflição, mas aqueles que forem decorrentes da privação de um bem jurídico sobre o qual a vítima teria interesse reconhecido juridicamente [...] o dano moral não é a dor, a angústia, o desgosto, a aflição espiritual, a humilhação, o complexo que sofre a vítima do evento danoso, pois esses estados de espírito constituem o conteúdo, ou melhor, a consequência do dano (2009, p. 616).

No âmbito do STJ, infere-se uma tendência pela prescindibilidade da prova da consequência lesiva para fazer *jus* à indenização por dano moral (dano moral *in re ipsa*), tendo em vista que o Tribunal da Cidadania tem fixado diversas teses nesse sentido: a) cabimento de dano moral *in re ipsa* em casos de agressão doméstica, não se mostrando razoável a exigência de instrução probatória para avaliar o dano psíquico, o grau de humilhação ou diminuição da autoestima, na medida em que a própria conduta do agressor já está imbuída de menosprezo à dignidade e ao valor da mulher como pessoa, ou seja, os danos morais dela derivados são evidentes e nem têm mesmo como ser demonstrados (Resp 1675874/MS, julgado pela Terceira Seção, acórdão publicado dia 08.03.2018, Relator Ministro Rogerio Schietti Cruz); b) cabimento de dano moral *in re ipsa* pela erro da instituição financeira em abrir conta em nome da vítima a partir de documentos falsificados por terceiros (fraude e delito), que se caracteriza como indenizável independentemente de qualquer intercorrência adicional do fato lesivo (Resp 1.197.929/PR, julgado pela Segunda Seção, acórdão publicado dia 12.09.2011, Relator Ministro Luís Felipe Salomão); c) cabimento de dano moral *in re ipsa* por recusa indevida de cobertura de plano de saúde (Resp 1.583.117/RS, julgado pela Quarta Turma, acórdão publicado dia 22.03.2018, Relator Ministro Lázaro Guimarães); d) cabimento de dano moral *in re ipsa* pela mera utilização não autorizada da imagem para fins comerciais, sem ter qualquer necessidade de provar situação vexatória (AgInt nos EDcl no REsp 1631429/SC, julgado pela Terceira Turma, acórdão publicado dia 27.03.2018, Relator Ministro Marco Aurélio Bellizze); e) cabimento do dano moral *in re ipsa* em decorrência de inscrição indevida em cadastro de restrição de crédito (Resp n. 1.059.663/MS, julgado pela Terceira Turma, acórdão publicado dia 17.12.2008, Relatora Ministra Nancy Andrighi); f) cabimento de dano moral *in re ipsa* por exposição de fotos de crianças realizando trabalho infantil, por si só uma situação vexatória, pelo que o STJ entendeu pela absoluta desnecessidade de prova de consequências lesivas (Resp 1628700/MG, julgado pela Terceira Turma, acórdão publicado dia 01.03.2018, Ministro Relator Ricardo Villas Bôas Cueva); g) cabimento do dano moral *in re ipsa* por uso indevido da marca, ou seja, sua configuração decorre da mera comprovação da prática de conduta ilícita, revelando-se despicienda a demonstração de prejuízos concretos perante a clientela ou outras empresas, considerando que marca é qualquer sinal que distingue bens ou serviços da empresa no mercado, sendo um bem imaterial extremamente valioso (Resp 1327773/MG, julgado pela Quarta Turma, acórdão publicado dia 15.02.2018, Ministro Relator Luís Felipe Salomão); h) cabimento do dano moral *in re ipsa* para qualquer vítima de crimes, explanando que o dano moral nestes casos decorre da própria conduta tipificada como crime, não havendo necessidade de prova de qualquer dano (AgInt no REsp 1694713/MS, julgado pela Sexta Turma, acórdão publicado dia 16.10.2017, Ministra Relatora Maria Thereza de Assis Moura); i) cabimento do dano moral *in re ipsa* no caso de ofensas proferidas a policial militar durante show musical (Resp 1677524/SE, julgado pela Terceira Turma, acórdão publicado dia 10.08.2017, Relatora Ministra Nancy Andrighi); j) cabimento do dano moral *in re ipsa* tendo em vista o mero tombamento do ônibus mesmo não ocorrendo qualquer lesão física nos passageiros, aduzindo que o tombamento de veículo supera em muito os contratempos da vida cotidiana (AgInt no REsp 1459856/MA, julgado pela Terceira Turma, acórdão publicado dia 03.08.2017, Relator Ministro Paulo de Tarso Sanseverino); k) cabimento do dano moral *in re ipsa* por simplesmente "levar à boca" sem ingerir alimento com corpo estranho, fundamentando a simples aquisição de produto contendo em seu interior corpo estranho expõe o consumidor à risco concreto de lesão à sua saúde ainda que não ocorra a ingestão de seu conteúdo (Resp 1644405/RS, julgado pela Terceira Turma, acórdão publicado dia 09.11.2017, Relatora Ministra Nancy Andrighi); l) cabimento do dano moral *in re ipsa* em consequência de atraso de voo, de onde se presume do próprio fato o desconforto e aflição do passageiro (Resp 299.532/SP, julgado pela Quarta Turma, acórdão publicado dia 23.11.2009, Relator Ministro Honildo Amaral de Mello Castro); m) cabimento do dano moral *in re ipsa* pela morte de parente, sendo presumido o trauma e o sofrimento dos familiares mais próximos (Resp 1.165.102/RJ, julgado pela Quarta Turma, acórdão publicado dia 07.12.2016, Relator Ministro Raúl Araújo).

Contudo, uma coisa é refletir sobre a necessidade de prova da consequência lesiva e outra coisa é discutir sobre se o dano-evento (a violação de um bem existencial) por si só já comporta a surgimento do dever de indenizar, pois aqui poder-se-ia exigir a prova não necessariamente de dor e sofrimento, mas de qualquer outra consequência lesiva (dano-prejuízo). Cabe destacar que sob um viés estritamente compensatório da responsabilidade civil a mera tentativa de praticar o dano, o dano-evento, não é suficiente para que surja a obrigação de indenizar, exceto quando for possível presumir o dano-prejuízo – sendo dispensável a prova, como visto acima – ou em caso da tentativa que gerou perigo de vida ou de integridade corporal (exposição do perigo), porque neste caso há, independentemente de o resultado lesivo não ocorrer, um gravame e desvalor à pessoa humana, especialmente por conta da incontrolabilidade dos riscos que uma sociedade altamente científica e tecnológica imprime em escala massificada. Logo, pela própria incapacidade de a racionalidade científica promover instrumentos eficientes e adequados aos riscos da desenfreada produção industrial, engendrando uma nuvem de insegurança e medo no campo da proteção da pessoa humana em razão da falta de prevenção de danos, torna-se um dano moral indenizável a exposição ao perigo, pelo simples valor incomensurável a interesses existenciais comezinhos.

Esse medo e insegurança intrínsecos às relações massificadas trazem consigo a dura realidade de que o risco de danos é habitual, havendo inclusive certa "previsibilidade" do risco, já que o conhecimento tradicional não dá conta de brecar a ocorrência de danos ou não possui consciência da proteção das vítimas, como explica Rafaelle di Giorgi: "esta sociedade começa ali onde falham os sistemas de normas sociais que haviam prometido segurança. Estes sistemas falham pela sua incapacidade de controlar as ameaças que provêm das decisões" (1998, p. 196).

Contudo, fora do caso heterodoxo da exposição ao perigo, na esteira de uma função unicamente compensatória, a configuração do dano moral indenizável necessita de uma consequência lesiva que atinja injustamente um interesse existencial tutelado pelo Direito, independentemente da violação ter atingido primeiramente um bem patrimonial ou moral. Portanto, para vislumbrar o dano moral ressarcível é preciso identificar a ofensa a um direito ou interesse existencial tutelado juridicamente somado a uma consequência efetivamente lesiva, que na maior parte das vezes será presumida, de modo que a mera tentativa não acarreta responsabilidade civil de cunho compensatório, visto que "a simples possibilidade de dano, a situação meramente hipotética, não chegará a ser dano moral" (SANTOS, 2015, p. 73).

Nesse sentido, o dano já não se identifica apenas com a lesão a um interesse de índole patrimonial ou extrapatrimonial, ou a um interesse que é pressuposto daquele, como destaca Ramon Daniel Pizarro (1996, p. 46): "sino que es la consecuencia prejudicial o menoscabo que se desprende de la aludida lesión. Entre la lesión y el menoscabo existe una relación de causa a efecto. El daño resarcible es esto último". Vale dizer, "a simples possibilidade de dano, a situação meramente hipotética, não chegará a ser dano moral (SANTOS, 2015, p. 73).

É verdade que este autor e a professora Pastora Leal, em artigo intitulado "Responsabilidade civil sem dano-prejuízo" (2017) defenderam a tese da viabilidade – para casos de extrema gravidade, marcados por profundo desrespeito aos direitos alheiros e reiteração de condutas danosas – de condenação a uma verba indenizatória mesmo sem a consolidação do dano-prejuízo. Contudo, tal investigação estava assentada na função punitiva/educativa/preventiva/pedagógica da responsabilidade civil, a qual também já abordamos nos artigos "A fundamentação ética dos punitive damages e do dever de prevenir danos" (2017), "Requisitos objetivos e subjetivos do punitive damages: critérios à aplicação no direito brasileiro" (2017), "Análise crítica da indenização punitiva e responsabilidade objetiva no brasil à luz da teoria de Jules Coleman" (2017), assim como no livro "Indenização punitiva (punitive damages) e os danos em massa" (2015). Desta feita, apenas sob essa perspectiva é imaginável abraçar essa tese, ou seja, quando além do interesse em compensar, a responsabilidade civil se preocupa com o grau de censurabilidade da conduta do ofensor e o objetivo de prevenir danos.

Contudo, dentro de uma perspectiva eminentemente compensatória, o dano moral ressarcível necessita obrigatoriamente de uma consequência lesiva decorrente da lesão a um interesse extrapatrimonial ou patrimonial, nem que seja ao menos essa consequência lesiva presumida por intermédio do conhecimento prático do juiz. Nesse sentido, destaca Ramon Daniel Pizarro:

> No resulta adecuado definir el daño moral resarcible como mera lesión a un derecho extrapatrimonial, o a un interés legitimamente protegido; o a un interés no patrimonial (o espiritual) que es presupuesto de un derecho subjetivo. Habrá que estar siempre, además, a la repercusión que la acción provoca en la persona. El daño moral importa, pues, una minoración en la subjetividad de la persona, derivada de la lesión a un interés no patrimonial. O, con mayor precisión, una modificación disvaliosa del espíritu en el desenvolvimiento de su capacidad de entender, querer o sentir, consecuencia de uma lesión a un interés no patrimonial, que habrá de traducirse en un modo de estar diferente de aquel al que se hallaba antes del hecho, como consecuencia de éste y anímicamente prejudicial (1996, p. 46-47).

Aproveita-se essa discussão teórica para elucidar que mesmo em se tratando de pessoas que possuem plena capacidade dos sentidos, ainda que nenhuma lesão existencial aparente se manifeste por dor, sofrimento, humilhação, dentre outros, é possível a caracterização do dano moral indenizável, visto que o que interessa é a lesão a um interesse ter atingido alguma das possibilidades intelectuais ou ter conduzido a pessoa a encontrar-se em uma situação anímica indesejável, pois nestas hipóteses há um patente desvalor subjetivo por meio da qual um bem jurídico vital foi atingido e não se trata de uma mera tentativa. Além do mais, é possível o juiz, pelo conhecimento prático e regras de experiência, justificar ser presumida a referida lesão concreta, chamado pela doutrina de dano *in re ipsa*, ou seja, trata-se de um dano moral "a guisa de uma presunção natural, uma presunção hominis, que decorre das regras da experiência comum" (CAVALIERI FILHO, 2012, p. 83). Nesse sentido, já decidiu o Superior Tribunal de Justiça, no julgamento do Recurso Especial n. 1.292.141/SP, com acórdão publicado dia 12.12.2012, no qual o voto vencedor da Ministra Nancy Andrighi estabeleceu que:

> Dispensa-se a comprovação de dor e sofrimento, sempre que demonstrada a ocorrência de ofensa injusta à dignidade da pessoa humana. (...) A violação de direitos individuais relacionados à moradia, bem como da legítima expectativa de segurança dos recorrentes, caracteriza dano moral *in re ipsa* a ser compensado.

No caso acima, os autores ajuizaram ação de indenização por danos morais contra a Petróleo Brasileiro S/A em virtude de rompimento de gasoduto de propriedade da mesma durante obras em uma rodovia, o que formou uma nuvem de gás sobre os bairros vizinhos, o que obrigou os ofendidos a deixarem suas casas às pressas. Outras situações lesivas podem ser imaginadas que independem de exteriorização de sentimentos ou sensações: a) consumidor que encomenda bolo para comer com sua família e se depara com uma barata. Mesmo que não comam o bolo, há um desvalor que atinge a subjetividade do ofendido a ponto de caracterizar não apenas a lesão a um interesse juridicamente protegido, mas também a lesão existencial concreta, especialmente sopesando o momento de desprazer que experimentou, o que inclusive se caracterizaria de forma presumida pelo conhecimento prático de um juiz; b) artista famoso que teve sua imagem relacionada a um produto em campanha publicitária sem sua autorização. Neste caso, mesmo que o artista não sinta vergonha, humilhação ou descrédito de sua reputação perante a sociedade, é clarividente que houve um rebuliço no âmago da imagem do mesmo pelo simples fato de não ter autorizado. Há, de fato, a lesão a um interesse e a constatação a um dano concretamente experimentado.

Deste modo, não importa qual a repercussão decorrente do fato, pois desde que prejudicial à vítima, representando diminuição de interesses legítimos, na concepção do homem médio na sociedade, deve haver indenização por dano moral (BITTAR, 2015, p. 110). Nesse caso, quando um ato diminua ou cause menoscabo aos bens imateriais, pode ser considerado dano moral pelo simples argumento de que tal conduta tirou do ser humano aquilo que é dele, como no caso de um jogador de futebol que tem sua imagem veiculada em um jogo de videogame sem sua autorização (SANTOS, 2015, p. 43).

Assim sendo, não se pode, numa perspectiva eminentemente compensatória da responsabilidade civil (e não punitiva) admitir que a simples tentativa de violação dos bens da pessoa humana se caracterize como um dano indenizável, porque somente a consideração do interesse lesionado resulta insuficiente para demonstrar a existência de dano moral. É preciso, portanto, da ação danosa e do consequente "ámbito del desvalor subjetivo que genera" (PIZARRO, 1996, p. 54). Se assim fosse, condutores de veículos em alta velocidade em perímetros urbanos deveriam indenizar os pedestres postos em perigo, mesmo que não atinjam nenhum deles, assim como o banco que possui política de enganar idosos deveria, antes mesmo de conseguir um idoso para assinar o contrato, mesmo sem êxito em suas investidas, pagar indenização por danos morais.

Em um primeiro momento, poder-se-ia pensar que a responsabilidade civil adquiriria contornos assépticos com a realidade social e deixaria de cumprir com uma função nobre de cunho preventivo. Esse raciocínio não deve prosperar por dois motivos: a) essa suposta insensibilidade da responsabilidade civil só existe na dimensão do estudo da indenização compensatória, de modo que se o juiz/jurista admitir o patamar da indenização punitiva/preventiva/pedagógica/educativa, poderá aplicar sem maiores problemas indenização para tais casos onde resta ausente o dano-prejuízo e presente tão somente o dano-evento; b) mesmo dentro da perspectiva eminentemente compensatória, nada obsta que o Judiciário promova a chamada tutela inibitória diante de condutas que, mesmo sem concretizar dano-prejuízo a ninguém, atentam quanto normas mínimas de segurança e qualidade. Conforme determinam os arts. 536 e 537 do Código de Processo Civil Brasileiro (Lei Federal

n. 13.105/2015), visando a coagir psicologicamente o réu a compreender que é mais vantajoso respeitar os direitos alheios que permanecer os ameaçando, pode o juiz, sem prejuízo de outras medidas indutivas, fixar multa de modo a desestimular o ofensor:

> Art. 536. No cumprimento de sentença que reconheça a exigibilidade de obrigação de fazer ou de não fazer, o juiz poderá, de ofício ou a requerimento, para a efetivação da tutela específica ou a obtenção de tutela pelo resultado prático equivalente, determinar as medidas necessárias à satisfação do exequente.
> § 1º Para atender ao disposto no caput, o juiz poderá determinar, entre outras medidas, a imposição de multa (...)
> Art. 537. A multa independe de requerimento da parte e poderá ser aplicada na fase de conhecimento, em tutela provisória ou na sentença, ou na fase de execução, desde que seja suficiente e compatível com a obrigação e que se determine prazo razoável para cumprimento do preceito.

Acrescenta o art. 139 do Código citado como poder do juiz, inclusive para forçar o cumprimento de obrigações pecuniárias, a adoção de todas as medidas indutivas, coercitivas, mandamentais ou sub-rogatórias: "Art. 139. O juiz dirigirá o processo conforme as disposições deste Código, incumbindo-lhe: (...) IV – determinar todas as medidas indutivas, coercitivas, mandamentais ou sub-rogatórias necessárias para assegurar o cumprimento de ordem judicial, inclusive nas ações que tenham por objeto prestação pecuniária.

Portanto, se uma construtora está deixando de adquirir equipamentos de proteção de trabalho, não há necessidade de fixar, a princípio, indenização por dano moral, pois pode o juiz, em ação coletiva destinada a solucionar tal ilegalidade, impor, além de multa, a medida de embargo (suspensão) da atividade, até que os equipamentos sejam comprados e instalados; se um jovem universitário todos os dias avança o sinal vermelho e dirige em alta velocidade nos arredores de uma faculdade, pode o juiz, em ação ajuizada pela Faculdade ou por qualquer aluno que está tendo seus direitos ameaçados, estabelecer multa ou até mesmo a apreensão da carteira de motorista até que o mesmo realize curso sobre direção defensiva; se um parque de diversões deixou de realizar no ano corrente a manutenção dos brinquedos, pode o juiz, além da fixação de multa por dia de descumprimento, determinar a paralisação das atividades; se uma indústria farmacêutica está em vias de pôr em circulação remédio que não passou nos testes de segurança, do mesmo modo o Judiciário tem o poder de estabelecer multa diária, determinar a busca e apreensão dos referidos produtos.

Em todas essas hipóteses podem os órgãos jurisdicionais estabelecerem multas e quaisquer medidas indutivas para forçar o cumprimento de obrigações pecuniárias, de fazer (conduta positiva do ofensor) e não fazer (conduta negativa do ofensor), contudo, jamais fixar indenização compensatória, exceto no caso de vislumbrar-se que a violação do interesse existencial acarretou de fato uma lesão concreta, como no caso de um consumidor com nome inscrito indevidamente em Cadastro de Restrição de Crédito, donde se pode inferir que o direito à honra foi vilipendiado e gerou uma consequência lesiva correlata (a reputação daquela pessoa como mal pagadora), situação análoga à violação do direito de imagem em caso de uso indevido da imagem de um ator. Mesmo que saiba-se que o valor da multa possa ser alto e devido ao exequente (a vítima em potencial), conforme dispõe o art. 537, § 2º do referido Código[6], a isto não se pode denominar de indenização por dano moral, como também pactua Ramon Daniel Pizarro:

> La obligación de ressarcir el perjuicio causado, que presupone daño en sentido estricto, requiere algo más que la mera lesión (o amenaza de lesión): que medie un perjuicio en su espititualidad (daño moral). Tal consecuencia – insistimos – representa el daño resarcible y no mera manifestación posible de aquél o su contenido. Sin consecuencia prejudicial – aun que medie lesión a un interés – no hay daño resarcible (1996, p. 59-60).

Logo, tais medidas inibitórias objetivando a enfrentar o perigo de dano e a iminência de situações lesivas a partir da cessação ou desestímulo da atividade ou da conduta atentatória aos direitos alheios são de suma importância para prevenir consequências lesivas e se amoldam ao princípio da inafastabilidade da jurisdição, a qual, como claramente disposto no texto constitucional, envolve qualquer lesão ou ameaça a direito (art. 5º, XXXV, CF/88). Além disso, tais medidas inibitórias, estimuladas pela mera ameaça a direitos, podem ser requeridas não só por qualquer vítima potencial, como por todos os legitimados para a Ação Civil Pública que vise a tutelar interesses difusos, coletivos ou individuais homogêneos, como se depreende da leitura do art. 129, III, da CF/88 e arts. 1º e 5º da Lei da Ação Civil Pública (Lei Federal n. 7.347/85) e art. 81, parágrafo único, III, do Código de Defesa do Consumidor (Lei n. 8.078/90):

> Art. 129. São funções institucionais do Ministério Público:
>
> III – promover o inquérito civil e a ação civil pública, para a proteção do patrimônio público e social, do meio ambiente e de outros interesses difusos e coletivos;
>
> Art. 1º Regem-se pelas disposições desta Lei (...) as ações de responsabilidade por danos morais e patrimoniais causados:
>
> IV – a qualquer outro interesse difuso ou coletivo.
>
> Art. 5º Têm legitimidade para propor a ação principal e a ação cautelar:
>
> I – o Ministério Público;
>
> II – a Defensoria Pública;
>
> III – a União, os Estados, o Distrito Federal e os Municípios;
>
> IV – a autarquia, empresa pública, fundação ou sociedade de economia mista;
>
> V – a associação (...)
>
> Art. 81. A defesa dos interesses e direitos dos consumidores e das vítimas poderá ser exercida em juízo individualmente, ou a título coletivo.
>
> Parágrafo único. A defesa coletiva será exercida quando se tratar de:
>
> (...)
>
> III – interesses ou direitos individuais homogêneos, assim entendidos os decorrentes de origem comum.

---

6. Art. 537. (...) § 2º O valor da multa será devido ao exequente.

Em matéria de ações coletivas – marcadas pela legitimidade extraordinária, onde o autor da ação (Ministério Público, por exemplo) não é o titular do direito pleiteado em juízo, embora tenha legitimidade para defender direito alheio – há uma interpenetração e complementariedade de vários diplomas legais, tais como a Lei do Mandado de Segurança (Lei n. 12.016/2009), da Ação Popular (Lei n. 4.717/1965), da Ação Civil Pública (Lei n. 7.347/1985) e do Código de Defesa do Consumidor (Lei n. 8.078/90), pelo que a tutela coletiva direitos não se limita aos danos sofridos por consumidores, se estendendo a todo grupo de pessoas que esteja sofrendo ou na iminência suportar danos, como trabalhadores, pensionistas e contribuintes.

No diploma consumerista sublinha-se que o art. 6°, VI, estipula como direito básico do consumidor a "a efetiva prevenção e reparação de danos patrimoniais e morais, individuais, coletivos e difusos", acentuando que práticas e condutas que atentem contra direitos permitem a imediata intervenção judicial de maneira preventiva e não somente após o dano ser concretizado, o que reforça a ideia acima exposta de que não é necessário fixar indenização compensatória antes da lesão concretamente experimentada para fins de prevenção de danos. E, para espancar quaisquer dúvidas acerca do cabimento de medidas judiciais preventivas sem cunho compensatório, o art. 83 do mesmo código reza que "para a defesa dos direitos e interesses protegidos por este código são admissíveis todas as espécies de ações capazes de propiciar sua adequada e efetiva tutela", disposição esta que vai ao encontro do art. 4° da Lei da Ação Civil Pública (Lei n. 7.347/1985), que dispõe: "poderá ser ajuizada ação cautelar para os fins desta Lei, objetivando, inclusive, evitar dano ao patrimônio público e social, ao meio ambiente, ao consumidor, à honra e à dignidade de grupos raciais, étnicos ou religiosos (...)".

4.3 A PROBLEMÁTICA DA TIPOLOGIA DO DANO EXTRAPATRIMONIAL (NOVOS DANOS)

Parte da jurisprudência e doutrina pátria, por influência da experiência italiana, tem criado diversas nomenclaturas de danos à pessoa, como por exemplo: dano existencial, dano estético, dano à saúde, dano por tempo perdido, dano por redução da capacidade laboral genérica, dano pelo custo de manutenção de um filho indesejado, dano pelo rompimento de noivado, dano de férias arruinadas por falha na prestação de serviço, dano de brincadeiras cruéis, dano de separação após notícia da gravidez, dano por abandono afetivo, dano a familiar por lesões físicas no cônjuge ou filho, dano afetivo por objetos, dano à identidade pessoal, dano pela exposição ao perigo, dentre outros.

Tecnicamente, tais nomenclaturas não são necessárias para que essas múltiplas formas de lesões a interesses existenciais mereçam compensação, porém esta forma de pormenorização e identificação das ofensas injustas a bens jurídicos complexos traz grande contribuição em relação ao papel desempenhado pelos precedentes judiciais[7], os quais possuem como carro-chefe a promoção de decisões iguais para litígios semelhantes ou análogos, prestigiando o princípio da igualdade (art. 5º, caput, CF/88) e estabelecendo um padrão melhor de segurança jurídica, na medida em que permite que os cidadãos saibam de antemão quais condutas em situações específicas são toleradas ou não pelo Estado-juiz, orientando e planejando um projeto racional de vida no bojo da referida comunidade política.

Nelson Rosenvald (2020), após ressaltar que uma das razões para substituir a expressão "responsabilidade civil" por "direito de danos" é o fenômeno de proliferação de novos interesses merecedores de tutela, defende que a fórmula binária dano moral-material é insuficiente para abraçar o perímetro da responsabilidade civil em 2020. Dentre os motivos que justificam a posição do autor estão: a) reforma trabalhista (lei 13.467/2017) reconheceu o dano existencial (Art. 223-B) como espécie do dano extrapatrimonial; b) súmula 387 do STJ consolida o dano estético como espécie de dano extrapatrimonial; c) a própria CF/88, no art. 5º, inciso V, teria reconhecido que o dano à imagem é espécie da dano extrapatrimonial, ao prever: "V – é assegurado o direito de resposta, proporcional ao agravo, além da indenização por dano material, moral ou à imagem".

Nessa perspectiva, defende que o dano extrapatrimonial é gênero, que possui quatro espécies: a) dano estético; b) dano existencial; c) dano à imagem; d) dano moral. O dano estético não se resume ao enfeamento externo, mas sim se caracteriza como qualquer desequilíbrio corporal infligido à pessoa. O dano à imagem é identificado a partir da utilização não autorizada da imagem para fins comerciais. O dano existencial pode ser conceituado como uma modificação prejudicial relevante na vida de uma pessoa decorrente de um fato danoso. Por fim, o dano moral se se aplica de forma residual e por exclusão, se tratando da violação de um interesse extrapatrimonial merecedor de tutela que não se enquadre em nenhum dos três tipos anteriores, como o que acontece nos casos de violação à integridade psíquica, honra, privacidade, tempo útil, perda de ente querido etc. (ROSENVALD, 2020).

Há quem critique a adjetivação de danos no Brasil em razão de que a Constituição Federal de 1988, em seu artigo 5º, incisos V e X discriminou apenas a ressarcibilidade dos danos morais, materiais e à imagem, e que seria problemático multifacetar a dignidade da pessoa humana a partir da criação de tipos dano para cada ofensa a

---

7. Ao comentar as semelhanças no tratamento do precedente em países de civil law e common law, Maccormick e Summers (1997, p. 532) acentuam: "a primeira semelhança importante é que o precedente agora desempenha um papel significativo na tomada de decisão jurídica e no desenvolvimento do direito em todos os países e tradições jurídicas que nós analisamos. De um jeito ou de outro, ou o precedente é oficialmente reconhecido como formalmente vinculativo ou apenas como tendo outra força normativa em algum grau" (Tradução Livre). Em relação a este "algum grau" (some degree) de força normativa dos precedentes, estes autores constataram – em todos os países de tradição common law e civil law – a existência um continuum quanto à vinculação do precedente, havendo apenas uma diferença de grau e não de qualidade no manejo dos mesmos, sendo enganosa a visão do precedente como algo inócuo em países de civil law. (MACCORMICK; SUMMERS, 1997, p. 533).

um dos aspectos da personalidade, "como se tal expediente fosse sinônimo de maior proteção. Com todo o respeito, não parece ser esta a forma mais técnica de se tratar o problema" (PAMPLONA FILHO; ANDRADE JÚNIOR, 2015, p. 10).

Essa concepção teórica prega um resgate do artigo 5º da Constituição, defendendo que a adjetivação dos novos danos ofende o dispositivo constitucional e que "a grande maiorias desses 'novos danos' podem (e devem) ser caracterizados como dano moral" (PAMPLONA FILHO; ANDRADE JÚNIOR, 2015, p. 23), entendendo que a simples menção de ofensa à cláusula geral de tutela da pessoa humana já é suficiente para identificar um dano a ser protegido, não sendo preciso adjetivar novos danos para garantir tutela.

No mesmo sentido, Antônio Jeová Santos discorre que no Brasil não existe um terceiro gênero de danos, pois, de acordo com a CF/88, ou a lesão é patrimonial ou moral, não havendo espaço para outra categoria de dano que não acoberte um dos dois já mencionados. Para o referido autor, deve permanecer a expressão dano moral para todas as lesões existenciais à pessoa humana, competindo à doutrina e jurisprudência decantar os vocábulos, escoimá-los de impurezas e encontrar o seu sentido mais puro e verdadeiro (SANTOS, 2015, p. 60).

Iuri Bolesina assevera que os danos são de efeito patrimonial ou extrapatrimonial, explicando que tais categorias são amplas o suficiente para abraçar todas as possíveis situações dignas de tutela (2020, p. 103). Prossegue, afirmando que essas novas etiquetas (dano estético, dano à imagem, dano existencial etc.) nada mais são do que reforços argumentativos para uma situação específica de dano moral. Não seriam assim, exatamente "novos danos". Novo pode ser apenas o seu reconhecimento pelo Judiciário: muda-se a estética, mas seguem sendo os mesmos em essência haja vista que o ordenamento jurídico brasileiro adota uma cláusula geral de tutela da pessoa humana aberta, diferente da Itália, onde há uma seleção taxativa de interesses tutelados (BOLESINA, 2020, p. 104-105).

Outros autores, no campo do direito estrangeiro e na esteira da experiência francesa, entendem que a expressão "dano moral" serve para tutelar todos os danos extrapatrimoniais, no sentido de que "se habla así de un daño moral *stricto sensu* y un daño moral *amplio sensu* la integridad corporal y la salud física. Las lesiones, heridas, contusiones son daños Morales" (RIVERA, 2016, p. 55-56). Desta feita, essa divisão entre interesses extrapatrimoniais e interesses materiais remonta a cultura jurídica francesa, que consagra um modelo de dano moral calcado em uma cláusula aberta de tutela da pessoa humana (JOSSERAND, 1951, p. 330): "el daño moral puede revestir también dos aspectos diferentes: una persona puede ser afectada, bien en su honor, en su reputación (...) bien en sus afectos" (JOSSERAND, 1951, p. 330). Em igual sentido, Muriel Fabre-Magnan (2007, p. 81-93) entende que os danos se subdividem em "daños patrimoniales-daños extrapatrimoinales o morales", assim como Geneviève Viney (2006, p. 30) segundo o qual os danos devem ser classificados em "perjuicios económicos puros y las lesiones a los intereses que no son exclusivamente económicos".

A presente pesquisa concebe que, de fato, todas as chamadas "novas lesões" podem ser protegidas juridicamente sob a alcunha de dano moral eis que se referem a interesses existenciais do ser humano (exemplo: férias arruinadas, dano estético) e, ressalta-se, não há nenhum prejuízo a esses "novos danos" serem tratados como apenas dano moral, pois a diferença qualitativa não está na nomenclatura, mas sim nos meandros fáticos que potencializem uma quantificação adequada à magnitude do dano. À título de exemplo, o chamado dano estético na verdade é dano moral e pode ser chamado assim sem nenhum prejuízo, senão vejamos: um trabalhador perdeu um braço em uma máquina. No momento de fixar o valor indenizatório, o juiz pode relevar diversos detalhes que incrementam o valor da indenização. Pode considerar, além da perda de uma parte do corpo, a perda ou redução das relações sociais, se era músico ou atleta amador; a perda do membro do ponto de vista estético a ponto de causar enfeamento e desgosto; a aflição e dor no momento do dano, mesmo que tenham sido momentâneos; a perda do prazer de realizar determinadas atividades, dentre outros.

Isto é dano moral, que pode compreender, para fins de quantificação todos os meandros que acentuem a intensidade e magnitude do dano, sem precisar chamar de dano estético, dano pela perda de ente querido ou dano pelo rompimento do casamento. Trata-se, ao fim e ao cabo, de dano moral e não há nenhum prejuízo em ignorar tais nomenclaturas, exceto pelo valor que as mesmas possuem no que tange ao sistema de precedentes, especialmente no atual cenário do direito processual civil, que elencou, no art. 927 do Código de Processo Civil (Lei Federal n. 13.105/2015) um rol de decisões judiciais com força vinculante e obrigatória. Contudo, este trabalho entende que não existe muita relevância prática no desbravamento sobre qual lado está certo nesse debate, visto que o grande papel do jurista da responsabilidade civil é lutar pelo aprofundamento na identificação de danos injustos em múltiplas situações concretas. Isso é o mais importante.

Por exemplo, no Brasil diversas lesões são reconhecidas como danos morais indenizáveis sem apelar para nenhum outro tipo de nomenclatura específica, como nos exemplos a seguir relacionados à inscrição indevida em cadastro de restrição de crédito[8]; à acidente de consumo[9]; à morte de ente querido[10]; à extravio de ba-

---

8. "A própria inclusão ou manutenção equivocada configura o dano moral in re ipsa, ou seja, dano vinculado à própria existência do fato ilícito, cujos resultados são presumidos" (Trecho do acórdão do Superior Tribunal de Justiça, no julgamento do Agravo Regimental no Agravo n. 1.379.761/SP, de Relatoria do Ministro Luís Felipe Salomão, com publicação em 30.03.2011).
9. "dgVcc343eeweerifica-se, *in casu*, que se trata de defeito relativo à falha na segurança, de caso em que o produto traz um vício intrínseco que potencializa um acidente de consumo, sujeitando-se o consumidor a um perigo iminente (defeito na mangueira de alimentação de combustível do veículo, propiciando vazamento causador do incêndio) (Trecho do acórdão do Superior Tribunal de Justiça no julgamento do Recurso Especial n. 575469/RJ, de Relatoria do Ministro Jorge Scartezzini, com publicação em 06.12.2004).
10. "Os parentes próximos do falecido podem cumular pedidos de indenização por dano material e moral decorrentes da morte. (...) Assim, são perfeitamente plausíveis situações nas quais o dano moral sofrido

gagem[11]; à falha na prestação de serviços bancários, de telefonia, internet e TV à cabo[12]; à assédio moral[13], à atraso de voo[14]; à atraso na entrega de empreendimento imobiliário[15]; à cobrança de dívidas inexistentes[16], à negativa de cobertura de plano de saúde[17], dentre outros.

pela vítima principal do ato lesivo atinjam, por via reflexa, terceiros como seus familiares diretos, por lhes provocarem sentimentos de dor, impotência e instabilidade emocional. É o que se verifica na hipótese dos autos, em que postulam compensação por danos morais, em conjunto com a vítima direta, seus pais, perseguindo ressarcimento por seu próprio sofrimento, decorrente da repercussão do ato lesivo na sua esfera pessoal, eis que experimentaram, indubitavelmente, os efeitos lesivos de forma indireta ou reflexa, como reconheceu o Tribunal de origem, ao afirmar que, "embora tenha sido noticiado na exordial que o acidente não vitimou diretamente os pais da vítima, os mesmos apresentam legitimidade para pleitearem indenização, uma vez que experimentaram a sensação de angústia e aflição gerada pelo dano à saúde familiar. (Trecho do acórdão do Superior Tribunal de Justiça no julgamento do Recurso Especial n. 1.208.949/MG, de Relatoria da Ministra Nancy Andrigui, com publicação em 15.12.2013).

11. "Cabe indenização a título de dano moral pelo atraso de voo e extravio de bagagem. O dano decorre da demora, desconforto, aflição e dos transtornos suportados pelo passageiro, não se exigindo prova de tais fatores" (Trecho do acórdão do Superior Tribunal de Justiça no julgamento do Agravo Regimental no Recurso Especial n. 442487/RJ, de Relatoria do Ministro Humberto Gomes de Barros, com publicação em 09.10.2006).

12. "O envio de cartão de crédito não solicitado, conduta considerada pelo Código de Defesa do Consumidor como prática abusiva (art. 39, III), adicionado aos incômodos decorrentes das providências notoriamente dificultosas para o cancelamento cartão causam dano moral ao consumidor, mormente em se tratando de pessoa de idade avançada, próxima dos cem anos de idade à época dos fatos, circunstância que agrava o sofrimento moral" (Trecho do acórdão do Superior Tribunal de Justiça no julgamento do 1.061.500/RS, de Relatoria do Ministro Sidnei Beneti, com publicação em 04.11.2008).

13. "Juridicamente, em apertada síntese, o assédio moral pode ser considerado como um abuso emocional no local de trabalho, de forma maliciosa, sem conotação sexual ou racial, com o fim de afastar o empregado das relações profissionais, por meio de boatos, intimidações, humilhações, descrédito e isolamento. Na questão dos autos, a autora afirma (fls. 08/09) que 'era constrangida e obrigada a não se utilizar do banheiro para qualquer propósito, somente no horário estabelecido pelas reclamadas'. (...) É mediante a liberdade que o homem promove suas escolhas, adota posturas, sonha, persegue projetos e concretiza opiniões. Contudo, o espectro de abrangência das liberdades individuais encontra limitação em outros direitos fundamentais, tais como a honra, a vida privada, a intimidade, a imagem. (...) Caracterizado, pois, o assédio moral, inconteste que a autora estava sujeita à pressão psicológica, atingindo seus direitos personalíssimos. Devida a respectiva indenização" (Trecho do voto do Ministro Alberto Luiz Bresciani de Fontan Pereira, da do Tribunal Superior do Trabalho, no julgamento do Agravo Interno em Recurso de Revista 6935-58.2010.5.01.0000, com acórdão publicado em 07.04.2011).

14. "O dano moral decorrente de atraso de voo prescinde de prova, sendo que a responsabilidade de seu causador opera-se in re ipsa" (Trecho do acórdão do Superior Tribunal de Justiça, no julgamento do Recurso Especial n. 299.532/SP, de Relatoria do Ministro Honildo Amaral de Mello Castro, com publicação em 23.01.2009).

15. "No caso concreto, desponta estreme de dúvida que o principal atrativo do projeto foi a sua divulgação como um empreendimento hoteleiro – o que se dessume à toda vista da proeminente reputação ostenta nesse ramo –, bem como foi omitida a falta de autorização do Município para que funcionasse empresa dessa envergadura na área, o que, à toda evidência, constitui publicidade enganosa, nos termos do art. 37, caput e § 3º, do CDC, rendendo ensejo ao desfazimento do negócio jurídico, à restituição dos valores pagos, bem como à percepção de indenização por lucros cessantes e por dano moral" (Trecho do acórdão do Superior Tribunal de Justiça no julgamento do Recurso Especial n. 1.188.442/RJ, de Relatoria do Ministro Luis Felipe Salomão, com publicação em 05.02.2013).

16. "Nas peculiaridades da espécie, o bloqueio de linha de celular decorrente da cobrança indevida de fatura já quitada enseja ofensa moral" (Trecho do acórdão do Superior Tribunal de Justiça, no julgamento do Recurso Especial n. 590753/RS, de Relatoria do Ministro Cesar Asfor Rocha, com publicação em 13.09.2004).

17. "A recusa indevida à cobertura pleiteada pelo segurado é causa de danos morais, pois agrava a sua situação de aflição psicológica e de angústia no espírito" (Trecho do acórdão do Superior Tribunal de Justiça, no julgamento do Recurso Especial n. 657717/RJ, de Relatoria da Ministra Nancy Andrighi, com publicação em DJ 12.12.2005).

4.4 O DANO MORAL NO CAMPO INTERNACIONAL DOS DIREITOS HUMANOS

Há um liame entre os direitos humanos no plano internacional e os bens existenciais no plano interno, pelo que deve ser perquirida uma ruptura da dicotomia clássica entre direito interno e direito internacional, para reconhecer que ontologicamente os danos perpetrados no bojo de relações privadas são muitas vezes idênticos ou até mais graves que aqueles cometidos pelo Estado. Além disso, a evolução histórica dos direitos fundamentais na experiência europeia e latina demonstra que a dogmática das Constituições incorporou a proteção de bens jurídicos essenciais e supremos para uma vida plena do ser humano previstos em documentos internacionais, bens estes dignos de inviolabilidade por outras pessoas ou pelo Estado, os quais devem nortear todo o conjunto normativo constitucional e infraconstitucional. Sendo assim, fica claro que a proteção da pessoa humana no plano internacional ou no plano interno revela que esse é o valor da mais alta hierarquia em qualquer ordenamento jurídico.

Por esse motivo, John Finnis sustenta que as declarações de direitos humanos representam tentativa de concretização dos contornos do bem comum e dos bens humanos básicos, manifestando preocupação com diversos aspectos do bem individual em suas dimensões básicas, motivo pelo qual a responsabilidade moral de respeitar os bens humanos básicos se convolou em responsabilidade jurídica e, graças ao arcabouço jurídico, tal ideal se tornou possível e potencializado tendo em vista a faceta coercitiva do Direito, que para além de promover tais bens, delibera em pormenores e detalhes, mergulhando nas mais diversas peculiaridades para uma plena realização humana e construção de uma comunidade que atenda ao bem comum (2007, p. 195-213).

Desta feita, na tradição do direito natural, embora Tomás de Aquino nunca tenha utilizado a expressão "direitos humanos", é cristalino que ele tinha a concepção teórica, pois conclui que os preceitos de justiça estão centrados naquilo que todos têm em comum e em semelhança como membros da espécie humana, de maneira que todos estão aptos a pleitear que "não sejam mortos, não tenham sua propriedade vilipendiada, não sejam danificados em seu corpo e sua mente, não sejam falsamente acusados ou difamados" (FINNIS, 2008, p. 136). Todos esses direitos, que decorrem dos primeiros princípios, são alocados para as pessoas pelo simples fato de pertencerem à espécie humana. Assim, embora nem todo direito seja comum aos seres humanos em razão de cada particularidade dos sistemas jurídicos, há aqueles que cada membro da humanidade está apto a desfrutar pelo simples fato de sua condição humana, merecendo a sua inerente dignidade, não sendo um "status a ser conferido, mas sim uma realidade a ser reconhecida e protegida, pois tais bens são desejáveis por mim e por todos aqueles que compartilham comigo a experiência humana, devendo ser esta a tese essencial da moralidade e da política" (FINNIS, 2008, p. 176).

Não é à toa que uma investigação profunda e comprometida da experiência ocidental no trato com o que se chama no Brasil e no mundo latino de dano moral e nos países anglo-saxões de "non-pecuniary damages" a partir de obras de juristas do Brasil[18], Espanha[19], México[20], Estados Unidos[21], Canadá[22], Grã-Bretanha[23] e da Europa em geral[24] permitirá inferir que bens como a honra, vida, saúde, liberdade, igualdade, integridade psíquica, integridade física, privacidade e sentimentos ligados a perda de entes queridos são comuns a todos os sistemas jurídicos ocidentais em matéria de compensação de danos.

Assim, o valor da dignidade da pessoa humana pode nortear os direitos fundamentais (dentre eles a indenização por dano moral prevista nos incisos V e X da CF/88), assim como todo o emaranhado normativo no campo do direito internacional dos direitos humanos, servindo de apoio para a investigação dos interesses existenciais dignos de tutela, especialmente porque os principais tratados e pactos foram devidamente ratificados pelo Brasil, como no caso dos exemplos abaixo, os quais possuem diversos interesses extrapatrimoniais protegidos:

> Convenção Internacional sobre os direitos das pessoas com deficiência
>
> Artigo 1°
>
> O propósito da presente Convenção é promover, proteger e assegurar o exercício pleno e equitativo de todos os direitos humanos e liberdades fundamentais por todas as pessoas com deficiência e promover o respeito pela sua dignidade inerente.
>
> Pessoas com deficiência são aquelas que têm impedimentos de longo prazo de natureza física, mental, intelectual ou sensorial, os quais, em interação com diversas barreiras, podem obstruir sua participação plena e efetiva na sociedade em igualdades de condições com as demais pessoas.
>
> Os princípios da presente Convenção são:
>
> a) O respeito pela dignidade inerente, a autonomia individual, inclusive a liberdade de fazer as próprias escolhas, e a independência das pessoas;

---

18. ASSIS NETO, S. J de. Dano moral: aspectos jurídicos. Araras: Bestebook, 1998; BITTAR, Carlos Alberto. Reparação civil por *danos morais*. 4. ed. São Paulo: Saraiva, 2015; CAVALIERI FILHO, Sérgio. *Programa de responsabilidade civil*. 10. ed. São Paulo: Atlas, 2012; FARIAS, Cristiano Chaves de; BRAGA NETTO, Felipe Peixoto; ROSENVALD, Nelson. *Novo Tratado de responsabilidade civil*. São Paulo: Atlas, 2015; SANTOS, ANTÔNIO JEOVÁ. Dano moral indenizável. 5. ed. Salvador: JusPodivm, 2015.
19. PIZARRO, Ramon Daniel. *Daño moral*: el daño moral en las diversas ramas del Derecho. Hammurabi: Buenos Aires, 1996.
20. VILLARREAL, Luis Ernesto Aguirre. *Integration of punitive damages into countries with a civil law system*: Mexico's case. Tulane University (dissertação de doutorado), 2009.
21. BURROWS, Vanessa K. Constitutional limits on punitive damages awards: an analysis of the Supreme Court case Philip Morris USA v. Williams. Legislative Attorney. *American Law Division*. Oder Code 33.773, july-2007.
    KOZIOL, Helmut; WILCOX, Vanessa. *Punitive damages*: common law and civil law perspectives. v. 25. Vienna: Springer, 2009.
22. FRIDMAN, G. H. L. *The law of torts in Canada*. Toronto: Carswell, 1990.
23. MULHERON, Rachel P. *Principles of Tort Law*. Cambridge: Oxford University Press, 2016.
24. ANTONIOLLI, Luisa; KOZIOL, Helmut; SCHULZE, Reiner. *Tort law of the European Community*. New York: Springer, 2008; HEIDERHOFF, Bettina; ZMIJ, Grzegorz. *Tort law in Poland, Germany and Europe*. Munich, Germany: Sellier European Law, 2009.

b) A não discriminação;

c) A plena e efetiva participação e inclusão na sociedade;

d) O respeito pela diferença e pela aceitação das pessoas com deficiência como parte da diversidade humana e da humanidade;

e) A igualdade de oportunidades;

f) A acessibilidade;

g) A igualdade entre o homem e a mulher;

h) O respeito pelo desenvolvimento das capacidades das crianças com deficiência e pelo direito das crianças com deficiência de preservar sua identidade.

Convenção contra a tortura e outros tratamentos ou penas cruéis, desumanos ou degradantes

Artigo 1°

1. Para os fins da presente Convenção, o termo "tortura" designa qualquer ato pelo qual dores ou sofrimentos agudos, físicos ou mentais, são infligidos intencionalmente a uma pessoa a fim de obter, dela ou de uma terceira pessoa, informações ou confissões; de castigá-la por ato que ela ou uma terceira pessoa tenha cometido ou seja suspeita de ter cometido; de intimidar ou coagir esta pessoa ou outras pessoas; ou por qualquer motivo baseado em discriminação de qualquer natureza; quando tais dores ou sofrimentos são infligidos por um funcionário público ou outra pessoa no exercício de funções públicas, ou por sua instigação, ou com o seu consentimento ou aquiescência. Não se considerará como tortura as dores ou sofrimentos que sejam consequência unicamente de sanções legítimas, ou que sejam inerentes a tais sanções ou delas decorram.

Convenção sobre os direitos da criança

Artigo 1°

Para efeitos da presente Convenção considera-se como criança todo ser humano com menos de dezoito anos de idade, a não ser que, em conformidade com a lei aplicável à criança, a maioridade seja alcançada antes.

Artigo 2°

1. Os Estados Partes respeitarão os direitos enunciados na presente Convenção e assegurarão sua aplicação a cada criança sujeita à sua jurisdição, sem distinção alguma, independentemente de raça, cor, sexo, idioma, crença, opinião política ou de outra índole, origem nacional, étnica ou social, posição econômica, deficiências físicas, nascimento ou qualquer outra condição da criança, de seus pais ou de seus representantes legais.

2. Os Estados Partes tomarão todas as medidas apropriadas para assegurar a proteção da criança contra toda forma de discriminação ou castigo por causa da condição, das atividades, das opiniões manifestadas ou das crenças de seus pais, representantes legais ou familiares.

Convenção sobre a eliminação de todas as formas de discriminação contra a mulher

Artigo 1°

Para os fins da presente Convenção, a expressão "discriminação contra a mulher" significará toda a distinção, exclusão ou restrição baseada no sexo e que tenha por objeto ou resultado prejudicar ou anular o reconhecimento, gozo ou exercício pela mulher, independentemente de seu estado civil, com base na igualdade do homem e da mulher, dos direitos humanos e liberdades fundamentais nos campos político, econômico, social, cultural e civil ou em qualquer outro campo.

Convenção sobre a eliminação da discriminação racial

Artigo I

1. Nesta Convenção, a expressão "discriminação racial" significará qualquer distinção, exclusão restrição ou preferência baseadas em raça, cor, descendência ou origem nacional ou étnica que tem por objetivo ou efeito anular ou restringir o reconhecimento, gozo ou exercício num mesmo plano, (em igualdade de condição), de direitos humanos e liberdades fundamentais no domínio político econômico, social, cultural ou em qualquer outro domínio de vida pública.

Pacto internacional sobre direitos econômicos, sociais e culturais

Artigo 15

1. Os Estados Partes do presente Pacto reconhecem a cada indivíduo o direito de:

a) Participar da vida cultural;

b) Desfrutar o processo cientifico e suas aplicações;

c) Beneficiar-se da proteção dos interesses morais e materiais decorrentes de toda a produção cientifica, literária ou artística de que seja autor.

Pactos de direitos civis e políticos

Artigo 6

1. O direito à vida é inerente à pessoa humana. Esse direito deverá ser protegido pela lei. Ninguém poderá ser arbitrariamente privado de sua vida.

Artigo 7

Ninguém poderá ser submetido à tortura, nem a penas ou tratamento cruéis, desumanos ou degradantes. Será proibido sobretudo, submeter uma pessoa, sem seu livre consentimento, a experiências médias ou cientificas.

Artigo 9

1. Toda pessoa tem direito à liberdade e à segurança pessoal. Ninguém poderá ser preso ou encarcerado arbitrariamente. Ninguém poderá ser privado de liberdade, salvo pelos motivos previstos em lei e em conformidade com os procedimentos nela estabelecidos.

Artigo 10

1. Toda pessoa privada de sua liberdade deverá ser tratada com humanidade e respeito à dignidade inerente à pessoa humana.

Artigo 17

1. Ninguém poderá ser objetivo de ingerências arbitrárias ou ilegais em sua vida privada, em sua família, em seu domicílio ou em sua correspondência, nem de ofensas ilegais às suas honra e reputação.

2. Toda pessoa terá direito à proteção da lei contra essas ingerências ou ofensas.

Artigo 19

1. ninguém poderá ser molestado por suas opiniões.

2. Toda pessoa terá direito à liberdade de expressão; esse direito incluirá a liberdade de procurar, receber e difundir informações e ideias de qualquer natureza, independentemente de considerações de fronteiras, verbalmente ou por escrito, em forma impressa ou artística, ou por qualquer outro meio de sua escolha.

Artigo 26

Todas as pessoas são iguais perante a lei e têm direito, sem discriminação alguma, a igual proteção da Lei. A este respeito, a lei deverá proibir qualquer forma de discriminação e garantir a todas as pessoas proteção igual e eficaz contra qualquer discriminação por motivo de raça, cor, sexo, língua, religião, opinião política ou de outra natureza, origem nacional ou social, situação econômica, nascimento ou qualquer outra situação.

Artigo 27

Nos Estados em que haja minorias étnicas, religiosas ou linguísticas, as pessoas pertencentes a essas minorias não poderão ser privadas do direito de ter, conjuntamente com outros membros de seu grupo, sua própria vida cultural, de professar e praticar sua própria religião e usar sua própria língua.

Sobre o diálogo entre a responsabilidade civil no plano interno e o direito internacional dos direitos humanos, este autor e Pastora do Socorro Teixeira Leal (2016, p. 95-115) explicaram que pensar na interface entre direitos humanos e a responsabilidade civil no plano interno pode parecer confusa, uma vez que tradicionalmente os direitos humanos são vistos como instrumento que insere pessoas de diversos países na categoria de sujeito de direito perante a ordem jurídica internacional, possibilitando a responsabilização de Estados (e não de pessoas físicas ou jurídicas de direito privado) por danos causados omissiva ou comissivamente a pessoas a partir da violação de direitos que os respectivos Estados se comprometeram a respeitar[25]. Feita essa digressão, discorrem na mesma pesquisa sobre a necessidade de pensar os direitos humanos para além do plano formal calcado nos Tratados Internacionais, visto que de nada vale um arcabouço "impecável" de direitos a serem respeitados pelos Estados no plano internacional se persistirem problemas graves de violações entre agentes privados no âmbito interno, conflitos que por sua natureza não podem ser solucionados no plano internacional.

Baseando-se nessas premissas, o referido trabalho (LEAL; BONNA, 2016, p. 95-115) acentua a imperiosidade de aplicar os direitos humanos em uma perspectiva multinível, que envolva a atuação dos tribunais pátrios e a efetividade de tais normas no bojo de relações intersubjetivas que não envolvam o Estado. Ou seja, é preciso que os Estados se comprometam a promover os direitos humanos em diversos níveis, tendo por base a "complementariedad: principio rector que rige las relaciones entre sistemas normativos y jueces nacionales e internacionales" (ZUNIGA, 2013, p. 70), assim como a atuação forte dos tribunais pátrios de modo a "invocar a legitimidade e a autoridade normativa do direito internacional para apoiar suas decisões" (URUEÑA, 2014, p. 27). Nessa linha, rompe-se com a dicotomia clássica entre Direito Interno e Direito Internacional, reconhecendo que ontologicamente os danos perpetrados no bojo de relações privadas são muitas vezes idênticos ou até mais graves que aqueles cometidos pelo Estado, não havendo razão para não utilizar normas de proteção

---

25. "São os atos do Estado-Administrador, quer comissivos ou omissivos, que ensejam, em geral, a responsabilidade internacional por violação de direitos humanos, uma vez que cabe ao Estado respeitar e garantir tais direitos. Essas duas obrigações básicas ensejam a responsabilização do Estado quando seus agentes violam direitos humanos ou se omitem injustificadamente, na prevenção ou repressão de violações realizadas por particulares" (RAMOS, 2005, p. 55).

do ser humano previstas no plano internacional, gerando expansão dos interesses existenciais dignos de proteção para fins de caracterização do dano moral.

Assim, tanto os direitos civis – como a vida, igualdade, integridade psíquica e integridade física – quanto os direitos econômicos, sociais e culturais – como a alimentação, moradia, educação, saúde – que servem de base para as Cortes Internacionais condenarem Estados ratificadores dos tratados, estão infiltrados na legislação interna do Brasil e de algum modo é possível vislumbrar que os bens extrapatrimoniais são especificações de normas de conteúdo de direitos humanos, e, portanto a responsabilidade civil é uma categoria que promove os direitos humanos em casos concretos de violação, como por exemplo no dano moral por não pagamento de pensão – direito à alimentação –, por violação à integridade física e/ou mental ocasionada por acidentes de consumo ou trabalho – são direitos civis –, por destruição da casa ou não entrega de imóvel no prazo prometido – direito à moradia –, por negativas de cobertura de planos de saúde – direito à saúde –, por discriminações em geral – direito à igualdade, dentre outros. Com a diferença de que o Estado não só responde perante a ordem jurídica internacional por causar diretamente a violação desses bens, mas também por não implementá-los progressivamente por meio de políticas públicas e leis, dentro do escopo do artigo 26[26] da Convenção Interamericana de Direitos Humanos, progressividade essas inerente aos direitos econômicos, sociais e culturais.

Diante desse imbróglio normativo, tanto a Comissão Interamericana de Direitos Humanos quanto a Corte Interamericana de Direitos Humanos e o Comitê vêm estabelecendo diversas técnicas interpretativas que potencializam a eficácia dos direitos econômicos, sociais e culturais, partindo do pressuposto de que se veda o retrocesso e se garante um progresso contínuo e gradual dos mesmos (SALMÓN; BREGAGLIO, 2010), conforme abaixo explanado, os quais, repisa-se, são representações de bens jurídicos que também são protegidos no campo da responsabilidade civil.

Ao analisar o caso Yakye Axa vs. Paraguai (sentença proferida dia 17.06.2005)[27], a Corte entendeu por imbricar uma visão integrada dos direitos humanos, partindo da interpretação do direito à vida (art. 4º da Convenção) – que é considerado um direito civil – para trazer contornos sociais a esse direito. Nesse sentido, considerou que o direito à vida foi violado pelo Estado do Paraguai na medida em que não garantiu condições satisfatórias sanitárias, habitacionais e alimentares da comunidade indígena, dentro do raciocínio da ordem de um desenvolvimento progressivo contida

---

26. Os Estados Partes comprometem-se a adotar providências, tanto no âmbito interno como mediante cooperação internacional, especialmente econômica e técnica, a fim de conseguir progressivamente a plena efetividade dos direitos que decorrem das normas econômicas, sociais e sobre educação, ciência e cultura, constantes da Carte da Organização dos Estados Americanos, reformada pelo Protocolo de Buenos Aires, na medida dos recursos disponíveis, por via legislativa ou por outros meios apropriados.
27. Disponível em: http://www.cnj.jus.br/files/conteudo/arquivo/2016/04/357a11f7d371f11cba840b78dde-6d3e7.pdf. Acesso em: 18.07.2018.

no art. 26 da Convenção. Por esse motivo, levando em conta o nível do sofrimento e de violência em suas terras, que possuem um valor inestimável para o patrimônio e identidade cultural dos povos indígenas, a Corte fixou a indenização no patamar de US$ 950.000,00 a ser gerido por um fundo.

Mais um exemplo da chamada interpretação social dos direitos civis e políticos está no conceito de vida digna, ou seja, a proteção das condições para que a pessoa conduza sua vida e alcance o destino que traçou para si, de modo que a frustração dos projetos de vida caracteriza violação de direitos humanos, como asseverado no caso Loayza Tamayo vs. Peru (julgado pela Corte Interamericana de Direitos Humanos no dia 17 de setembro de 1997)[28], condenando o Estado do Peru a pagar uma justa indenização, sem fixar qual seja esse valor, haja vista a *"privación ilegal de la libertad, tortura, tratos crueles, inhumanos y degradantes, violación a las garantías judiciales y doble enjuiciamiento con base en los mismos hechos"* (capítulo I).

A Corte também vem asseverando que o direito a uma vida digna implica na obrigação positiva de criar condições de vida mínimas compatíveis com a dignidade da pessoa humana, não apenas no dever negativo de não obstaculizar a vida boa. Tal avanço é digno de nota, na medida em que na concepção clássica dos direitos civis, estes implicariam na prestação meramente negativa do Estado no sentido de não ceifar a vida, mas na interpretação social desses direitos, eles adquirem nova conotação. Em outras palavras, implicam em "uma série de outros direitos como o direito à saúde, educação, identidade cultural, entre outros, sem os quais não é possível usufruir de uma vida harmoniosa com o princípio de dignidade inerente ao ser humano" (SALMÓN; BREGAGLIO, 2010, p. 400).

Em se tratando do direito à vida de crianças privadas de liberdade, no julgamento do caso Instituto de Reeducação do Menor vs. Paraguai (sentença proferida dia 02.09.2004)[29] a Corte sedimentou que o Estado tem obrigação de garantir que a detenção não destrua os projetos de vida das mesmas, por meio de medidas de assistência psicológica, física, material, mental, espiritual, moral e social. Nesse sentido, o Estado foi considerado responsável por não concretizar uma vida digna às crianças e aos adolescentes detidos, fixando de indenização por danos morais que variam de US$ 22.000,00 a US$ 65.000,00 a ser entregue à própria vítima que sobreviveu e aos familiares de cada um dos 12 adolescentes que faleceram, considerando que as circunstâncias do caso demonstraram sofrimento das vítimas que eram detentos e aos familiares dos 12 adolescentes mortos. Acrescentou ainda que o dano moral é evidente porque é próprio da natureza humana que "toda pessoa submetida a tratamentos contrários à integridade pessoal e ao direito a uma vida digna experimente um profundo sofrimento, angústia, medo e insegurança, razão pela qual este dano não requer provas" (parágrafo 300).

---

28. Disponível em: http://www.corteidh.or.cr/docs/casos/articulos/seriec_33_esp.pdf. Acesso em: 18.07.2018.
29. Disponível em: http://www.corteidh.or.cr/docs/casos/articulos/seriec_112_esp.pdf. Acesso em: 18.07.2018.

A amplitude do direito à vida digna, adentrando em direitos sociais, também aparece na análise sobre a situação das pessoas migrantes, em países como Estados Unidos e outros da Europa. Nesse desiderato, na Opinião Consultiva n. 18/03[30], entendeu-se que o direito à vida digna das pessoas migrantes engloba o direito ao trabalho como condição inarredável de condições de vida digna, sendo elas detentoras de direitos sociais independentemente de sua condição migratória.

No que toca a vida digna dos povos indígenas, a Corte, em sua jurisprudência, caminha no sentido de reconhecer que a pobreza extrema, inexistência de assistência à saúde, falta de alojamento, ausência de condições adequadas de educação, desnutrição, falta de acesso à terra e recursos naturais fulminam seus direitos sociais, como destacado nos julgamentos dos casos Comunidades Afrodescendentes Deslocadas da Bacia do Rio Cacarica vs. Colômbia (sentença proferida dia 20.11.2013)[31] e Massacre de El Mozote e de aldeias vizinhas vs. El Salvador (sentença proferida dia 25.10.2012)[32].

Adicionalmente, em se tratando da vida digna das pessoas com deficiência mental, a Corte compreende que o cuidado à saúde das pessoas com deficiência mental constitui condição para o gozo de uma vida digna, o que envolve o direito a uma assistência médica adequada para garantir serviços básicos. Assim, mesmo diante da falta de estrutura médica e hospitalar, a Corte vem asseverando que isso não exime o Estado de responsabilização, como decidido nos casos Ximenes Lopez vs. Brasil (sentença proferida no dia 04.07.2006)[33] e Víctor Rosario Congo vs. Equador (sentença proferida dia 13.04.1999)[34].

Sobre o elastecimento do direito civil à integridade pessoal, a Corte também caminha no sentido de dar uma conotação social a sua interpretação. Por conseguinte, a Corte vem destacando que a detenção em condições de superlotação, o isolamento numa cela reduzida, com falta de ventilação e de luz natural, sem cama para o repouso ou condições adequadas de higiene, o isolamento ou as restrições indevidas ao sistema de visitas representam uma violação à integridade pessoal, classificando inclusive que alguns tratamentos podem ser equiparados a tortura física ou psicológica, como nos casos Lori Berenson vs. Peru (sentença proferida dia 25.09.2004)[35], De la Cruz Flores vs. Peru, Hernández Lima vs. Guatemala (sentença proferida dia 22.11.2017)[36], García Asto e Ramírez vs. Peru (sentença proferida dia

---

30. Disponível: http://www.acnur.org/fileadmin/Documentos/BDL/2003/2351.pdf?view=1. Acesso em: 18.07.2018.
31. Disponível em: http://www.corteidh.or.cr/docs/casos/articulos/seriec_318_por.pdf. Acesso em: 18.07.2018.
32. Disponível em: http://corteidh.or.cr/docs/casos/articulos/seriec_252_esp.pdf. Acesso em: 18.07.2018.
33. Disponível em: http://www.corteidh.or.cr/docs/casos/articulos/seriec_149_por.pdf. Acesso em: 18.07.2018.
34. Disponível em: http://derechos.te.gob.mx/?q=content/v%C3%ADctor-rosario-congo-vs-ecuador. Acesso em: 18.07.2018.
35. Disponível em: http://www.corteidh.or.cr/docs/casos/articulos/seriec_119_esp.pdf. Acesso em: 18.07.2018.
36. Disponível em: http://www.corteidh.or.cr/docs/casos/articulos/seriec_344_esp.pdf. Acesso em: 18.07.2018.

25.11.2005)[37], Raxcacó Reyes vs. Guatemala (sentença proferida dia 15.09.2005)[38], Fermín Ramírez vs. Guatemala (20.06.2005)[39], Montero Aranguren e outros vs. Venezuela (sentença proferida dia 07.02.2006)[40], Vera Vera e outros vs. Equador (sentença proferida dia 19.05.2011)[41], Fleury e outros vs. Haiti (sentença proferida dia 23.11.2011)[42], Pacheco Teruel e outros vs. Honduras (sentença proferida dia 27.04.2012)[43] e Díaz Peña vs. Venezuela (sentença proferida dia 06.06.2012)[44]. Na mesma linha de proteção da integridade pessoal, a Corte considerou que o não fornecimento de alimentos à pessoa presa durante um dia inteiro viola frontalmente o direito à saúde, como esposado no julgamento do caso Tibi vs. Equador (sentença proferida dia 07.09.2014)[45].

O caso Lagos del Campo vs. Perú (sentença proferida dia 31.08.2017)[46] se refere à demissão de Alfredo Lagos del Campo como consequência de manifestações realizadas na condição de presidente do Comitê Eleitoral da Comunidade Industrial da empresa Ceper-Pirelli. As manifestações do empregado demitido foram no sentido de exigir menos ingerência do empregador nas organizações representativas dos empregados, contudo, os tribunais do Perú confirmaram a legalidade da pena mais severa no campo laboral, que compromete frontalmente a vida pessoal e familiar do empresado, ignorando, sob o olhar da Comissão, a liberdade de expressão do empregado e a existência de outros meios menos lesivos de a empresa se defender das acusações.

A Corte, ao apreciar o caso, destacou o direito de o obreiro receber indenização por danos morais e materiais, haja vista que perdeu a possibilidade de continuar atuando a frente dos trabalhadores, não alcançou o número adequado de contribuições para fazer jus a uma aposentadoria, dificilmente conseguirá outro emprego com idade avançada, teve repercussões financeiras e emocionais que afetaram sua vida profissional, pessoal e familiar, pelo que estabeleceu o valor indenizatório de US$ 20.000,00.

Em decisão do Caso Gomez-Palomino vs. Peru (sentença proferida dia 22 de novembro de 2005)[47], por conta do desaparecimento forçado de Gómaz Palomino no contexto de uma prática sistematizada pelo Estado, a Corte determinou que o Estado, a título de reparação, realizasse medidas educativas e concedesse bolsas de estudo aos irmãos da vítima e aos seus filhos e filhas, sustentando que após o

---

37. Disponível em: http://www.corteidh.or.cr/docs/casos/articulos/seriec_137_esp.pdf. Acesso em: 18.07.2018.
38. Disponível em: http://www.corteidh.or.cr/docs/casos/articulos/seriec_133_esp.pdf. Acesso em: 18.07.2018.
39. Disponível em: http://www.corteidh.or.cr/docs/casos/articulos/seriec_126_esp.pdf. Acesso em: 18.07.2018.
40. Disponível em: http://www.corteidh.or.cr/docs/casos/articulos/seriec_150_esp.pdf. Acesso em: 18.07.2018.
41. Disponível em: http://www.corteidh.or.cr/docs/casos/articulos/seriec_226_esp.pdf. Acesso em: 18.07.2018.
42. Disponível em: http://corteidh.or.cr/docs/casos/articulos/seriec_236_esp.pdf. Acesso em: 18.07.2018.
43. Disponível em: http://corteidh.or.cr/docs/casos/articulos/seriec_241_esp.pdf. Acesso em: 18.07.2018.
44. Disponível em: http://www.corteidh.or.cr/docs/casos/articulos/seriec_244_esp.pdf. Acesso em: 18.07.2018.
45. Disponível em: http://www.corteidh.or.cr/docs/casos/articulos/seriec_114_esp.pdf. Acesso em: 18.07.2018.
46. Disponível em: http://www.corteidh.or.cr/docs/casos/articulos/seriec_340_esp.pdf. Acesso em: 18.07.2018.
47. Disponível em: http://www.corteidh.or.cr/docs/resumen/gomez_palomino.pdf. Acesso em: 21.07.2018.

falecimento de Gómez Palomino, seus familiares interromperam os estudos, por fatores financeiros e emocionais relacionados à tristeza, depressão e preocupação. E, a título de indenização por dano moral, fixou o patamar de US$ 100.000,00 ao falecido, justificando a expectativa de vida da vítima e o profundo sofrimento e temor que vivenciou, indenização esta que determinou que deveria ser entregue à viúva e à filha, sem prejuízo do valor de indenização devido a elas, no valor de US$ 80.000,00 para cada uma.

No Caso Cantoral-Benavides vs Peru (sentença proferida dia 18 de agosto de 2000)[48], a Corte condenou o Estado a fornecer bolsa universitária para a vítima Luis Alberto Cantoral Benavides, sob o argumento de que no momento da detenção ilegal da vítima, a mesma tinha 20 anos e cursava Biologia na Universidade Nacional de San Marcos, mais ao pagamento de indenização por dano moral no valor de US$ 60.000,00, haja vista que ficou encarcerado ilegalmente por 4 anos, além do fato de ter sofrido tortura e necessitado de tratamentos psicológicos.

No caso Barrios Altos vs. Peru (sentença proferida dia 14 de março de 2001)[49], a Corte compeliu o Estado a arcar com despesas com educação dos familiares dos 15 mortos no massacre, além de indenização por danos moraisno valor de US$ 175.000,00. No mesmo sentido, no julgamento do caso Aloeboetoe vs. Suriname (sentença proferida dia 10 de setembro de 1993)[50], a Corte condenou o Estado a reabrir uma escola – haja vista a necessidade de os filhos das vítimas dos militares receberem um ensino adequado nas aldeias onde residem – e criar uma fundação para ajudar os beneficiários das vítimas, fixando indenização por dano moral pela perda do ente querido no valor de US$ 29.070,00. No caso da indenização devida aos pais pela perda de seus filhos, a Corte destacou que "*se puede admitir la presunción de que los padres han sufrido moralmente por la muerte cruel de sus hijos, pues es propio de la naturaleza humana que toda persona experimente dolor ante el suplicio de su hijo*" (parágrafo 90).

No caso Bácama Velásquez vs. Guatemala (sentença proferida dia 25 de novembro de 2000)[51], a Corte reconheceu que a Guatemala foi responsável pelo desaparecimento tortura e morte de Bácama Velásquez, e, por esse motivo fixou valores de indenização por dano moral para os parentes da falecida na monta de US$ 35.000,00.

No caso Myrna Mack Chang vs. Guatemala (sentença proferida dia 25 de novembro de 2003)[52], referente a inércia do Estado da Guatemala em investigar e sancionar os responsáveis pela execução extrajudicial de Myrna, a Corte declarou a Guatemala responsável, fixando indenizações por danos morais no valor de US$ 350.000,00 dividido entre os familiares da vítima da seguinte forma

---

48. Disponível: http://www.corteidh.or.cr/docs/casos/articulos/Seriec_88_esp.pdf. Acesso em: 21.07.2018.
49. Disponível: http://www.corteidh.or.cr/docs/casos/articulos/Seriec_87_esp.pdf. Acesso em: 21.07.2018.
50. Disponível: http://www.corteidh.or.cr/docs/casos/articulos/seriec_15_esp.pdf. Acesso em: 21.07.2018.
51. Disponível: http://www.corteidh.or.cr/index.php/es/jurisprudencia. Acesso em: 21.07.2018.
52. Disponível: http://www.corteidh.or.cr/docs/casos/articulos/seriec_101_esp.pdf. Acesso em: 21.07.2018.

REPARACIÓN POR CONCEPTO DE DAÑO INMATERIAL
Víctima y familiares Daño inmaterial
Myrna Mack Chang US$ 40,000.00
Lucrecia Hernández Mack (hija) US$ 110,000.00
Yam Mack Choy (padre) US$ 40,000.00
Zoila Chang Lau (madre) US$ 40,000.00
Helen Mack Chang (hermana) US$ 100,000.00
Marco Mack Chang (hermano) US$ 5,000.00
Freddy Mack Chang (hermano) US$ 5,000.00
Vivian Mack Chang (hermana) US$ 5,000.00
Ronald Chang Apuy (primo) US$ 5,000.00
TOTAL US$ 350,000.00 (parágrafo 264)

Interessante notar que a principal vítima veio ao óbito, mas mesmo assim para não ficar impune, diante da dor sofrida pela mesma, que levou 27 facadas a mando do próprio Estado, a Corte determinou o pagamento de indenização de US$ 40.000,00 a serem destinados a filha da vítima, sem prejuízo de uma indenização específica para a filha no valor de US$ 110.000,00, a qual tinha 16 anos à época da morte de sua mãe.

No tocante, por exemplo, aos critérios de quantificação para o patamar indenizatório de US$ 110.000,00 para a filha da vítima, a Corte justificou que as aflições sofridas por Myrna Mack Chang se "*se extienden a los miembros más cercanos de la familia, particularmente a aquéllos que tenían un contacto afectivo estrecho con ella. No se requiere prueba para llegar a esta conclusión*", aprofundando que todos os familiares sofreram ameaças, intimidações e hostilizações, mas que no caso da filha esta "*dependía emocional y económicamente de ella, ya que no vivía con su padre. Vivió una situación traumática por la pérdida inesperada de su madre, que le causó un profundo dolor y tristeza que todavía afectan su vida*" (parágrafo 264)

A Corte descreveu também, ainda na esteira dos danos morais, que a ausência da mãe em diversos momentos de sua vida ocasionará a impossibilidade de compartilhar "*sus inquietudes y recibir consejos. Por otra parte, en lo que se refiere al proceso penal (...) el hecho de que aún se mantienen en impunidad los responsables, le provoca gran inseguridad*" (parágrafo 264).

O outro caso é o Massacre de Plan de Sánchez vs. Guatemala (sentença proferida dia 29 de abril de 2004)[53], que se refere a responsabilidade internacional do Estado pelo massacre de 268 pessoas em Plan de Sánchez sem a correlata investigação e sanção dos responsáveis. Para tanto, a Corte condenou o Estado da Guatemala ao pagamento de US$ 20.000,00 a título de dano moral aos familiares das vítimas e aos sobreviventes:

---

53. Disponível em: http://www.corteidh.or.cr/docs/casos/articulos/seriec_273_esp.pdf. Acesso em: 21.07.2018.

> *Con base en lo anterior, la Corte fija en equidad la cantidad de US$ 20.000,00 (veinte mil dólares de los Estados Unidos de América) o su equivalente en moneda nacional del Estado, para cada una de las víctimas que se indican en los literales a y b del presente párrafo, por concepto de daño inmaterial, de conformidad con los párrafos 64 y 65 de esta Sentencia. La compensación de los daños inmateriales ocasionados por las violaciones declaradas en el presente caso, a favor de las víctimas identificadas* (parágrafo 89).

Desta feita, é latente a similitude entre os casos envolvendo dano moral praticados por pessoas privadas e aqueles perpetrados pelo Estado. Como visto, não garantir condições satisfatórias sanitárias, habitacionais e alimentares em presídios se equipara a não garantir essas mesmas condições em ambientes de trabalho; negar assistência psicológica, física, material, mental, espiritual, moral e social aos jovens detentos é ontologicamente similar ao abandono afetivo; contribuir para o desaparecimento e morte de alguém causa dor e sofrimento aos familiares tanto quanto a morte em acidentes de consumo ou trabalho; não garantir condições de dignidade da saúde da pessoa com deficiência se equipara à negativa de cobertura por planos de saúde; e o não fornecimento de alimentos à pessoa presa causa dano similar à criança/adolescente que não recebe pensão de seus pais e ao trabalhador que não recebe seu salário. Portanto, as reflexões de cunho ético-jurídico aqui desenvolvidas podem ser transportadas ao direito internacional dos direitos humanos.

5
A QUANTIFICAÇÃO DO VALOR INDENIZATÓRIO DO DANO MORAL

Preambularmente, cumpre reconhecer um paradoxo na tarefa dos agentes do direito em identificar e quantificar o dano moral, visto que a identificação de interesses existenciais/extrapatrimoniais[1] merecedores de tutela jurídica em casos concretos não possui sustentáculo sólido no emaranhado de regras e princípios presentes no âmbito institucional-autoritativo (vida, honra, imagem, intimidade, vida privada, integridade física, integridade psíquica, liberdade etc.), uma vez que há uma cláusula aberta de reconhecimento de danos morais. Além disso, não há critérios sólidos na lei e na dogmática para auxiliar o juiz no momento da quantificação, sendo oportuno um estudo que vise a adentrar nas miríades das relações interpessoais de modo a investigar na teoria e prática critérios racionais para o manejo do dano moral, atenuando a subjetividade e arbitrariedade envolvendo o tema.

O desenvolvimento de parâmetros para identificar e quantificar o dano moral indenizável é de suma importância em dois sentidos. Primeiro, para emanar padrões de comportamento à sociedade, pois a responsabilidade civil se revela como um poderoso instrumento de edificação de padrões virtuosos em diferentes espaços de convivência (na favela, em cidades de interior, em centros urbanos, nas relações de consumo, de trabalho, com o Estado, com vizinhos e familiares etc.), o que não é avesso aos valores abstratamente considerados, ao contrário, a faceta teórica e abstrata ganha vida e concretude em situações específicas. Segundo, a existência de mais critérios permite levar à sério a função compensatória da responsabilidade civil, na medida em que buscará compreender a magnitude do dano em grau máximo.

Assim, uma vez identificado um interesse existencial digno de proteção em um caso concreto, outros desafios não menos complexos surgem na segunda etapa relativa a qualquer decisão completa sobre dano moral: a quantificação do valor necessário para compensar o dano. Neste aspecto, a mensuração do *quantum* indenizatório deve ter harmonia com a magnitude do dano sofrido pela vítima, de modo a realizar a justiça corretiva propugnada pela responsabilidade civil, eliminando no maior grau possível o dano imerecido, tarefa esta que no dano patrimonial corresponde ao desfalque patrimonial e não demanda maiores digressões, mas em se tra-

---

1. As expressões interesses existenciais e interesses extrapatrimoniais serão utilizadas como sinônimos. Em ambos os casos estar-se-á diante da possibilidade de reconhecimento de dano moral indenizável.

tando de dano moral a "anulação" da perda imerecida se dá de modo aproximativo, compensando-a.

5.1 CRITÉRIOS DE QUANTIFICAÇÃO SOB O VIÉS COMPENSATÓRIO

Muito se debateu na literatura jurídica nacional e estrangeira acerca da possibilidade de o dano moral permitir a fixação de uma indenização, haja vista que em uma primeira leitura, poder-se-ia pensar que nenhum valor em dinheiro seria capaz de apagar o estado de coisas danosas como na morte de um ente querido ou amputação de uma perna. Contudo, diante dessa pergunta, os irmãos Mazeaud e André Tunc (1957) problematizam: "es ésa una razón para negarle a la víctima el abono de daños y perjuicios? En manera alguna; porque se trata precisamente de ponerse de acuerdo acerca del exacto sentido de la palabra 'reparar'" (p. 438). E, nessa esteira, explicam que debe ser realizada uma mudança de sentido do que se considera reparar um prejuízo, que classicamente vinha sendo considerada como repor as coisas no estado em que elas se encontravam:

> Pero eso es darle a la palabra "reparar" un sentido por demás restringido. 'Reparar' un daño no es siempre rehacer lo que se ha destruido; casi siempre suele ser darle a la víctima la posibilidad de procurarse satisfacciones equivalentes a lo que ha perdido. El verdadero carácter del resarcimiento de los daños y perjuicios es un papel 'satisfactorio'. Hay que reconocer que el dinero no sólo facilita un enriquecimiento intelectual o artístico, sino que le da a quien lo recibe la posibilidad de aliviar por sí mismo muchos sufrimientos. Por lo tanto, no es chocante permitirle a un padre o a una atenuación a su pena en el consuelo que llevarán a niños desventurados. Concederles esa posibilidad es desde luego "reparar" el daño, a menos en cierta medida (p. 438-439).

Seguindo essa linha, em matéria de dano moral, a função compensatória está relacionada à tentativa de estabelecer um valor indenizatório suficiente para conduzir a vítima a um estado tal qual não tivesse sofrido o dano, ou seja, busca, tanto quanto possível, a exata extensão do mesmo[2], em prestígio ao *restitutio in integrum* com vistas a pôr a vítima em situação idêntica à de antes do evento danoso, com o conjunto de seus interesses inteiramente preservados. Esse estado perquirido pela função reparatória é denominado de *status quo ante*:

> Em sentido amplo, indenização é o que se há de prestar para se pôr a pessoa na mesma situação patrimonial, ou, por incremento do patrimônio, no mesmo estado pessoal em que estaria se não houvesse produzido o fato ilícito (*lato sensu*) de que se irradiou o dever de indenizar (MIRANDA, 1958, p. 183).

Esta função busca alcançar em maior grau possível um "valor que em verdade tem para o lesado o bem que se destruiu, ou a perda que sofreu" (MIRANDA, 1958, p. 183), porém, caso não seja possível, pode a responsabilização versar sobre uma

---

2. O Código Civil de 2002 (Lei Federal 10.406/2002) estabelece, em seu artigo 944, que "a indenização mede-se pela extensão do dano".

prestação equivalente, geralmente em dinheiro, aproximativa, imperfeita, porém frequente em razão dos chamados danos morais, que tem como característica a impossibilidade de pôr a vítima no estado em que se encontrava de modo a retirar todos os males do dano existencial sofrido, cabendo à responsabilidade civil apenas compensar o dano por não se admitir restabelecimento perfeito do estado anterior.

Em respeito ao princípio da *restitutio in integrum*, o qual subjaz toda a racionalidade do dano moral prevista na ordem jurídica e na ética, discorda-se frontalmente da lei n. 13.467/2017 (denominada de reforma trabalhista, que alterou e acrescentou dispositivos na Consolidação das Leis do Trabalho (CLT), tendo em vista que em seu art. 223-G, § 1º assevera que caso o juiz julgue procedente o pedido de indenização por dano moral, deverá ter por base, além de outros critérios, o limite de 3 (três) vezes o último salário da vítima para ofensa de natureza leve; 5 (cinco) vezes o último salário para ofensa de natureza média; 20 (vinte) vezes o último salário para ofensa de natureza grave e 50 (cinquenta) vezes o último salário para ofensa de natureza gravíssima.

Tal limitação legal, além de desrespeitar um princípio nodal da tradição do direito de danos, causa outras inúmeras distorções: a) acentua uma prevalência de relações patrimoniais em detrimento de relações existências, onde o bem jurídico vale mais em relação a quem ganha mais, causa inúmeras outras distorções; b) promove quebra da isonomia em relação ao direito do jurisdicionado de ter seu conflito (seu dano) julgado e valorado da mesma forma perante o Judiciário, independentemente de sua condição social ou salário; c) cria uma impossibilidade de qualquer racionalidade que dê respaldo, por exemplo, a um funcionário que ganha um salário mínimo de uma grande multinacional receber aproximadamente R$ 50.000,00 (50 vezes o valor do último salário) pela perda de uma perna (ofensa gravíssima) enquanto que o engenheiro da mesma multinacional que percebe R$ 10.000,00, pela mesma lesão, receba R$ 500.000,00, como se o valor da pessoa humana no tocante aos bens necessários para o seu florescimento e realização tivesse que ver com a posição ou *status* ocupado na sociedade.

Ressalta-se que tal reforma legislativa vai na contramão da chamada despatrimonialização do direito civil. Esta representa a ideia de que o ordenamento jurídico deve ter como epicentro a tutela da pessoa humana, mas disso não decorre que se deve projetar a expulsão ou a eliminação da proteção patrimonial, mas sim imprimir "uma justificativa institucional de suporte ao livre desenvolvimento da pessoa o que induz a repelir a afirmação pela qual não pode ser radicalmente alterada a natureza dos institutos patrimoniais de direito privado" (PERLINGIERI, 1997, p. 33). Portanto, ao imputar os fracassos empresariais às indenizações justas pagas aos trabalhadores e limitá-las, a lei em comento vai no caminho exatamente oposto ao da civilística contemporânea, aumentando a proteção patrimonial dos empregadores em detrimento da tutela da pessoa humana, quando o adequado seria que as categorias do direito privado se adequassem "aos novos valores, na passagem de uma jurisprudência civil dos interesses patrimoniais a uma mais atenta aos valores existenciais" (PERLINGIERI, 1997, p. 33).

Diante da multiplicidade de bens jurídicos envolvidos no cabimento do dano moral e das infinitas hipóteses distintas de configuração do mesmo, é inequívoco que não existe e jamais vai existir um rol de parâmetros fechados para que o jurista possa refletir sobre qual o valor adequado para compensar o dano sofrido pela vítima. Contudo, perseguir-se-á algumas balizas de modo a não abandonar a tentativa de imprimir maior racionalidade e menos subjetividade na quantificação do dano moral. E, a racionalidade por trás de tais balizas pode estimular a criação de outros critérios caso a caso.

Diversas pesquisas sólidas já foram produzidas sobre o tema no Brasil: COUTO, Igor Costa; SILVA, Isaura Salgado. *Os critérios quantitativos do dano moral segundo a jurisprudência do Superior Tribunal de Justiça.* Orientação da Prof. Maria Celina Bodin de Moraes. Departamento de Direito da PUC/RJ, 2011; SANTANA, Héctor Valverde. *A fixação do valor da indenização por dano moral Revista da Informação Legislativa.* Brasília a. 44 n. 175 jul./set. 2007; SANTOS, ANTÔNIO JEOVÁ. *Dano moral indenizável.* 5. ed. Salvador: JusPodivm, 2015; SANTOS, Romualdo Baptista dos. *Critérios para a fixação da indenização por dano moral.* 2009. A presente pesquisa terá por base tais juristas, assim como o julgamento do Recurso Especial n. 1127913/RS do Superior Tribunal de Justiça, buscando aqui e acolá fazer considerações próprias e originais.

Inicialmente, cabe lembrar que há elementos – vistos anteriormente – importantes para a quantificação da indenização por danos morais em qualquer caso, como a perda do prazer de realizar atividades, a perda de relações, frustração de projetos de vida e consequências lesivas de outras naturezas, como adquirir depressão, medo e problemas psíquicos. Outros são mais específicos do tipo de dano: o grau de propagação de imagens não autorizadas e a própria duração do uso indevido no caso de violação do bem jurídico da imagem; o grau da lesão e a duração da lesão em casos envolvendo dano estético; a importância do sigilo, o nível da propagação da informação e afetação na vida profissional ou familiar, nos casos de violação da intimidade ou vida provida.

O fato é que todos os critérios que visam a auxiliar a quantificação do dano moral têm um laço em comum: se preocupam com o nível/grau/magnitude do dano e com a duração no tempo do mesmo, os quais, somados aos critérios afeitos a qualquer dano (projeto de vida, perda do prazer, perda de relações, aquisição de problemas psíquicos) já se mostram como boas balizas para o jurista interessado na quantificação do dano moral, visto que ao fim e ao cabo, estar-se-á potencializando a concretude da justiça corretiva, buscando em maior grau recompor o equilíbrio quebrado pela atuação danosa.

Outro critério para a quantificação, que deve ser somado aos demais e não analisado isoladamente, é o valor já arbitrado em precedentes semelhantes. Como vive-se em uma comunidade política que preza pela igualdade e assim não é diferente em relação ao direito que o jurisdicionado tem de que casos iguais sejam solucionados da mesma forma, cabe destacar que a quantificação do dano moral pode e deve olhar para o valor fixado em precedentes já julgados sobre casos parecidos, especialmente aqueles precedentes de força vinculante (dispostos no art. 927 do CPC). Assim, como não há limite mínimo nem máximo para a quantificação do dano moral, deve-se evitar a propagação da ideia de que o valor da indenização por dano moral está na alçada do "livre arbitramento do juiz".

O STJ, nessa linha, adotou um método bifásico na quantificação do dano moral, orientando que na primeira fase o juiz fixe o valor do dano moral tendo em vista outros julgados sobre o mesmo assunto. Na segunda fase, o juiz está autorizado a aumentar ou diminuir o valor do dano moral em face das circunstâncias do caso. Assim, vem decidindo reiteradamente o STJ como no trecho do acórdão proferido no julgamento do Recurso Especial n. 1127913/RS, de Relatoria do Ministro Napoleão Nunes Maia Filho, publicado dia 05.08.2014:

> O método bifásico, como parâmetro para a aferição da indenização por danos morais, atende às exigências de um arbitramento equitativo, pois, além de minimizar eventuais arbitrariedades, evitando a adoção de critérios unicamente subjetivos pelo julgador, afasta a tarifação do dano. Traz um ponto de equilíbrio, pois se alcançará uma razoável correspondência entre o valor da indenização e o interesse jurídico lesado, além do fato de estabelecer montante que melhor corresponda às peculiaridades do caso.
>
> Na primeira fase, o valor básico ou inicial da indenização é arbitrado tendo-se em conta o interesse jurídico lesado, em conformidade com os precedentes jurisprudenciais acerca da matéria (grupo de casos).
>
> Na segunda fase, ajusta-se o valor às peculiaridades do caso, com base nas suas circunstâncias, procedendo-se à fixação definitiva da indenização, por meio de arbitramento equitativo pelo juiz.

Neste caso, o próprio STJ, seja por este arresto (método bifásico), seja pelo teor da súmula 281, segundo a qual "a indenização por dano moral não está sujeita à tarifação prevista na Lei de Imprensa", põe em relevo a importância de uma análise individualidade de cada problema que bate às portas do Judiciário, rechaçando qualquer forma de pré-fabricação e tarifação/tabelamento do valor dos danos morais. E, nessa mesma linha, percebe-se que a obrigatoriedade de seguros para fazer frente a indenizações de atividades marcadas por alto índice de danos também não se mostra adequada para uma justa indenização, pois todos os seguros possuem tetos, limites, apólices contratuais de cobertura securitária e os danos eventualmente sofridos pelas vítimas não encontram limites preestabelecidos. Destaca-se que ao menos tais seguros podem representar o mínimo indenizatório. O fato é que nunca pode se perder de mente que a tarefa de arbitrar a indenização por dano moral deve ser um trabalho individualizado para a vida da vítima, jamais limitado a uma prova dos autos ou a um caso já julgado etc.

É claro que juiz é e sempre será o senhor da fixação do valor indenizatório, porém, pelo próprio dever de fundamentação das decisões judiciais (art. 93, IX, CF/88) e pelo fato de que o juiz deve justificar racionalmente a interferência do Estado na esfera jurídica das pessoas, é salutar que no corpo da decisão judicial haja a busca por justificativas calcadas em balizas mínimas visto que o dano moral é uma matéria relacionada a uma cláusula aberta, de modo que seria impossível um estudo fechado, inclusive para a quantificação, pois "os danos morais não são quantificáveis objetivamente, não se podendo precisar exatamente" (SANTOS, 2009, p. 17), embora isso não afaste a possibilidade de estabelecer parâmetros objetivos.

Como exemplo de como a prática jurídica brasileira está envolvida em uma lógica de desnecessidade de fundamentação de critérios para a quantificação do dano moral, cita-se uma decisão proferida no processo n. 0824923-70.2017.814.0301, que tramitou perante a 5ª Vara do Juizado Especial Cível da Comarca de Belém, julgado pela magistrada Emília Nazaré Parente e Silva de Medeiros, a qual considerou a existência de dano moral em aliança de noivado adquirida na loja com nome de uma outra pessoa: "Tenho que é razoável ao caso em comento estabelecer a indenização por danos morais no valor de R$ 2.000,00", sem em nenhum momento adentrar em parâmetros para alcançar esse patamar, eis que se preocupou apenas em caracterizar o vício do produto.

Em verdade, os critérios para a quantificação do dano moral nada mais são do que formas de identificar que a vida da vítima sofreu desequilíbrio injusto, desequilíbrio este que se manifesta em diversas dimensões da vida humana e que merece relevo para fins de fixação do dano moral. Assim, é possível, ainda que provisoriamente e de forma exemplificativa, apresentar alguns parâmetros para uma justa fixação do valor indenizatório do dano moral:

    a) Afetação no mundo interior da vítima ou aquisição de problema psíquicos, considerando a existência da perda do prazer de realizar atividades ou a aquisição de perturbações psíquicas. Uma pessoa vítima de acidente automobilístico que adquire fobia de ruas ou carros ou uma pessoa vítima de queda de elevador que não consegue mais ficar em locais fechados merece uma indenização maior do que aquelas pessoas que não desenvolveram danos dessa natureza. Sobre tal análise, o art. 223-G, inciso IV, da lei n. 13.467/2017 (reforma trabalhista) caminha nesse sentido ao preceituar que o juiz deverá avaliar "os reflexos pessoais e sociais da ação ou da omissão";

    b) Afetação na vida familiar ou nos afazeres domésticos. Uma vítima que perdeu o braço ou a perna merece uma indenização maior do que quem levou um corte profundo no rosto nesse quesito, porque a dia a dia de quem teve o membro amputado sofrerá radical mudança no seu cotidiano, inclusive com quem convive mais intimamente. Do mesmo modo, a mulher que é importunada em seu ambiente de trabalho ou familiar, com ameaças e perseguições, tem atingida essa faceta em nível elevado. Sobre tal análise, o art. 223-G, inciso IV, da lei n. 13.467/2017 (reforma trabalhista) caminha nesse sentido ao preceituar que o juiz deverá avaliar "os reflexos pessoais e sociais da ação ou da omissão";

c) Perda de projetos de vida. Quem teve a intimidade afetada e perde seus clientes no campo da medicina ou do direito, por exemplo, merece indenização maior a quem teve uma foto com sua família dentro de casa vazada sem autorização e não gerou ofuscamento de planos e projetos de vida. Do mesmo modo, uma perda de baço em alguém tem menor relevância do que a perda de uma mão em um médico cirurgião ou a perda da voz de um professor. Sobre tal análise, o art. 223-G, inciso IV, da Lei 13.467/2017 (reforma trabalhista) caminha nesse sentido ao preceituar que o juiz deverá avaliar "os reflexos pessoais e sociais da ação ou da omissão"

d) Nível de sofrimento da vítima. Assim, embora a existência de dor e sofrimento não sejam requisitos para a configuração do dano moral indenizável, é fato que tais sensações podem ser sopesadas para majorar o valor do dano moral. Alguém que teve uma cicatriz dentro do contexto de uma cirurgia com anestesia tem relevância menor do que o atropelamento de uma criança que ficou horas agonizando no chão até receber atendimento. A criança pode até possuir a mesma cicatriz que o paciente vítima do médico despreparado, mas as horas de agonia geram um desequilíbrio indenizável. Sobre tal análise, o art. 223-G, inciso II, da Lei n. 13.467/2017 (reforma trabalhista) diz que o juiz deverá avaliar "a intensidade do sofrimento ou da humilhação";

e) Duração do sofrimento, pois há danos que têm existência temporal efêmera e transitória e outros que ficam marcadas para sempre ou durante muito tempo. O termômetro do arbitramento judicial deve ser sensível a esse fator. Uma inscrição indevida por 1 mês demanda, a princípio uma indenização menor do que a mesma inscrição por 1 ano, contudo, não se perca de vista que uma inscrição indevida de curta duração a quem dependa cotidianamente de crédito pode gerar valor indenizatório maior do que alguém que não necessite de crédito e tenha ficado mais de 1 mês com o nome inscrito em cadastro de restrição de crédito. Na mesma linha, a utilização da imagem de alguém em um comercial de 30 segundos demanda indenização menor do que a utilização da imagem de uma pessoa por meses em diversos meios de comunicação. Aqui, novamente a ressalva, este é apenas um critério, que deve ser sopesado com outros, pois a utilização da imagem de outrem, mesmo que de curta duração, que tenha deturpado a reputação que o ofendido goza na sociedade merece maior indenização. Sobre tal análise, o art. 223-G, inciso IV, da Lei n. 13.467/2017 (reforma trabalhista) caminha nesse sentido ao preceituar que o juiz deverá avaliar "a extensão e a duração dos efeitos da ofensa";

f) Repercussões no mundo exterior da vítima, no ambiente social e familiar, seu espírito de participação nos movimentos comunitários. Muitas vezes, um dano físico ou psíquico afeta a educação, a inteligência e o impulso do homem de nossos tempos em suas múltiplas atividades (LORENZETTI; FRADERA, 1998, p. 477). Por esse motivo, alguém que gostava de jogar tênis e perdeu o movimento dos braços; alguém que teve a intimidade atingida e desequilibrou o casamento ou a relação com os filhos; alguém que gostava de tocar instrumentos em roda de samba com amigos e que perdeu um dos dedos possui um desequilíbrio maior, a priori, que um professor que gostava de gostava de jogar futebol aos finais de semana com os amigos e que tenha perdido o mesmo dedo. Sobre tal análise, o art. 223-G, em seus incisos IV e XII, da Lei n. 13.467/2017 (reforma trabalhista) caminha nesse sentido ao preceituar que o juiz deverá avaliar "os reflexos pessoais e sociais da ação ou da omissão" e "o grau de publicidade da ofensa";

g) Quantidade de bens jurídicos e interesses violados. Nesse sentido, a tortura de alguém ou agressões decorrentes de violência doméstica atinge uma gama de interesses protegidos pelo direito (honra subjetiva, vida, saúde, integridade psíquica, integridade física), ao passo que a destruição de uma carta com valor afetivo para a vítima atinge, a princípio, apenas um interesse juridicamente protegido.

h) Valores fixados em casos semelhantes. Como visto alhures, em razão do valor da igualdade, torna-se necessário abrir a janela do gabinete e ver como o Judiciário decidiu em casos semelhantes ou análogos, cabendo ressalvar que este deve ser um critério de piso ou de partida, podendo sofrer incremento ou decréscimo conforme as peculiaridades do caso. Assim, há decisões no âmbito judicial condenando pais a pagarem valores de R$ 100.000,00 de indenização em razão de abandono afetivo, em casos de absoluta ausência e desprezo ao longo de uma vida. Ocorre que é possível estar diante de um caso no qual o pai apenas deixou de ir em datas comemorativas de aniversário e no colégio, motivo pelo qual o caso central servirá de base, mas deve a indenização ser fixada em patamar menor. De outro lado, um pai que além de ter manifestado ausência absoluta, e, como se não bastasse, não pagasse pensão corretamente, tal valor indenizatório deve ser fixado em patamar maior.

i) Condições pessoais do ofendido. Aqui não significa condições econômicas ou sociais, mas sim características pessoais, no sentido bem explorado por Rudolf Von Jhering (2001, p. 47-48) e Antônio Jeová dos Santos (2015, p. 157). Os referidos autores acentuam que para um camponês o vilipêndio de sua propriedade tem valor agigantado, pois é da onde ele retira a sobrevivência; para um militar ou um político o valor da honra possui especial valor; a perda de visão de quem tem apenas um olho em pleno funcionamento representa menoscabo mais acentuado; a exposição ao perigo a quem é mais sensível ou nervosa pode ter peso para majorar eventual verba indenizatória. Sobre tal análise, o art. 223-G, inciso IV, da Lei n. 13.467/2017 (reforma trabalhista) caminha nesse sentido ao preceituar que o juiz deverá avaliar "os reflexos pessoais e sociais da ação ou da omissão";

j) A possibilidade de recomposição/recuperação do dano psíquico, físico, à imagem, à honra etc. Sobre tal análise, o art. 223-G, inciso III, da Lei n. 13.467/2017 (reforma trabalhista) caminha nesse sentido ao preceituar que o juiz deverá avaliar "a possibilidade de superação física ou psicológica";

k) Grau de ofensa ao bem jurídico. Assim, uma agressão à mulher que deixou marcas provisórias merece um valor indenizatório menor do que aquela agressão que causa a perda definitiva de parte do corpo.

l) Por fim, faz-se necessário lembrar que este autor defende que a tarefa de anular perdas injustas não pode ser insensível em relação a um hiato e abismo entre a condição financeira das partes envolvidas no conflito, de modo que o juiz da responsabilidade civil não pode endossar um esquema excessivamente injusto de distribuição de bens e riquezas. Nesse sentido, em casos extremados, não em todos, a capacidade econômica deve ser sopesada em situações envolvendo a compensação por danos morais. Imagine que em uma visita a uma fábrica exista um instrumento cortante que despenca e causa uma lesão na face da vítima. Agora pense que essa mesma lesão foi causada por uma faca que sua empregada doméstica deixou voar de suas mãos. É impensável que a condição econômica do responsável pelo dano não seja levada em conta. Do contrário, haveria uma responsabilidade civil seca, cega e fechada em uma bolha insensível às miserabilidades humanas, existindo uma espécie de contradição interna, visto que a ordem jurídica serve ao ser humano e não o contrário.

Antes de adentrar em critérios de quantificação que não estão na lista pelo fato de este autor discordar dos mesmos, cabe frisar três considerações importantes sobre a lista acima. Primeiro, tais critérios de quantificação não representam um rol exaustivo, pois como visto a tutela da pessoa humana não se harmoniza com um círculo fechado. Segundo, no momento de quantificar é preciso estar atento para o fato de que cada critério de quantificação acima mencionado possui uma gradação, que varia de leve para grave, gradação esta que será melhor adiante. Por fim, o juiz deve ter cautela no momento de levar em conta tais parâmetros para não englobar um aspecto do dano mais de uma vez, pela proibição de *bis in idem*.

Discorda-se de alguns critérios de quantificação compensatória propagados por parte da doutrina e jurisprudência. Primeiro, discorda-se da análise do grau de culpabilidade do ofensor[3], possibilidade prevista no art. 223-G, inciso VII da Lei n. 13.467/2017 (reforma trabalhista), e no art. 944, parágrafo único do CC/2002,

---

3. "Na análise da intensidade do dolo ou do grau de culpa, estampa-se a função punitiva da indenização do dano moral, pois a situação passa a ser analisada na perspectiva do ofensor, valorando-se o elemento subjetivo que norteou sua conduta para elevação (dolo intenso) ou atenuação (culpa leve) do seu valor, evidenciando-se claramente a sua natureza penal, em face da maior ou menor reprovação de sua conduta ilícita" (Superior Tribunal de Justiça, Recurso Especial n. 959.70, Relator Ministro Paulo de Tarso Sanseverino, Diário de Justiça do dia 26.04.2011).

visto que a perspectiva eminentemente compensatória olha apenas para a vítima e o seu menoscabo, desequilíbrio e perda em relação aos bens existenciais, de modo que apenas na perspectiva punitiva/pedagógica/preventiva/educativa tal parâmetro tem relevância.

Discrepa-se também da análise calcada na capacidade econômica do ofensor[4], prevista inclusive como critério de quantificação no art. 223-G, inciso XI, da Lei n. 13.467/2017 (reforma trabalhista), e do contexto econômico do país[5], em princípio, porque o elemento nuclear do direito de danos é a recomposição do equilíbrio – de forma perfeita ou aproximada – da vida da vítima, em nada tendo importância a capacidade econômica do ofensor ou o momento econômico vivenciado pelo país. Contudo, em relação a tal argumento, cabe uma relativização para quando o juiz se deparar com profundas diferenças de distribuição de bens e riquezas na sociedade, mesmo em se tratando de justiça corretiva, está não pode ser absolutamente insensível em relação à justiça distributiva. É neste sentido que palavras de baixo calão proferidas cotidianamente pelo vizinho merecem valor indenizatório menor do que as mesmas palavras ditas pelo gerente de uma multinacional ao seu empregado. E, no mesmo sentido, a agressão física leve feita por um dono de uma padaria do bairro demanda valor indenizatório menor do que a agressão física realizada por um vendedor de uma loja da Ferrari. Uma cegueira em relação à distribuição de bens e riquezas na sociedade pode gerar tremendas injustiças.

Qualquer concepção de responsabilidade civil deve pressupor que há bens que são alocados ou pareados a determinadas pessoas por meio do sistema legal vigente, que assegura não somente a inviolabilidade de bens patrimoniais, mas também concede a cada um o direito à sua honra, imagem, vida privada, intimidade, vida, integridade psíquica e física, bens estes que variam conforme a comunidade política, mas que independentemente disso trata-se de um conjunto de bens em relação aos quais as pessoas têm exclusivo controle.

O resultado final da alocação é que um sujeito tem o exclusivo controle de seu bem, no sentido de que há uma espécie de pareamento segundo o qual o sujeito tem a capacidade de estabelecer a agenda para o bem e como ele será utilizado, inclusive permitindo que outras pessoas o utilizem, como no caso da imagem que por contrato é cedida ou da integridade física que em uma cirurgia gera cicatrizes. Uma alocação sempre traz a relação entre um sujeito e um bem independentemente de quem tenha estabelecido a distribuição dos bens, motivo pelo qual um juiz pode condenar o dono de um carro velho de baixo valor a pagar uma indenização ao

---

4. A situação econômica, tanto do ofensor, como da vítima diz respeito, sobretudo, à sua solidez econômica. Seja qual for a preferência doutrinária do julgador, a situação econômica de quem causa dano moral também assume importante rol (SANTOS, 2015, p. 156).
5. O julgador deve estar situado e sintonizado no contexto econômico do País. Deve ter em conta os males do custo social brasileiro. Ter em conta a situação média das empresas, dos fornecedores de bens e serviços (SANTOS, 2015, p. 149).

dono de uma Ferrari de luxo sem indagar sobre a justiça da distribuição dos bens em sociedade. Isso porque a justiça corretiva e por consequência a responsabilidade civil tem um caráter instrumental em relação à manutenção da distribuição dos bens em sociedade (MICHELON, 2014, p. 279), embora seja salutar reconhecer que em casos de extrema injustiça não deve o juiz ignorar a distribuição de bens e riquezas na sociedade, sob pena de promover um pensamento dicotômico obsoleto em uma sociedade complexa.

É nesse sentido que se um guardador de carro ofender uma mulher gestante com palavras libidinosas, ele não pode ser condenado a pagar um valor indenizatório na mesma monta que um humorista de renome nacional e salário altíssimo que tenha perpetrado a mesma ofensa. Invariavelmente, a realidade social brasileira, marcada pela penúria e miserabilidade de muitos, não pode passar despercebida pelo juiz da responsabilidade civil, que não deve ter uma postura asséptica e insensível à sociedade que o circunda. De outro lado, eventual crise econômica ou saúde financeira difícil de pessoas físicas ou jurídicas perpetradoras de dano não podem ser utilizadas como escusas para forçar a diminuição do *quantum* indenizatório, uma vez que o valor compensatório tem como cerne a vítima e seu respectivo descalabro, motivo pelo qual se uma pequena padaria ou um supermercado em crise financeira, com a queda de um telhado causar traumatismo craniano em um consumidor e o valor indenizatório girar na monta de R$ 200.000,00, eventual risco de falência será uma decorrência ocasional da necessidade de efetivar a justiça corretiva da responsabilidade civil. Como diz Pablo Malheiros da Cunha Frota, "o valor indenizatório é muito alto e o ofensor vai à falência por este motivo, seus negócios ruíram porque houve a necessidade de garantir a compensação do dano em toda a sua magnitude" (Palestra proferida no dia 13.04.2018 no Salão Nobre da Universidade Federal do Rio de Janeiro).

Em outras palavras, embora o papel da justiça corretiva seja restabelecer a situação anterior à ocorrência da perda injusta, mesmo que a distribuição de bens anterior seja injusta do ponto de vista da justiça distributiva (COLEMAN, 1992a, p. 429), a distribuição vigente não deve ser muito injusta a ponto de quebrar a estabilidade social e o bem-estar social e a justiça corretiva e justiça distributiva não são totalmente independentes. A justiça corretiva apoia a distribuição correspondente, de modo que não se pode pensar que corresponda à justiça corretiva assegurar uma distribuição fortemente injusta em clara afronta ao bem-estar. A obrigação de reparar requer que a distribuição subjacente satisfaça certas condições mínimas de justiça (COLEMAN, 1998, p. 309-310).

Deste modo, torna-se claro que a justiça corretiva pressupõe um conjunto de esquemas de alocações de bens em sociedade e deverá lutar para mantê-los, mesmo que sob um olhar mais amplo da justiça geral tais alocações sejam injustas, porque "o argumento sobre a distribuição de bens na sociedade e a sua adequada regulação não pertence ao reino da justiça corretiva" (Tradução Livre) (MICHELON, 2014,

p. 281). É por isto que a responsabilidade civil protege bens que já pertencem aos indivíduos sem indagar da justiça da distribuição, pois tal deficiência deve ser sanada em outro campo, indicando que no direito de danos as alocações dos bens aos indivíduos significam exclusão de outros em razão da exclusividade total ou parcial em relação aquele bem específico que a própria comunidade política elegeu como se daria a alocação e quais seriam esses bens (MICHELON, 2014, p. 281-282).

Destarte, há uma umbilical relação entre a justiça corretiva e distributiva, pois sem a primeira a segunda seria conceitualmente vazia, do mesmo modo que sem a segunda a primeira seria sem sentido, eis que dependente de alocações. Embora o papel de ambas as justiças seja também classificar as alocações como justas ou injustas, tal tarefa se opera em níveis distintos, porque a corretiva parte do pressuposto da base de alocações já feitas pela distributiva e ambas estão conectadas a ideia moral de alocação exclusiva (MICHELON, 2014, p. 285).

Por fim, absolutamente infundados os critérios previstos no art. 223-G, incisos VIII, IX e X, da Lei n. 13.467/2017 (reforma trabalhista), que asseveram que o juiz deve estar atento à existência de "ocorrência de retratação espontânea", "o esforço efetivo para minimizar a ofensa" e "o perdão, tácito ou expresso". Embora tais condutas sejam virtuosas e necessárias do ponto de vista ético, contribuindo para um melhor viver em sociedade e até mesmo para atenuar o dano, o fato é que não diminuem o menoscabo sofrido pela vítima, não o tornam menos importante, nem tampouco devem autorizar o juiz a reduzir equitativamente o valor da indenização compensatória, na medida em que o princípio que rege a compensação é a restituição integral e o dano injusto sofrido pela vítima não deve ser suportado pela mesma caso haja pedido de desculpas ou retratação. Em outras palavras, uma vez que o leite é derramado, o braço é amputado, a humilhação é consumada, os salários são atrasados e/ou o abandono afetivo é realizado, o juiz deve centrar sua análise exclusivamente na magnitude do dano sofrido pela vítima. Analogicamente, o CDC, entre os arts. 8º e 10, estabelece a obrigação do fornecedor de produtos e serviços que após a inserção do mesmo no mercado de consumo obter conhecimento do seu alto grau de periculosidade, deve imediatamente comunicar as autoridades competentes e os consumidores, contudo, a jurisprudência é pacífica que tal conduta em nada afeta o dever de indenizar em toda a abrangência do dano.

Do contrário, nos casos a seguir explanados seria possível abrandar o valor indenizatório em total incongruência com os princípios jurídicos (restituição integral) e éticos (justiça corretiva) que regem a responsabilidade civil: a empresa que após a morte do empregado paga o enterro e manda carta de desculpas; a empresa que insere o nome do consumidor em cadastro de inadimplentes de forma indevida e em seguida envia e-mail ao consumidor se desculpando; o empregador que realizou humilhação do empregado na frente de outros que no dia seguinte marca uma reunião para dizer que se excedeu; o pai que abandonou afetivamente o filho durante anos a fio e agora decide se retratar; a loja de departamento que impediu a entrada de uma pessoa negra e mal vestida que decide posteriormente dar brindes e receber com louvor a pessoa discriminada; a empresa de telefonia que ligou reiteradas vezes fora do horário comercial para parentes e colegas de trabalho visando a cobrar dívidas delibera em ligar novamente pedindo desculpas pelo infortúnio. Em todas essas hipóteses o dano foi consumado e o juiz precisa se debruçar sobre todas as nuances do dano injusto para fixar uma justa indenização.

Outrossim, acredita-se ser de pouca relevância prática o critério previsto no art. 223-G, inciso I, da Lei n. 13.467/2017 (reforma trabalhista), que acentua a análise da "natureza do bem jurídico tutelado", visto que não existe a priori uma hierarquia entre os bens juridicamente tutelados. Todos eles são fundamentais para uma vida bem vivida, de modo que é possível alguém que sofreu uma infecção hospitalar leve tem direito a receber uma indenização menor do que alguém que experimentou a morte do cachorro ou o excessivo aborrecimento com o atraso de um imóvel por 4 anos.

Por fim, quanto a gradação leve, média e grave, é preciso considerar que o magistrado deve se valer das regras de experiência para se colocar no lugar da vítima, com todas as suas peculiaridades, de modo a investigar a gradação de cada critério de quantificação. Exemplificando, a perda de um filho representa violação grave do mundo interior da vítima (talvez a maior perda que um ser humano possa experimentar na vida e o juiz, que é filho ou pai, sente em sua pele como seria experimentar tal descalabro); o recebimento de cobranças indevidas fora do horário comercial pode ser considerada uma violação média do mundo interior da vítima (o juiz é consumidor, aprecia a paz e o sossego e compreende o desequilíbrio que é ser importunado com cem ligações fora do horário comercial por algo descabido, porém conhece que tal afetação no mundo interior é de baixa intensidade se comparado com outros danos, como a invalidez, perda de ente querido e violência doméstica reiterada); a compra de um ar-condicionado com vício que implica na volta do consumidor à loja diversas vezes até que após sessenta dias seja solucionado pode significar uma afetação leve no mundo interior (o juiz compreende a importância de chegar em casa com um produto e ele funcionar bem, tolerando a possibilidade de o produto precisar ser levado para assistência técnica da loja, porém sabe que a procrastinação na solução do problema acarreta um aborrecimento que transborda os dissabores do dia a dia, contudo no tocante ao mundo interior não se equipara a perda de um filho nem tampouco a ligações excessivas fora do horário comercial).

Cabe destacar que este autor submeteu diversos casos no tocante à quantificação da indenização por dano moral ao grupo de pesquisa "Danos à Pessoa Humana", e no tocante à gradação em leve, média e grave em relação aos critérios de quantificação, houve impressionante consenso aos mais de 14 casos analisados pelo grupo mediado por esse pesquisador, motivo pelo qual se acredita na importância e objetividade da gradação, especialmente se o jurista que estiver analisando se apropriar dos juízos de experiência do que normalmente ocorre na sociedade, assim como realizar raciocínio comparativo, confrontando o caso com um leve, um médio e um grave.

5.2 CRITÉRIOS DE QUANTIFICAÇÃO SOB O VIÉS PUNITIVO/PREVENTIVO/PEDAGÓGICO/EDUCATIVO

A função punitiva – no Brasil também chamada de pedagógica, educativa e preventiva – visa a fixar um valor indenizatório maior do que o suficiente para reparar ou compensar o dano sofrido, buscando desestimular o ofensor e consequentemente prevenir a ocorrência de novos danos. Essa forma de fixação de indenização ficou conhecida no direito norte-americano como "punitive damages" e vem sendo objeto de intensas críticas pela suposta ausência de permissivo legal para esta função da responsabilidade civil. Contudo, sem adentrar no mérito de seu acolhimento no ordenamento jurídico brasileiro, visto não ser esse o objeto do trabalho, fato é que tal função vem sendo invocada por juízes e tribunais no momento de fixar o valor da indenização por dano moral.

Os *punitive damages* ou indenização punitiva representam uma verba indenizatória que tem por objetivo acarretar um dispêndio financeiro para o réu/ofensor maior do que o suficiente para reparar ou compensar o prejuízo sofrido, de modo a desestimular uma conduta marcada pelo alto grau de censurabilidade. É nesse sentido que os *punitive damages* promovem a dissuasão/prevenção/detenção de condutas contrárias ao direito, sem esquecer que além de desestimular o próprio ofensor, essa verba indenizatória pode desempenhar outras funções, como a *general deterrence* (desestímulo de outros potenciais infratores na sociedade), *retribution* (castigo), *education* (educação), *compensation* (compensação) e *law enforcement* (cumprimento da lei) ou *public justice* (justiça pública, impondo um padrão de comportamento desejável), como bem destacado por Jim Gash (2005, p. 1613).

Esse instituto teve crescimento e aplicação intensa na experiência norte-americana, sob a influência do seu federalismo, marcado por intensa autonomia política, legislativa e administrativa dos Estados, fruto do processo de transformação de Confederação em Federação que culminou na formação dos Estados Unidos da América[6], motivo pelo qual há 5 (cinco) Estados americanos que não adotam os *punitive damages* (Louisiana, Nebraska, Washington, Massachusetts e Hampshire)[7]. Por conseguinte, o instituto dos *punitive damages* se apresentam de forma diversificada nos Estados norte-americanos que o utilizam, mesmo que substancialmente seja conceituado da mesma forma, como dispõe o § 908 do *Restatement of Torts*, elaborado pelo *American Law Institute*: "indenização que não a compensatória, concedida contra uma pessoa para puni-la por sua conduta

---

6. Importante sublinhar que mesmo antes da formação da Federação, as 13 (treze) colônias inglesas nos Estados Unidos já gozavam de forte independência em relação ao poder central: "as comunas, em geral, só são submetidas ao Estado quando se trata de um interesse que chamarei de social, isto é, que elas partilham com outras" (TOCQUEVILLE, 2005, p. 76).
7. "Em cinco estados (Louisiana, Nebraska, Washington, New Hampshire and Massachusetts) não se permite a utilização da indenização punitive" (Tradução Livre) (KRAUSS, 2007, p. 219-220).

ultrajante e dissuadi-la, e outras como ela, de praticarem condutas semelhantes no futuro"[8].

Assim, os *punitive damages* se tornam um mecanismo importante para enfraquecer e impedir a perpetração de danos reiterados, com crassa desconsideração aos direitos alheios, assim como serve de instrumento para corrigir a insuficiência das funções reparatória/compensatória da responsabilidade civil no tocante à prevenção de danos, uma vez que é limitada à exata extensão do dano, medida esta que muitas vezes não promove resposta condizente com a gravidade da conduta do ofensor, especialmente quando os valores indenizatórios forem menores que os lucros obtidos com a conduta danosa.

Esta realidade de reiteração de danos e insuficiência do modelo de responsabilidade civil calcado apenas em uma visão reparatória/compensatória se acentua ao se deparar com danos que pela sua pequena monta desestimulam a vítima em buscar a respectiva tutela juízo. Esses chamados pequenos danos beneficiam os ofensores, porque uma pequena parcela representativa das vítimas buscará a reparação, e, uma vez que o *quantum debeatur* seja proporcional à extensão do dano, os réus pagarão menos por terem investido menos em segurança e em qualidade do produto, serviço e/ou condições de trabalho, já que o preço para um padrão ótimo de suas atividades é inferior aos valores indenizatórios arbitrados judicialmente.

Sob a ótica apenas individual dos danos, há uma espécie de apatia racional (*rational apathy*)[9] daqueles que optam por não ingressar no Judiciário, porque ao comparar os custos com o resultado esperado do julgamento, consideram que não vale a pena contratar advogado, pagar custas processuais, se deslocar para audiências ou sofrer risco de sucumbência. É claro que esse aspecto pode sofrer substancial influência de características próprias de cada país, pois no Brasil o âmbito dos juizados especiais e o correlato *jus postulandi* pode atenuar sutilmente esse desgaste, embora não sane o problema, tendo em vista que muitos danos produzidos em larga escala são de pequena proporção, sutis e quase insignificantes do ponto de vista individual, mas que considerados coletivamente representam conduta grave.

Contraditoriamente, os ofensores arcarão com menos por terem investido menos em suas atividades porque há danos que individualmente considerados são pífios e sob a ótica do custo-benefício envolvendo indenizações, despesas processuais e desgaste com a tramitação de um processo, tornam inviável o manejo de demanda. Deste modo, Francis McGovern (2010, p. 452-453) acentua que "se o réu não é obrigado a pagar por todo o mal que fez, ele vai investir menos em segurança" (Tradução

---

8. Tradução livre da definição contida na dissertação de doutorado *Integration of punitive damages into countries with a civil law system: mexico's case*: "But, what are punitive damages? The Restatement of torts define them as: '1) damages, other than compensatory or nominal damages, award against a person to punish him for his outrageous conduct and deter him and others like him from similar conduct in the future.'" (VILLARREAL, 2009, p. 12).
9. Expressão cunhada por Louis T. Visscher (2009, p. 220) na obra "Economic analysis of punitive damages".

Livre)[10], engendrando uma conclusão esdrúxula de que quem investe menos paga menos. Por consequência, quem arca com o prejuízo não suportado pelo ofensor é a sociedade ("society at large paid for them").

Por este motivo, existe um sólido fundamento econômico por trás da aplicação dos *punitive damages*, que lhe dá sustentáculo e legitimidade como instrumento de prevenção de danos e vai muito além de uma perspectiva unicamente punitiva. Isto porque os *punitive damages* possibilitam o desestímulo (*deterrence*) de condutas (VISSCHER, 2009, p. 219) pelo simples fato de promover a readequação de comportamentos a partir da internalização de altos custos por conta de indenizações fixadas para além do suficiente para compensar ou reparar os prejuízos, tornando a conduta danosa desvantajosa do ponto de vista econômico: "esta lógica pode trazer como consequência a noção de que quanto mais cuidado menos danos, menos custos" (Tradução Livre)[11] (VISSCHER, 2009, p. 220).

Este raciocínio econômico exige que o valor indenizatório seja alto o suficiente para que o ofensor internalize os danos que causou, o fazendo tomar o devido cuidado em sua atividade, trazendo como lição que é vantajoso manter um nível ótimo de qualidade e atendimento e arcar com menos indenizações (carregadas pelos *punitive damages*) ao invés de conservar um nível baixo de qualidade e ser obrigado a pagar altas indenizações (VISSCHER, 2009, p. 220).

Diante do exposto, surge a indagação "quais os requisitos para o cabimento da indenização punitiva? Quais os parâmetros para a fixação da indenização punitiva?". No caso dos *punitive damages*, o que existe de mais sólido no campo doutrinário são os precedentes edificados pela Suprema Corte Americana, os quais têm construído os contornos dos *punitive damages* no tocante as características da conduta praticada, já que se entende que "quando a indenização fixada for considerada abusiva, haverá violação da *Due Process Clause of the Fourteenth Amendment*, obtendo-se, então, o permissivo para o recurso à Suprema Corte Americana" (MORAES, 2009, p. 232-233). Acrescenta-se que o histórico de todos os nove casos já julgados pela Suprema Corte sobre *punitive damages* tinham alegações de violações também da 5ª e da 8ª Emenda Constitucional[12]: a primeira é considerada uma complementação da 14ª na formação do princípio do devido processo legal e a 8ª estabelece a proibição de condenações em penas excessivas[13].

---

10. "If a defendant is not obligated to pay for all the harm it causes, it will underinvest in safety".
11. "The threat of being held liable induces the actors to incorporate the possible losses of others into their decision on how much care to take and how often to engage in the activity. Taking more care and/or reducing the activity level can lower the probability of an accident and thereby the expected accident losses."
12. Em estudo direcionado aos julgamentos realizados pela Suprema Corte norte-americana que envolveram *punitive damages*, Vanessa Burrows (2007, p. 2), após analisar caso a caso constata que "a indenização punitiva tem sido acusada de violar a oitava emenda relacionada a proibição de penas excessivas, assim como de violar a quinta e décima quarta Emendas Constitucionais, que juntas constituem a cláusula do devido processo legal" (Tradução Livre).
13. "Emenda V – Ninguém será detido para responder por crime capital, ou outro crime infamante, salvo por denúncia ou acusação perante um Grande Júri, exceto em se tratando de casos que, em tempo de guerra

As referidas Emendas têm forte conteúdo principiológico e são de grande complexidade se interpretadas a fundo e em consonância com os precedentes dos tribunais, contudo, são pertinentes aos *punitive damages* na medida em que determinam que ninguém será privado de seus bens sem o devido processo legal (Emenda V e XIX), nem tampouco será compelido a pagar multas excessivas (Emenda VIII). Portanto, a evolução dos *punitive damages* é marcada muito mais pelo desenvolvimento de decisões judiciais do que pela produção de textos acadêmicos, de modo que para que os *punitive damages* sejam aplicados na experiência norte-americana, o julgador (leia-se júri e por consequência o juiz que avaliará o entendimento do júri) deve respeitar algumas condições e estar atento para a presença de alguns elementos de ordem objetiva e subjetiva.

Nas últimas décadas a Suprema Corte Americana julgou nove casos envolvendo *punitive damages: Browning-Ferris Indus., Inc. v. Kelco Disposal* (1989); *Pacific Mutual Life Ins. Co. v. Haslip* (1991); *TXO Production Corp. v. Alliance Resources Corp.* (1993); *Honda Motor Co. v. Oberg* (1994); *BMW of North America, Inc. v. Gore* (1996); *Cooper Industries, Inc. v. Leatherman Tool Group* (2001); *State Farm Insurance v. Campbell* (2003); *Philip Morris v. Williams* (2007) e *Exxon Shipping Co v. Baker* (2008)[14].

Destarte, os casos que representam a sedimentação dos critérios para o cabimento dos punitive damages e sua mensuração se encontram com mais clareza nos casos *BMW of North America, Inc. v. Ira Gore* (1996) e *State Farm Insurance v. Campbell* (2003), os quais representaram um verdadeiro marco na interpretação dos *punitive damages*. No primeiro deles, além de ter decidido que uma indenização 500 vezes maior do que a compensatória violava a cláusula do devido processo legal, desenvolveu três parâmetros para que o magistrado pudesse decidir por um valor punitivo dentro dos limites constitucionais: "(1) o grau de censurabilidade da conduta do réu, (2) a proporção razoável entre a punição e os danos causados, e (3) as sanções civis e criminais autorizadas impostas em casos semelhantes" (Tradução Livre)[15] (BURROWS, 2007, p. 3).

---

ou de perigo público, ocorram nas forças de terra ou mar, ou na milícia, durante serviço ativo; ninguém poderá pelo mesmo crime ser duas vezes ameaçado em sua vida ou saúde; nem ser obrigado em qualquer processo criminal a servir de testemunha contra si mesmo; nem ser privado da vida, liberdade, ou bens, sem processo legal; nem a propriedade privada poderá ser expropriada para uso público, sem justa indenização. (...) Emenda VIII – Não poderão ser exigidas fianças exageradas, nem impostas multas excessivas ou penas cruéis ou incomuns. (...)

Emenda XIV Seção 1. Todas as pessoas nascidas ou naturalizadas nos Estados Unidos, e sujeitas a sua jurisdição, são cidadãos dos Estados Unidos e do Estado onde tiverem residência. Nenhum Estado poderá fazer ou executar leis restringindo os privilégios ou as imunidades dos cidadãos dos Estados Unidos; nem poderá privar qualquer pessoa de sua vida, liberdade, ou bens sem processo legal, ou negar a qualquer pessoa sob sua jurisdição a igual proteção das leis." (Tradução Livre) Fonte: https://www.senate.gov/civics/constitution_item/constitution.htm, acesso: 09.03.2014.

14. Vanessa Burrows (2007, p. 2) acentua que nas últimas décadas a Suprema Corte Americana julgou oito casos que envolveram *punitive damages*. Contudo, no ano de 2008, em momento posterior ao estudo em comento, a Corte decidiu o caso *Exxon Shipping Co. v. Baker*, pelo que se considera que foram nove casos julgados até o momento.

15. "(1) the degree of reprehensibility of the defendant's conduct, (2) a reasonable ratio of punitive to compensatory damages, and (3) comparable civil and criminal sanctions, i.e. the difference between this remedy and the civil penalties authorized or imposed in comparable cases."

Duas grandes contribuições foram sedimentadas pela Suprema Corte em 2003, ao julgar o caso *State Farm vs Campbell*. Primeiramente, a Corte estabeleceu que a proporção entre os danos compensatórios e os punitivos não pode ser superior do que uma razão de 9 para 1, ressaltando que apenas em raríssimas exceções uma proporção maior do que esta satisfaz a cláusula do devido processo legal (BURROWS, 2007, p. 3-4).

Posteriormente, decidiu que o grau de censurabilidade da conduta do réu já mencionado na decisão *BMW vs Gore* deverá ser avaliado levando-se em conta os seguintes aspectos: (1) se houve dano físico ou somente econômico; (2) se o ato ilícito evidenciou indiferença ou demasiado desrespeito à saúde ou segurança dos outros; 3) se a vítima era pessoa financeiramente vulnerável; (4) se a conduta foi reiterada ou um incidente isolado; 5) se o dano foi o resultado de um conduta intenção, negligência ou imprudência.

Cabe uma reflexão acerca desses aspectos, pois se defende que não é apenas a vulnerabilidade financeira que deveria estar em pauta, pois há outras vulnerabilidades, como a técnica e a jurídica que poderiam constar no rol acima. Quanto ao item 5) acentua-se que os elementos subjetivos podem ser relativizados casos onde os danos externem por si só a gravidade da conduta. Por fim, considera-se adequada a inclusão do interesse de conservação da empresa como elemento norteador para a fixação dos *punitive damages*, uma vez que as mesmas geram empregos, arrecadam impostos e também acarretam bem-estar social com serviços e produtos.

Cabe destacar a enorme dificuldade em trabalhar com o tema no Brasil, em razão da banalização do instituto para justificar toda e qualquer decisão envolvendo dano moral, denotado pela clássica frase ao final de muitas sentenças e acórdãos: "atendendo a função compensatória, assim como o interesse de punir e desestimular o ofensor, fixo a indenização por dano moral em...", sem qualquer fundamentação em requisitos como o alto grau de censurabilidade da conduta e o risco de o réu não pagar por todo o mal que fez, prejudicando o dever de fundamentação da decisão judicial.

Além do mais, outro sério problema diz respeito a destinação da verba indenizatória, a qual em ações individuais é destinada para a vítima, gerando enriquecimento sem causa, o que poderia ser resolvido pela simples destinação da indenização punitiva ao Estado (como ocorre em alguns Estados norte-americanos[16]) ou a um fundo a ser escolhido pelo juiz (como o previsto na Lei 7.347/1985), não podendo o valor ser revertido para uma única vítima sob pena de criar um ganho injusto.

Merece reflexão também a indevida aglutinação que os juízes e tribunais brasileiros realizam com a indenização punitiva, inserindo-a dentro da compensatória sem destacar qual o valor é punitivo qual é compensatório. Nesse caminho, não se possibilita que o jurisdicionado e a sociedade identifiquem o que é compensatório e o que é punitivo, não garantindo o direito de ampla defesa e recursos com fundamentos distintos.

---

16. Para maiores detalhes, ler "The nature and impact of tort reform movement", de Patrick Hubbard (2006).

Como exemplo de aglutinação da função compensatória e punitiva, sem possibilitar que o jurisdicionado saiba qual parte do valor é compensatório e qual é punitivo, assim como também de exemplo para demonstrar que os juízes não adentram em requisitos dos *punitive damages*, segue parte final da sentença proferida no processo n. 0054673-29.2012.814.0301, que tramitou perante a 7º Vara Cível da Comarca de Belém, na qual o magistrado Roberto Cezar Oliveira Monteiro julgou procedente ação visando a indenização por dano moral decorrente do atraso na entrega de cinco unidades imobiliárias pela construtora ré, sendo três apartamentos convencionais e duas coberturas: "Na hipótese sob exame, revelando-se significativas ambas as funções compensatória e inibitória, entendo que a indenização do dano moral deve ser fixado em R$ 8.000,00 para cada uma das unidades convencionais e R$ 15.000 às coberturas". Ressalta-se que o que se revela nesse caso se aplica de forma exponencial na prática jurídica brasileira, mas que por limitações de cunho metodológico, a presente pesquisa não poderá demonstrar os milhões de processos em que a indenização punitiva é aglutinada com a compensatória e vazia de justificação.

Ademais, o modelo de aplicação da indenização punitiva na experiência brasileira segue contornos imorais, desconexos e infundados sob a perspectiva da justiça corretiva, visto que: a) possuem uma lógica eminentemente individual, em dissonância com o fenômeno da litigiosidade de massa e da constante transformação dos conflitos individuais em coletivos. Por consequência, inúmeros danos perpetrados em massa sofrem reprimenda apenas em nível individual, em proporção não compatível com a dimensão total dos danos ocasionados[17]; b) em se tratando de danos em massa com apatia racional em massa, uma visão individual afasta a possibilidade de uma proporção razoável entre a punição e o mal causado, por se tratar de demanda onde parcela expressiva das vítimas está ausente.

Destarte, se a justiça corretiva for considerada o princípio motor que deve promover a eliminação de perdas injustas em face de quem seja relacionalmente responsável pelos referidos danos, surge a possibilidade de a prática da indenização punitiva ser compatível com a experiência jurídica brasileira, tendo em vista que os grandes litigantes, visando a auferir um lucro maior, pautam suas escolhas numa relação de custo-benefício em detrimento do respeito aos direitos. Por isso, muitas vezes decide com precisão cirúrgica lesar as vítimas em pequenas montas e desconfortos, de modo a tornar desvantajosa a busca pela reparação no âmbito do Judiciário, pois em razão do balanceamento entre o valor da indenização e o dispêndio físico, financeiro e temporal (o tempo é irrecuperável, ininterrompível e inestimável) para litigar, as vítimas optam conscientemente em suportar os danos, por apatia racional.

Como exemplos de pequenos danos que geram a apatia das vítimas: a) longas esperas em filas de bancos; b) falha em prestação de serviço de internet; c)

---

17. Conforme constatado na pesquisa realizada na obra "*punitive damages* (indenização punitiva) e os danos em massa" (BONNA, 2015).

desconto de valores em conta corrente sem que serviço tenha sido contratado; d) atrasos em voos; e) vícios de produtos de pequeno valor; f) não prestação do serviço na forma contratada; g) exigência de valor mínimo para compras no cartão de crédito; h) atrasos em entregas de empreendimentos imobiliários; i) má qualidade na prestação de serviços públicos por concessionárias; j) práticas e cláusulas abusivas em geral.

Considerando que a apatia racional em massa no cenário de perpetradas práticas ilegais reiteradas e lucrativas se tornou uma constante nas relações intersubjetivas no Brasil, a indenização punitiva se torna necessária especialmente por causa do vetor mais basilar e clássico da justiça corretiva: o reestabelecimento do equilíbrio anterior à ocorrência do dano. É pertinente à justiça corretiva eliminar os ganhos injustos e, ao impor indenização punitiva que tenha por finalidade remover/anular lucros ilícitos, contribuir para a diminuição da injustiça corretiva no seio da sociedade.

5.3 A QUANTIFICAÇÃO BASEADA EM UMA TERCEIRA FUNÇÃO: A RESTITUTÓRIA

Questão relevante diz respeito a casos de violações de bens extrapatrimoniais como a imagem e o nome que gerem enormes lucros para o transgressor, lucros esses muito superiores ao valor de indenização por dano moral, o qual leva em conta fatores como intensidade do sofrimento, afetação em projetos de vida, perda de relações etc. o que invariavelmente conduziria a valores indenizatórios bem baixos nos seguintes casos: a) Nestlé utiliza imagem de Gabriel Medida sem autorização; b) empresa de esmalte utiliza foto da Giovana Antonelli sem autorização; c) remédio para emagrecer utiliza a imagem da atriz Fabiana Karla, também sem autorização. Isto porque em todas as situações acima reportadas as vítimas não sofreram maiores descalabros e desequilíbrios em suas vidas, assim como pode não ser o caso de indenização punitiva, por ausência de seus pressupostos. Um excelente exemplo que demonstra esse imbróglio é trazido por Nelson Rosenvald e Bernard Korman Kuperman (2017, p. 11-12):

> Um músico famoso aceita tocar seu instrumento em um evento patrocinado por uma renomada marca de cerveja, sob a condição de não ter seu nome vinculado à empresa. Contudo, visando incrementar as vendas a partir da vinculação publicitária, a produtora de cerveja publica, em todas suas redes sociais, anúncios vinculando a excelência do músico à marca. Inconformado, o artista move ação indenizatória, pleiteando ressarcimento por danos patrimoniais e morais resultantes da violação ao seu direito de imagem, alegando que jamais aceitaria fazer parte de propagandas para produtos dessa natureza, por qualquer preço que seja. Não obstante, antes mesmo da prática do ilícito, a empresa já havia realizado o presente cálculo financeiro: o aumento do lucro com a técnica de Marketing superaria em muito a despesa de uma eventual condenação ao pagamento de perdas e danos, sendo lucrativa a prática do ilícito. Do ponto de vista da Responsabilidade Civil clássica, positivada no artigo 944 do Código Civil, o teto da reparação a ser obtida pelo alvo do ilícito seria apenas o dano experimentado pelo músico, nada mais.

Nesta senda, os critérios de quantificação do dano seriam injustos se as únicas funções da responsabilidade civil fossem a reparatória e a punitiva, na medida em que o "preço do ilícito" compensaria continuar perpetrando danos e pagar apenas a indenização compensatória. Por essas razões, surge a proposta de uma terceira função da responsabilidade civil, a restitutória, que em casos como os narrados alhures, poderia fixar um valor indenizatório com base no lucro obtido com o ilícito, o que vem sendo chamado no direito estrangeiro de *disgorgement damage* ou *disgorgement of profits*, que significa: "a remedy requiring a party who profits from illegal or wrongful acts to give up any profits he or she made as a result of his or her illegal or wrongful conduct. The purpose of this remedy is to prevent unjust enrichment"[18]. Em outras palavras, permite que a parte que lucrou com uma ilegalidade entregue para a vítima do dano o benefício obtido com o ilícito (resgate do lucro ilícito).

Embora existam severas controvérsias acerca do cabimento do disgorgement no direito brasileiro, concorda-se que em casos dessa estirpe não se deve aumentar o valor indenizatório do dano moral buscando transferir o enriquecimento obtido do ofensor para a vítima, pois isto não seria compatível com a ciência jurídica. Portanto, a constante prática jurisprudencial de implícita ou tacitamente se qualificar como fator "anabolizante" do montante do dano extrapatrimonial eventuais ganhos excessivos do réu é um desserviço à ciência jurídica e especialmente ao princípio da segurança jurídica (ROSENVALD; KUPERMAN, 2017, p. 28-29). Para tal tarefa, fundamental a busca de uma terceira via e função.

---

18. DISGORGEMENT. *Wex Legal Dictionary/Encyclo*pedia. Nova Iorque: Cornell University Law School, 2016. Disponível em: https://www.law.cornell.edu/wex/disgorgement. Acesso em: 30.12.2020.

6
FUNDAMENTAÇÃO FILOSÓFICA DO DANO MORAL E DO DEVER DE COMPENSÁ-LOS

6.1 FUNDAMENTOS FILOSÓFICOS DA FUNÇÃO COMPENSATÓRIA

A partir da leitura jurídica, no capítulo anterior, verificou-se que o dano moral é marcado por uma busca calcada em bens extrapatrimoniais que possam ter sido violados. Constatou-se que os bens extrapatrimoniais juridicamente protegidos estão espalhados pelo direito positivo, contudo são abstratos e gerais. Nesse aspecto surge um perigo de que a cláusula geral que subjaz toda a racionalidade do dano moral seja utilizada para excluir detalhes relacionados à vítima que prejudicam a proteção da pessoa humana em sua inteireza nas circunstâncias concretas. Deste modo, se o valor da pessoa humana é o que orienta todo o arcabouço jurídico do dano moral, em uma base humanista do direito, a hermenêutica do dano moral deve estar atenta para as contingências e transformações da sociedade para o fim de identificar o desequilíbrio injusto em toda a sua magnitude. Outrossim, não se pode manusear os valores abstratos da ordem jurídica perdendo de vista a *ratio* por trás dos mesmos, sob pena de desviar injustamente interesses tuteláveis e aspectos fundamentais da quantificação do dano moral, e, para esse desiderato tem muito a dizer a leitura ética a partir de agora explanada.

É como se cada ser humano fosse envolto em uma bolha que contivesse um conjunto de bens patrimoniais e existenciais dignos de proteção jurídica e toda vez que por ato de outrem essa bolha fosse furada e vilipendiada, surgirá para o ofensor o dever de corrigir tal desequilíbrio injusto. O conhecimento dessa bolha que possui os interesses protegidos pelo direito perpassa pela ordem jurídica subjacente e a dimensão normativa válida, de modo a justificar que em uma comunidade política específica aquela intromissão na esfera jurídica de outrem não é tolerada. Aliás, acentua Cláudio Michelon, "a lei positiva é uma condição necessária para que argumentos que invocam justiça particular façam sentido" (Tradução Livre) (2014, p. 272).

Para assimilar melhor a leitura ética do dano moral é inarredável um retrospecto acerca da justiça corretiva, a qual explica os remédios da responsabilidade civil diante de um dano (reparação, em se tratando de dano material, e compensação, para danos morais[1]) a partir da ideia de que ambas as partes possuem uma igualdade de status normativo dentro dos direitos reconhecidos pela ordem jurídica. Deste modo, o reconhecimento de um dano moral indenizável lança os olhos para a base normativa dos bens existenciais (vida, honra, igualdade, liberdade, intimidade etc.) e a quantificação da indenização penetra na magnitude do desequilíbrio causado a esses interesses protegidos, o que pode ser melhor compreendido pelos conceitos de personalidade e correlatividade desenvolvidos por Ernest Weinrib (2012).

A correlatividade reflete "que ofensor e vítima respectivamente fizeram e sofreram a mesma injustiça, de modo que a responsabilidade é uma concepção de justiça que reconhece a igualdade normativa das partes e trata suas posições uma como o espelho da outra" (Tradução Livre) (2012, p. 10). Nesse sentido, todo o processo de justificativa da imposição de uma indenização percorrerá esse caminho, pressupondo que entre as partes, independentemente de contrato, existe uma relação normativa que exige a inviolabilidade de bens materiais e existenciais, e eventual violação de direitos representa desequilíbrio injusto que merece correção.

De igual forma, a ideia de correlatividade também é importante para compreender que o dano e a ofensa são duas faces da mesma moeda, na medida em que o direito violado da vítima corresponde a um dever do ofensor de não interferir indevidamente no mesmo. Assim, direito e dever estão conectados na medida em que o direito da vítima é a base do dever do ofensor, assim como o dever de abstenção do ofensor está relacionado com o direito de não interferência da vítima (WEINRIB, 2012, p. 11).

Contudo, a correlatividade não é o único componente jurídico da noção de justiça corretiva, que necessita da compreensão da personalidade. A personalidade é apresentada como o que é normativamente significante na interação das partes para fins de responsabilidade, ou seja, como o conjunto de direitos e deveres que formam o conteúdo do direito privado. Em outras palavras, a personalidade demonstra que o campo de liberdade do agir das partes está envolvido em um "sistema de deveres negativos de não interferência indevida nos direitos dos outros" (Tradução Livre) (WEINRIB, 2012, p. 15). Correlatividade e personalidade, assim, se interpenetram:

> Assim como a correlatividade exibe a estrutura das justificativas que pertence ao direito privado, então a personalidade articula o pressuposto de que informa o conteúdo dessas justificativas. Correlatividade e personalidade fazem parte do mesmo campo teórico em diferentes dimensões (Tradução Livre) (WEINRIB, 2012, p. 15).

Portanto, a justiça corretiva buscará restaurar tanto quanto possível o dano injustamente causado por uma das partes, tentativa esta que se fosse perfeita restabeleceria a posição inicial de igualdade normativa das partes (*initial positions to two*

---

1. Ernest Weinrib deixa claro que o papel da justiça corretiva se opera tanto em relação a violação de direitos patrimoniais como de direitos não patrimoniais, que ele chama de non-proprietary, in personam (2012, p. 189).

equal lines/restoration of the original equality of the two lines) (WEINRIB, 2012, p. 16). Em se tratando de danos morais o valor da indenização sempre será uma forma de atenuar o mal causado, sem ter o condão de restaurar integralmente o equilíbrio anteriormente existente. Contudo, mesmo a justiça corretiva tendo uma tarefa mais árdua no campo do dano moral, ainda assim é preciso levar à sério a dimensão normativa da vítima, no sentido de investigar tudo aquilo de interesse juridicamente protegido que lhe foi afetado. A indenização é um remédio que visa a impor uma obrigação destinada a recompor os direitos da vítima, e, tanto quanto possível, lhe dar o equivalente aos seus direitos e interesses violados. A justiça corretiva tem essa ambição com enfoque sério na dimensão normativa interna violada (WEINRIB, 2012, p. 35).

Isso implica em mergulhar a fundo na identificação de todos os interesses jurídicos violados, e, ao mesmo tempo, na compreensão da magnitude dos danos, de modo a possibilitar não somente a caracterização de um dano como indenizável, mas também de proporcionar um valor monetário equivalente ou proporcional à total extensão normativa dos danos, da forma mais aproximativa possível. Vê-se, por exemplo, um caso envolvendo violência doméstica com agressões verbais e físicas por anos a fio, quantos interesses merecedores de tutela foram violados? São interesses que vão desde a saúde física e mental, até aspectos relacionados à honra subjetiva, projetos de vida, perda do prazer de realizar atividades etc. É por esse motivo que é justo em tais casos que o valor da indenização fixado pelo juiz cível ou criminal possibilite a penhora dos bens do casal em favor da vítima, em caso de divórcio a penhora incidindo sobre a parte que caberia ao cônjuge agressor.

Dentro dessa perspectiva teórica, inicia-se um percurso pelo qual será demonstrada a necessidade de a justiça corretiva ser complementada pela ideia de bens humanos básicos, especialmente para os casos envolvendo danos morais. Em primeiro lugar, o dano moral está imbrincado com direitos personalíssimos, ou seja, direitos inatos no sentido de que não são adquiridos. Assim, há uma diferença entre direitos que se adquire (*acquired right*) e direitos que possuímos pela nossa própria existência (*innate right, in personam*), estando os danos morais relacionados a este último tipo de direito: "direitos inatos são direitos que temos em virtude de nossa própria existência e que não precisamos fazer nada para adquiri-los, como é o caso do nosso corpo, mente e liberdades. Os direitos adquiridos são objeto de escolhas e possuem uma relação externa com a pessoa" (Tradução Livre) (WEINRIB, 2012, p. 222).

Nesse sentido, os bens existenciais que se ajustam ao cabimento do dano moral são manifestações daquilo que o ser humano possui de mais básico e que viabilizam o florescimento do mesmo em seus fins particulares. Daí é que sem paz, vida, saúde, liberdade, honra, imagem, intimidade e privacidade, por exemplo, o ser humano não pode perseguir sem tumultos os seus múltiplos propósitos de vida, pois aqueles constituem pressuposto para uma a consecução de fins individuais, que sempre devem guardar harmonia com os fins dos demais sujeitos da comunidade: "como manifestações jurídicas da liberdade, os direitos fornecem um espaço no qual os seus titulares podem perseguir os seus objetivos pessoais. Estes fins são acobertados apenas se não causar efeito adverso para outros" (Tradução Livre) (WEINRIB, 2012, p. 114).

Contudo, é preciso se questionar que tipo de compreensão da vítima deve se ter para apreender a diversidade de interesses existenciais imbrincados na vida humana, pergunta esta já feita por Ernest Weinrib (2012, p. 14). Sob a perspectiva da presente pesquisa essa reflexão não deve se circunscrever apenas ao âmbito formal normativo desses interesses, nem tampouco deve se limitar às decisões políticas e jurídicas pretéritas (precedentes). Uma compreensão completa da responsabilidade civil deve, para além de abarcar as duas perspectivas mencionadas, mergulhar no conteúdo substancial dos bens existenciais, os quais são robustecidos pela teoria do direito natural, pois, como será visto adiante, o presente trabalho aloca os bens existenciais como dimensões mais específicas dos bens humanos básicos. É por isso que no introito desta pesquisa foi defendida a necessidade de interligação da virtude moral da justiça corretiva com a virtude intelectual da razão prática, instância apropriada do direito natural para a aplicação dos bens humanos básicos.

Frisa-se que a aproximação da filosofia com a responsabilidade civil não irá estabelecer uma fórmula para a identificação e quantificação do dano moral, mas sim facilitará o estudo e a compreensão do instituto do dano moral, dentro da perspectiva de uma tradição filosófica lapidada para favorecer o florescimento humano, tópico central dos bens existenciais que fundamentam o dano moral. Destaca-se que o formalismo de Ernest Weinrib reconhece que tais bens jurídicos são essenciais ao bem-estar e florescimento do ser humano, mas não apresenta nenhuma proposta teórica de compreensão de tal florescimento, o que na opinião do jurista canadense é fundamental no momento de quantificar o valor indenizatório:

> Para a compreensão da justiça corretiva os direitos não são significantes apenas pelo fato de contribuírem para a satisfação da vítima. É claro que tais direitos possuem essa contribuição, protegendo esses bens de interferências indevidas. Também é verdade que o direito privado responde a eventual violação com indenizações que são medidas por essa perda de bem-estar envolvido em interesses protegidos pelo direito. Essa diminuição de bem-estar possui função na quantificação do valor indenizatório (Tradução Livre) (WEINRIB, 2012, p. 22).

Desta feita, a presente pesquisa, concordando com vasta literatura, reconhece que não existe uma fórmula matemática e cartesiana para a identificação e/ou quantificação do dano moral[2], nem tampouco para nenhum ramo do direito. Contudo, tal

---

2. Nesse sentido: "inevitavelmente o processo de determinar quanto P deve pagar para compensar os danos sofridos por uma pessoa é arbitrário no sentido de que não existe como demonstra uma resposta correta de quanto é suficiente para compensar todas as perdas" (Tradução Livre) (MULHERON, 2016, p. 778). Igualmente: "a indenização compensatória é dada por uma perda incapaz de uma estimação precisa" (Tradução Livre) (MCBRIDE; BAGSHAW, 2015, p. 549). No Brasil, Antônio Jeová Santos assim se posicionou: "Em virtude da qualidade de incomensurável que é atribuído ao dano, a indenização é meramente convencional, de acordo

impossibilidade não deve arrefecer o pensador do direito na tarefa de compreender os fenômenos jurídicos e os inúmeros interesses e realizações humanas em jogo, tentativa esta que é oferecida pela teoria do direito natural através dos bens humanos básicos.

É pressuposto da presente pesquisa que o instrumental jurídico-positivo envolvendo o dano moral e presente na legislação constitucional e infraconstitucional incorpora o ideal de consecução dos bens humanos básicos, de modo que o trabalho não apresenta uma proposta externa ou repulsiva ao instrumental institucional-factual; ao contrário, esses bens humanos básicos são vistos como viáveis para a reflexão do direito na medida em que essa abertura é dada pelos bens existenciais previstos na ordem jurídica. Assim, a própria lei e o direito em si são melhor compreendidos quando soma-se à perspectiva formal-factual, o ponto de vista ideal-ético, conforme será visto posteriormente.

6.2 FUNDAMENTOS FILOSÓFICOS DA FUNÇÃO PUNITIVA/PREVENTIVA

Os *punitive damages* (indenização punitiva), para além de possuírem fundamentação dogmática, se arrimam no campo ético, pois podem ser considerados um poderoso instrumento para os sujeitos das práticas sociais cultivarem atos virtuosos e que contribuem para o bem comum, promovendo, ao fim e ao cabo, a felicidade dos membros de uma comunidade específica.

Há agentes que de forma reiterada perpetram ilegalidades em larga escala em face do trabalhador e do consumidor, mas em contrapartida tem como resposta do Poder Judiciário indenizações desconexas com a gravidade dos danos, com os lucros obtidos com o ilícito, com o grau de censurabilidade da conduta, etecetera, especialmente se se considerar que a maior parte dos danos perpetrados na sociedade de risco e de massa são reiterados e minuciosamente arquitetados sob a ótica do custo-benefício.

Outra alarmante preocupação que se convola em justificativa para o presente estudo no plano ético diz respeito à potencialidade de que os membros de relações privadas, sem uma contrapartida efetiva do Poder Judiciário, enfraqueçam as práticas sociais no plano ético e contribuam para o decréscimo do bem-estar e do bem comum social. Prática é qualquer atividade humana complexa, cooperativa, socialmente estabelecida, e que possua bens internos buscados pelos componentes, que representam os padrões de excelência (MACINTYRE, 1981, p. 187), como o jogo de xadrez, a família, a compra e venda de mercadorias e até mesmo a comunidade compreendida como um todo e tendo como bem interno o bem comum, o Estado de Direito.

---

com critérios que não são matemáticos, certos, indiscutíveis, em virtude mesmo de ser incomensurável. A doutrina inglesa é muito clara quanto a esses aspectos. Eles perguntam por que dez e não cem? E por que cem e não mil? Ou, ao inverso: por que mil e não dez, ou cem? Esta seria a primeira ideia. É uma ideia óbvia, por todos conhecida, porém é necessário destacá-la. Fugir das fórmulas matemáticas, fugir da pretensão de estabelecer um número, uma quantidade. Compreender que isso é assim e que deve ser assim, devemos usar o que Carbonier denominou, em um verdadeiro achado, de critérios da flexibilidade no Direito" (2015, p. 148).

O problema se agrava quando se constata que as relações privadas, especialmente as de trabalho e de consumo, se caracterizam como uma das principais práticas do mundo contemporâneo porque o trabalho e o consumo se tornaram a atividade mais importante do homem moderno (ARENDT, 2011, p. 157), de modo que negar que a responsabilidade civil tenha pertinência na função preventiva/punitiva é praticamente obstaculizar um patamar mínimo de uma comunidade cooperativa em prol do bem comum, colocando em xeque o nível ético de uma dada sociedade.

Apesar de nas relações privadas aparentemente os participantes busquem os seus próprios interesses, não se pode negar que é possível estabelecer um conjunto de valores e bens que se forem alcançados beneficiam todos os participantes e formam um terreno fértil para a concretização das excelências humanas através do exercício das virtudes. Portanto, é possível buscar um bem comum inerente à prática e ao grupo, recuperando o interesse pelo aspecto comunitário e social e é justamente nesse aspecto que o direito, por intermédio por exemplo dos *punitive damages*, pode impor um padrão de conduta desejável em danos causados com alto grau de censurabilidade, marcados pela indiferença, reiteração e arquitetados maliciosamente.

Deste modo, mesmo que seja uma realidade o alto nível de desinteresse pelo outro no bojo das práticas sociais, notadamente as de consumo e de trabalho, onde os participantes tendem a buscar seus próprios interesses ao invés do bem do grupo, não se deve perder de vista que conceder um alto peso à liberdades e escolhas individuais pode representar uma grave desordem no plano social, pois quanto mais fraco é o laço de dependência dentro de um grupo, mais distante fica o ideal de cooperação em prol de um objetivo comum.

A justiça é uma das exigências da razoabilidade prática, que é um dos bens humanos básicos e tem por objeto a realização do bem comum. Desse modo, a justiça está relacionada à colaboração em conjunto em relação a certos valores na esteira de uma reciprocidade, reconhecendo o que é devido a outrem como um direito de outrem e um dever seu, inviabilizando escolhas arbitrárias para os projetos de vida individuais de pessoas físicas e jurídicas que causam danos aos outros. Quanto mais justas forem as relações dos membros, mais fértil é o terreno para que todos alcancem seus bens básicos necessários ao florescimento, gerando uma onda de benefício para todos os participantes e assegurando maiores condições para a consecução dos projetos particulares de cada um.

É por esse motivo que o objetivo do direito, dentro de uma concepção da teoria neoclássica da lei natural, é compreender quais são os bens humanos básicos (vida, conhecimento, jogo, experiência, estética, sociabilidade, razoabilidade prática, religião) que indicam as formas básicas de florescimento, sendo possível, a partir dos critérios da razoabilidade prática (um plano de vida coerente, sem preferência arbitrária por valores, sem preferência arbitrária por pessoas, desprendimento, compromisso, a relevância limitada das consequências, respeito por cada valor básico em cada ato, exigências do bem comum, seguir a consciência) "distinguir entre atos que são razoáveis levando-se tudo em consideração e atos que são desarrazoados" (FINNIS, 2007, p. 30-36).

De todos os requisitos da razoabilidade prática, o mais pertinente aos *punitive damages* (indenização punitiva) é o bem comum, ou melhor, aquilo que é exigido pelo mesmo. Em uma compreensão bem ampla, ele está relacionado com o pautar como razão para o agir o bem do outro (FINNIS, 2007, p. 143-144), que envolve, dentre outras coisas, garantir um "conjunto de condições que tendem a favorecer, facilitar e promover a realização, por parte de cada indivíduo, de seu desenvolvimento pessoal (...) para que cada um dos membros atinja seus próprios objetivos" (FINNIS, 2007, p. 148-157).

Salienta-se que desde a introdução da presente pesquisa se está ressaltando que o direito natural potencializa e torna mais compreensível o espírito da lei positiva, e, no tocante ao bem comum não é diferente visto que o art. 8º do Código de Processo Civil (Lei n. 13.105/2015) estabelece que "ao aplicar o ordenamento jurídico, o juiz atenderá aos fins sociais e às exigências do bem comum", assim como o art. 5º da Lei de Introdução às Normas do Direito Brasileiro (Decreto-Lei n 4.657/1942), reza que ao interpretar a lei "o juiz atenderá aos fins sociais a que ela se dirige e às exigências do bem comum".

Quando se volta para a envergadura social de alguns danos perpetrados no bojo das relações privadas de massa, se percebe que a fraqueza do direito para detê-las, ofuscando a possibilidade de alcançar uma comunidade plenamente realizada e completa do ponto de vista ético, pois o bem comum relativo à prática das relações privadas não estará sendo alcançado, o que causa muitas vezes o rebaixamento da qualidade de vida dos participantes.

Nesse desiderato, se é possível refletir o direito a partir de bens humanos básicos, é adequado julgar decisões, leis e práticas sociais à luz da obediência ou não a tais bens, pois do contrário serão consideradas deficitárias quanto ao caso central. Nessa perspectiva, Finnis acentua que o estado de coisas a um conceito teórico se refere em seu significado focal de caso central, sendo possível distinguir os assuntos humanos entre maduros e subdesenvolvidos, sofisticados e primitivos, prósperos e corrompidos, no sentido de que existem casos centrais de amizade, de governo constitucional, de direito, assim como há casos periféricos. Portanto, os casos periféricos podem ser considerados casos centrais defeituosos e o caso central deve estar envolvido em uma explicação conceitualmente rica e complexa, a qual, no caso do direito e a aproximação com a realização de bens humanos básicos (2007, p. 23-24). Destarte, em relação ao dano moral aqui tratado, o caso central desse instituto envolve a observância do fundo ético dos bens humanos básicos tanto na quantificação quanto na quantificação, o que será aprofundado alhures.

Assim, a lei natural exige que os bens humanos básicos sejam superiores às instituições, leis, decisões e práticas, o que se caracteriza como uma exigência muito mais abrangente e forte de determinados padrões de conduta de envolvidas em práticas e instituições, sendo possível fazer severas críticas sobre o uso da autonomia privada e da propriedade privada no contexto das relações de trabalho e de consumo, visto que se esse sistema privado não estiver promovendo o bem comum não estará satisfazendo uma exigência de justiça e, portanto, mesmo que a lei positiva esteja inteiramente sendo cumprida, a referida prática será injusta.

O raciocínio da lei natural não é antagônico à lei positiva, ao contrário, busca em grande intensidade reafirmar, fortalecer e solidificar o que ela propunha (FINNIS, 2015, p. 1). Além disso, o que a teoria neoclássica da lei natural propõe é compreender que a Lei Positiva é apenas uma das facetas fundamentais do direito e que não pode existir dissociada, independente e alheia a qualquer valoração de cunho ético relativa aos bens humanos que devem ser perseguidos. Ao contrário, o direito pode e deve ser fundamentado também como uma boa razão para a ação no plano ético, visto que um conjunto de normas legisladas ou de precedentes judiciais não podem por si só serem considerados uma boa razão para a ação, como destaca Carlos Massini-Correas, comentando o pensamento de John Finnis:

> (...) *ningún hecho o conjunto de hechos, por muy complejo que sea, puede proporcionar por sí mismo una razón para actuar (...) en la medida en que se enorgullece de ocuparse sólo de hechos, no puede ofrecer una comprensión adecuada, ni de las razones para la acción (los deberes), ni de la única fuente concebible de estos deberes, es decir, los verdaderos e intrínsecos valores* (2015, p. 43-44).

Portanto, a lei natural não nega a validade do direito no plano institucional e social-fática, apenas compreende que essa é apenas uma dimensão de validade para uma visão completa do direito, que deve ser visto também sob o plano ético, porém ambas as dimensões integram o que se pode denominar de direito (MASSINI-CORREAS, 2015, p. 31). Ratifica-se, o que é considerado natural na referida teoria neoclássica é o que estiver harmonia com os requisitos da razoabilidade prática, que envolve, dentre outras exigências, o respeito ao bem comum. Por essas e outras razões, a lei natural já foi mal interpretada por aqueles que pensam que o mesmo persegue a natureza como algo relacionado aquilo que é inerente à vida humana ou a impulsos naturais, negligenciando que a mesma é um apelo à razão. Nesse sentido:

> Tomás de Aquino é particularmente claro e explícito quando afirma que "natural" é predicado de algo que está de acordo com a razão prática ou com os requisites desta" (Tradução Livre) (FINNIS, 2015, p. 3).
>
> Assim, na filosofia dos assuntos humanos, quando se prediz "natural" ou "naturalmente" não se quer dizer "automaticamente", ou "em virtude de inclinação inata" ou de qualquer outra "natureza". Nem se quer dizer "geralmente" ou "muito frequentemente" ou padronicamente ". Pelo contrário, significa "racionalmente", ou seja, conforme julgado pelos padrões de razoabilidade: as coisas são "naturalmente" X para pessoas humanas quando elas são X "de acordo com a razão correta" (Tradução Livre) (FINNIS, 2008, p. 45).

A partir dessas noções basilares sobre a teoria neoclássica da lei natural e a abordagem inicial sobre as práticas iníquas no bojo das relações privadas, torna-se possível vislumbrar que o Poder Judiciário, no manejo e na aplicação do Direito, possa e deva confrontar as leis, precedentes e práticas sociais à luz dos comandos éticos relativos aos bens humanos básicos. Deste modo, utilizando como ponto basilar a ideia de bem comum e justiça, o magistrado poderá reprimir aquelas condutas que estejam em desarmonia com ambas as esferas de validade do direito e, para tanto, poderá fazer uso do instituto dos *punitive damages*, que possui como objetivo principal desestimular condutas indesejadas, e, ao desestimular condutas que prejudicam o florescimento humano de outrem, o direito estará promovendo em alguma medida o bem comum.

A penetração da fundamentação ética calcada no direito natural na análise de qualquer categoria jurídica, inclusive a responsabilidade civil, provoca impacto no sentido de restringir a autonomia dos membros de uma comunidade na medida em que a qualidade do que é direito e dotado de coercibilidade é incrementado por reflexões de cunho ético. Embora os participantes de práticas sociais sejam livres para realizarem seus projetos, essa liberdade deve ser brecada quando não passar no crivo da razoabilidade prática, que envolve, dentre outras, a consecução do bem comum.

Em acréscimo, se a autonomia só tem valor se exercida em prol do bem comum, se adequando com opções moralmente aceitáveis (MASSINI-CORREAS, 2015, p. 131) torna-se corolário lógico que práticas sociais danosas devem ser compreendidas como incompatíveis com o bem comum e que qualquer categoria jurídica que venha a corroborar com essa tarefa seja considerada bem fundamentada também do ponto de vista ético, tendo em vista que abandona o apego à autonomia como um fim em si mesmo, sem compromisso com o bem comum:

> La adquisición de la autonomía por una persona (...) la habilita para realizar el tipo de elecciones con las cuales puede realizar. (...) La autonomía no puede proveer [en sí misma] una razón última para la acción. Y consecuentemente, es incapaz de proporcionar fundamento razonable a la exigibilidad de los derechos. (MASSINI-CORREAS, 2015, p. 131).

Se a autonomia fosse um fim em si mesmo e não estivesse passível de sofrer repreendas do Estado, estar-se-ia próximo de um estado de coisas anárquico no qual nenhuma instituição tem legitimidade para de forma eficaz restringir desvios no bojo de litígios e situações danosas sem resolução no campo extraprocessual (FINNIS, 2015, p. 3). Sendo assim, o direito natural acentua ser inarredável a presença de uma instituição dotada de autoridade para impor limites às escolhas/atos individuais:

> A primeira questão que Tomás de Aquino aborda sobre a lei humana (lei positive) em sua discussão sobre o direito, Summa Theologiae, I-II, q. 95 a. 1, é se a lei humana [lei positiva] é benéfica, pois não podemos criar regulação social com meras advertências ou recomendações (Tradução Livre) (FINNIS, 2015, p. 2-3).

Além disso, não se pode perder de vista que ao fim e ao cabo a limitação a determinadas práticas danosas possui como esteio o alcance do bem comum, podendo a responsabilidade civil, por intermédio dos *punitive damages* servir de mecanismo de efetivação da justiça distributiva, na medida em que a verba indenizatória de cunho punitivo atingirá o bem comum e contribuirá para uma justa distribuição de encargos na sociedade de massa e de risco. Portanto, a responsabilidade civil não é apenas um instrumento da justiça corretiva – tendo por objeto a reposição de perdas injustamente causadas – mas também de justiça distributiva, entendida como o conjunto de exigências de colaboração que intensificam o bem-estar e as oportunidades de florescimento do ser humano (FINNIS, 2007, p. 165).

Trocando em miúdos, a justiça distributiva parte do pressuposto de que não são todos os seres humanos que possuem as condições essenciais para o florescimento e atualização de suas potencias (realização de projetos de vida), motivo pelo qual para que se persiga o ideal de que todos alcancem a sua felicidade a partir da efetivação dos bens humanos básicos (como a vida, a sociabilidade, o jogo, conhecimento, experiência estética, dentre outros) deve haver – em uma sociedade extremamente desigual – uma efetiva colaboração das pessoas, sendo o papel da justiça distributiva coordenar o a distribuição de recursos, oportunidades, lucros, ônus, vantagens, papeis, responsabilidades, e encargos" (FINNIS, 2007, p. 167-173).

A responsabilidade civil é sim um problema também de justiça distributiva, pois deve ser motivo de reflexão por parte dos juízes, advogados, defensores, legisladores e procuradores se – à luz dos novos comandos constitucionais – ela não deve ser adequadamente dimensionada de modo a atribuir o ônus de arcar com indenizações punitivas e preventivas para o caso de violações constantes e graves de interesses juridicamente protegidos, possibilitando o fomento do bem comum e dos bens humanos básicos na medida em que inibe/atua conduta presente potencialmente causadora de dano.

Infere-se a compatibilidade dos *punitive damages* com os fundamentos éticos da lei natural na medida em que os mesmos visam a brecar condutas com alto grau de danosidade e censurabilidade, por danos físicos ou econômicos, alto grau de desinteresse pela vítima, reiteração e muitas vezes se caracterizam pela tentativa de se beneficiar da vulnerabilidade do outro. Por essas e outras, as práticas combatidas pelos *punitive damages* são contrárias ao direito não apenas por apequenarem os bens extrapatrimoniais protegidos juridicamente, mas também por serem antagônicas às exigências do bem comum e negligenciarem o ideal de respeitar os aspectos básicos dos membros de uma dada comunidade.

Deste modo, o Poder Judiciário deve se imbuído de razões de cunho jurídico e ético para limitar o campo de atuação da autonomia individual, tendo sempre em vista uma concepção de bem comum que favoreça o florescimento humano, sendo necessário para isso, em casos mais graves, impor uma indenização maior do que a suficiente para compensar ou reparar o prejuízo, de modo a desestimular a conduta do ofensor que esteja desatinada com o bem comum da sociedade que o cerca. Deve-se, portanto, compreender o compromisso do direito com a detenção e desestímulo de condutas indesejáveis, pressupondo que a investigação racional para determinar o que é o direito não abre mão da investigação do que o bem comum exige em um dado contexto, exigência esta que se torna parte do direito e da noção do que é justo no particular.

Nesse viés, o problema da justiça exige preocupação com a maneira mais adequada de tratar o outro, de modo a preservar uma razoável relação entre as pessoas, o que exige certamente o dever de evitar a prática de atos danosos, assim como o dever de suportar a punições pelas infrações cometidas (FINNIS, 2008, p. 188). Assim, aquelas condutas mais graves no âmago das relações privadas devem ser eliminadas a partir do manejo do valor indenizatório com o fim de neutralizar a subsistência de relações e práticas injustas, como destaca John Finnis à luz do pensamento de Tomás de Aquino sobre o direito de danos:

> Tomás de Aquino vê que a compensação do mal causado envolve também a dissuasão absoluta da conduta do ofensor e de todos que precisam ser dissuadidos de transgressão (Tradução Livre) (2008, 211-212).

Cabe salientar que não se está a defender o cabimento de indenizações milionárias que inviabilizem a iniciativa privada, visto que alguns dos requisitos para que os *punitive damages* guardem harmonia com a fundamentação ética é que o ato em análise seja muito grave, o valor das indenizações punitivas sejam proporcionais ao mal causado e ao objetivo de desestimular o ofensor, ideias estas que guardam relação com o objetivo de perquirir o bem comum presentes no pensamento de Tomás de Aquino exposto por John Finnis (2008, 211-212): "a punição é uma questão de justiça e a medida dessa justiça é o bem comum para toda a comunidade" (Tradução Livre).

Além do mais, não há que se falar que os *punitive damages* não podem contribuir para o bem comum sob o pretexto de que ele é aplicado apenas diante de um caso concreto, de um grupo e de uma prática específica porque essa visão é equivocada em relação à teoria da lei natural, visto que quaisquer ações que contribuam para o bem comum são justas e constituem deveres de justiça, como explica Luis Fernando Barzotto (2003, p. 2): "o termo 'geral' aplicado a este tipo de justiça refere-se à sua abrangência: todos os atos, independentemente da sua natureza, na medida em que são devidos à comunidade para que esta realize o seu bem, constituem deveres de justiça."

Destarte, por intermédio dos *punitive damages*, ao deter um padrão de conduta em desarmonia com o bem comum e incentivar ações que abracem as exigências éticas, o Poder Judiciário cria um terreno fértil para alcançar o bem comum indiretamente, pois, embora se trate de uma justiça particular, consequentemente beneficia a todos os componentes de uma comunidade, como se observa nessas lições de Luis Fernando Barzotto:

Como o ser humano é, para Tomás, um animal social, o fato de a justiça particular visar diretamente o bem do particular não significa que ela seja alheia ao bem comum: a justiça particular "dá a cada um o que é seu em consideração ao bem comum." De fato, o ato de pagar uma dívida, por exemplo, beneficia diretamente o credor, mas indiretamente beneficia a todos, na medida em que este ato reforça e reafirma o sistema de crédito necessário à vida econômica da comunidade. Como foi visto, isto não significa que a justiça particular possa ser pensada à margem do bem comum. Ao contrário, algo só é devido a um particular em vistas do bem comum, seja em uma distribuição, seja em uma troca. A justiça particular visa diretamente o bem do particular e, indiretamente, o bem comum (BARZOTTO, 2003, p. 2-7).

Apresentadas as principais diretrizes do prisma da teoria neoclássica da lei natural, assim como as bases da teoria dos *punitive damages*, conclui-se que a vida em sociedade é uma vida de débitos, pois todos devem algo a alguém, sendo um desses débitos o de não lesar outrem (*alterum non laedere*). Assim, viver em sociedade é viver com restrições em suas ações e assumir as consequências por condutas danosas (BARZOTTO, 2003, p. 11).

Os *punitive damages* possuem esteio ético na medida em que contribuem para a consecução do bem comum e para uma justa distribuição de encargos na sociedade de massa, forçando que os participantes de relações privadas, em especial grandes fornecedores, pautem suas decisões sobre qualidade e segurança de produtos, serviços e condições de trabalho em um nível ótimo. Nesse espectro, surge a importância de – a partir dos *punitive damages* – tornar um ato ou um padrão de conduta danoso desvantajoso, desencorajando, coibindo, detendo e impedindo a sua reiteração da seguinte forma: caso o autor do dano, ao reiterar os atos que vem praticando, verificar que o pagamento de indenizações arbitradas judicialmente na proporção dos danos causados ainda deixá-lo em uma posição economicamente favorável, com custos decorrentes de indenizações e processos judiciais menores do que os lucros obtidos pela ilicitude, a perpetração de danos subsistirá porque a lógica de gastos-despesas continuará o orientando para a manutenção da conduta reprovável. Contudo, uma vez que a indenização de cunho punitivo se acople à compensatória, se começa a vislumbrar uma revisão da vantagem em manter-se violador (VOLOKH, 1996, p. 10).

Ademais, a justiça corretiva parte do pressuposto de que as pessoas possuem bens patrimoniais e existenciais dignos de inviolabilidade por ato de outrem, e, deste modo, qualquer rompimento desse equilíbrio gera injustiça a partir da implantação de uma desigualdade ilegítima e injustificável. Portanto, o valor da justiça corretiva será realizado na medida em que o equilíbrio e a igualdade anteriormente existentes se restabeleça, seja por ato voluntário das partes, seja por decisão judicial, momento em que se nota que o direito violado da vítima corresponde a um dever violado pelo ofensor, assim como o direito de a vítima não ter seu direito/interesse violado é relacionado a um dever de o ofensor prevenir danos, motivo pelo qual a justiça corretiva está diante de uma injustiça que tem duas faces no cerne de uma relação bilateral e relacional.

A relação entre justiça corretiva e a responsabilidade civil é bem delineada por Jules Coleman na chamada concepção mista da justiça corretiva, que é assim chamada porque engloba duas concepções anteriormente construídas pelo próprio Jules Coleman: a concepção anulativa e a relacional. Juntas, estas formam o elemento central de compreensão da justiça corretiva no bojo da responsabilidade civil.

O elemento anulativo centra sua base na exigência de que a justiça corretiva deve eliminar/anular perdas injustas, de modo a restabelecer integral ou aproximadamente a situação patrimonial ou existencial anterior à ocorrência da perda injusta (COLEMAN, 1992a, p. 430). O foco da justiça corretiva, na concepção anulativa, é a eliminação de perdas injustas e imerecidas, não se imiscuindo no mérito sobre a justiça na distribuição dos bens e riquezas na sociedade, tudo isso em princípio, pois conforme visto anteriormente o próprio Jules Coleman passou a considerar que a interdependência entre ambas as justiças não deve ser absoluta.

A partir do momento em que Jules Coleman considerou insuficiente a concepção anulativa para explicar e justificar o fenômeno da justiça corretiva na responsabilidade civil, desenvolveu uma concepção complementar: a relacional. Nesse sentido, enquanto algumas obrigações que temos uns com os outros dizem respeito a uma relação perante a comunidade e o Estado, outros deveres estão envolvidos numa rede de ações que realizados ou formamos. Assim, não fosse a concepção relacional da justiça corretiva, danos causados por inundações, furacões, dentre outros, por ocasionarem perdas imerecidas, poderiam gerar uma confusão de conceitos no bojo da responsabilidade civil, motivo pelo qual Jules Coleman assevera que para justificar a justiça corretiva não basta primar pela reparação da perda injusta, pois fica a lacuna: quem deve reparar a perda injusta?

Neste ponto, a concepção relacional oferece uma resposta e justifica moralmente a justiça corretiva a partir da identificação de direitos e responsabilidades correlativos, uma vez que não basta que haja um dano injusto. É preciso que alguém tenha um dever correlativo de não lesar o referido direito, seja por exemplo em razão de contrato, lei ou pelo risco. Então, em uma segunda dimensão, o direito de ser indenizado será correlativo ao dever de reparar o dano como forma de garantir que os direitos de primeira ordem (vida, honra, imagem, liberdade etc.) sejam protegidos.

Em razão da correlatividade de direitos e responsabilidades primárias, tem-se por decorrência lógica que em relação ao direito de inviolabilidade de bens materiais e existenciais existe, em uma segunda dimensão, o correlato dever de prevenção de danos, sendo, além de um dever jurídico, um dever de cunho moral a partir da concepção de justiça corretiva de Jules Coleman.

Portanto, a noção complementar entre a teoria anulativa e relacional compõe a concepção mista. Caso só existisse a teoria anulativa, haveria o dever de reparar todo e qualquer dano injusto, inclusive de um raio que caia sobre a cabeça de um pedestre[3]; caso a única teoria fosse a relacional, haveria a obrigação de indenizar qualquer perda, como o dano físico que um médico causa ao cortar a barriga de um paciente, o dano que uma empresa causa a outra por oferecer produtos melhores e até mesmo o dano que um vizinho causa por obstruir uma vista bonita. Assim, a justiça corretiva – na esteira da concepção mista – exige o elemento da perda injusta e o vínculo relacional (COLEMAN, 2010, p. 327).

Essa concepção mista da justiça corretiva no campo da responsabilidade civil vai ao encontro do crescimento exponencial da função preventiva da responsabilidade civil. Nesse sentido, um novo perfil de responsabilidade civil se desenha quando se transpõe a ideia de imputação de uma ação censurável (qualificação moral negativa) a alguém para o fim de torná-lo responsável para uma espécie de responsabilidade desgarrada de uma noção de censurabilidade e calcada exclusivamente na capacidade ou incapacidade do agente em agir, na esteira de uma responsabilidade sem culpa. Em termos práticos, a ideia de reparação por danos causados deve ser substituída – pelo menos em princípio – por uma inclinação à adoção de medidas de prudência, precaução, prevenção e cuidado com outras dentro do seu emaranhado de relações, passando este a ser o objeto primordial e nuclear da responsabilidade civil (FARIAS; BRAGA NETTO; ROSENVALD, 2015, p. 12-13).

Nesse ponto destaca-se que a prevenção da responsabilidade civil não se manifesta apenas no comportamento dos agentes em suas relações, mas também se situa no cerne de decisões judiciais que acabam por se caracterizar como *standards* de condutas a serem seguidas. Por isso, ao sancionar e rechaçar determinadas condutas por decisões judiciais, a responsabilidade estará contribuindo para a prevenção, na medida em que se revela como instrumento para o direcionamento de condutas humanas, sendo capaz de "induzir de forma generalizada, comportamentos virtuosos, orientando potenciais ofensores a adotar medidas de segurança e evitar condutas danosas. Uma ode à virtude da 'previdência'" (FARIAS; BRAGA NETTO; ROSENVALD, 2015, p. 27).

6.3 FUNDAMENTOS FILOSÓFICOS DA IDENTIFICAÇÃO E QUANTIFICAÇÃO DO DANO MORAL A PARTIR DOS BENS HUMANOS BÁSICOS

Sabe-se que os bens jurídicos de proteção do ser humano estão alocados numa verdadeira cláusula geral, a qual, como visto, não pode ser reduzida a um rol exaustivo de interesses merecedores de tutela. Contudo, para fins didáticos e metodológicos, a presente pesquisa trabalhou a análise de alguns bens jurídicos e suas implicações de identificação e quantificação envolvendo o dano moral, quais sejam: igualdade; cuidado em razão de vínculos de parentesco; vida e não exposição ao perigo; in-

---

3. Registre-se que na opinião de Jules Coleman os danos ocasionados por infortúnios e eventos da natureza podem ser reparados, porém sob a perspectiva da justiça distributiva e não da corretiva, que necessita de perdas injustas mais um vínculo relacional com outrem.

tegridade física; integridade psíquica; honra; intimidade e vida privada; imagem; integridade da criação do intelecto; perda de ente querido; afeto à bens materiais; perda de uma chance; liberdade e perda de tempo útil. A partir da análise dos bens humanos básicos da teoria do direito natural, passar-se-á a relacionar os bens existenciais que sustentam o dano moral com os bens humanos básicos, demonstrando que o arcabouço jurídico-positivo do dano moral é uma representação da abordagem ética da lei natural, o que deve ser compreendido pelos estudiosos e profissionais do Direito, pois, como explica Bebhim Donnelly (2012, p. 128), a busca por tais bens está inculcada nas práticas sociais e nas normas jurídicas, independentemente de os legisladores, cidadãos ou juízes os buscarem conscientemente ou conhecê-los:

> Tomás de Aquino mostra que perseguimos o florescimento em nossas vidas independentemente de sabermos o que é florescimento. Isto implica que embora os indivíduos possam não saber as qualidades dos bens básicos, naturalmente eles são buscados, motivo pelo qual o primeiro princípio da razão prática em Tomás de Aquino é o bem deve ser realizado e buscado e o mal evitado (Tradução Livre).

O direito natural concebe o fenômeno jurídico a partir não apenas do plano institucional legislativo e jurisprudencial, mas também sob a ótica de uma dimensão ética, calcada na busca pela realização dos bens humanos básicos, que são valores que se relevam como razões para o agir humano de qualquer um, valores básicos estes que se forem respeitados ensejam a plena realização ou felicidade do ser humano (FINNIS, 2007, p. 30-36), chamada de *eudaimonia* por Aristóteles, *felicitas* por Tomas de Aquino e realização humana integral por John Finnis (2008, p. 85-86).

O estudo da ética no direito natural identifica o que o ser humano persegue e busca como bom e se apropria disso para estabelecer os fins últimos racionais para o agir, sendo possível conhecer verdades que contribuem para o florescimento humano (DONNELLY, 2007, p. 126). Nessa esteira, condutas individuais, políticas e arranjos voltados à realização desses bens básicos são virtuosos (éticos) enquanto que as práticas que desmantelam, desrespeitam e desprestigiam os bens humanos básicos são carentes de fundamentação ética por não ser razoável não perseguir os referidos bens inquestionáveis e autoevidentes, assim como por ferir frontalmente o princípio de que o bem dever ser feito (inclusive os bens humanos básicos) e o mal evitado (*good is to be done and pursued, and bad avoided*) (FINNIS, 2008, p. 80).

A base para a compreensão das características da natureza humana perpassa pela análise de ações guiadas por princípios que direcionam o agir para bens. De tais ações é possível – pelo valor do conhecimento (razão) – extrair valores que completam o ser humano e lhes servem como razões para uma boa conduta e a consequente realização. O estudo dos bens humanos básicos visa a responder o que preserva nossa natureza humana e promove uma existência plena. Ademais, mais importante do que necessariamente identificar tais bens básicos, é compreender cada faceta de oportunidades e capacidades do ser humano, com cuidado e zelo para clarificar as formas básicas de bem-estar humano, pois é exatamente essa tomada de consciência que permite a normatividade do direito natural em situações específicas (FINNIS, 2011, p. 33).

Destarte, é fundamental compreender esses aspectos da experiência humana que estão presente nas atividades e deliberações para tomada de decisões, pois todas as ações inteligíveis possuem um propósito em direção a um bem, no seguinte sentido: 1) um ato é racional quando dirigido aos bens humanos a partir da vontade e algumas condutas são instrumentais para atingir esse fim último, como por exemplo no simples gesto de comprar medicamentos está presente o interesse na preservação da saúde/vida; 2) todas as ações inteligíveis têm como objetivo implícito a realização e proteção de algum bem em alguma medida; 3) esses bens não são escolhidos por cada pessoa ou comunidade política, pois são intrínsecos a todos os seres humanos e inerentes à sua complexidade de realização, de modo que a vida não é um recheado de ocasos e fortuitos, mas sim uma rica experiência de escolhas voltadas ao florescimento em suas mais distintas dimensões; 4) o verdadeiro florescimento está conectado com o ideal de realizar bens básicos não apenas na vida particular, como também no convívio em harmonia com os outros (FISHER, 2013, p. 271-275).

A propósito, esses bens básicos constituem o ponto central de reflexão do direito natural, que possui como elemento nuclear o conhecimento desses bens: 1) o direito natural, primeiramente, se preocupa com as formas básicas de florescimento humano que são buscadas e realizadas nas ações; 2) em seguida, se ocupa com os pressupostos da razão prática, os quais em última instância estão conectados com nos fins máximos (bens humanos); 3) por fim, o direito natural se dedica a pôr esse projeto em prática, discutindo proposições morais mais específicas (HALDANE, 2013, p. 41-42).

A presente pesquisa apresentará a aproximação do dano moral com os bens humanos básicos a partir da conjugação das teorias da lei natural de Bebhim Donnelly, John Finnis e Mark. C. Murphy. Na tentativa de fundamentar bens que geram racionalidade para qualquer ser humano em qualquer lugar, Bebhim Donnelly observa que existe um desafio relativista baseado na ideia de que abordar a moral do nosso tempo e espaço como base para a racionalidade gera o risco de justificar ações como corretas do mesmo jeito que no passado se julgava a escravidão correta, pois ter-se-á como parâmetros valores efêmeros e do presente. Deste modo, caso a base moral fosse formada por elementos contextuais e contingentes, o que se tem como certo ou errado rapidamente evaporaria com a extinção das contingências. É por este motivo que a referida autora advoga pela busca de uma investigação de bens humanos que fuja das relativizações e consiga trazer elementos de validade moral ligados a ação humana que independem do nosso tempo (2007, p. 125-126).

Assim, Bebhim Donnelly acentua que um completo estudo sobre os bens humanos básicos envolve quatro dimensões do ser humano, cada uma composta por dois elementos conceitualmente em tensão, um necessitando do outro: a) ser (relacionado à existência)/bem (relacionado ao dever); b) capacidade (relacionado a habilidades que temos enquanto ser humano)/atividade (relacionado à praticidade do dever); c) subjetividade (relacionado à perspectiva do indivíduo)/objetividade(relacionado à perspectiva que a dignidade deve ser percebida); d) personalidade (relacionado à individualidade)/política (relacionado à condição essencial sem a qual todas as outras dimensões não têm sentido) (2007, p. 123).

Desta feita, as características do ser (*being*) indicam que as pessoas existem em si mesmas e ao lado de outros, têm capacidade de interagir e se comunicar, necessitam de recursos do mundo para garantir sua existência, possuem raciocínio, sentimento, além de corpo e mente vulneráveis (DONNELLY, 2007, p. 126-127). Tais subsídios fundamentam a racionalidade do arcabouço jurídico brasileiro, o qual possui uma gama de bens jurídicos aptos a proteger essa faceta da vida humana e mostram "verdades essenciais de nossa condição humana que nos puxam para o que nós somos ou podemos ser num sentido pleno" (Tradução Livre) (DONNELLY, 2007, p. 128).

Por exemplo, o direito à vida garante a proteção da existência biológica da pessoa, assim como as liberdades (de locomoção, artística e de expressão) fomentam a existência da pessoa com outros. No mesmo sentido, o direito à saúde corporal e mental subsidiam as integridades psicológica e física necessárias para uma vida plena, ao passo que o direito à privacidade, intimidade e honra promovem um prestígio aos sentimentos. E a racionalidade inerente ao ser humano representa a possibilidade de uma busca por tais bens. É pelo elo com a racionalidade presente no ser humano que é possível o sentido pleno de existência (*being*) estar vinculado à busca pelos bens básicos (*good*): "os bens devem ser perseguidos porque eles representam basicamente a realização humana na vida, comunidade, comunicação, saúde, razão etc." (Tradução Livre) (DONNELLY, 2007, p. 130).

É por esse motivo que é possível afirmar que a racionalidade do direito natural está entranhada no sistema jurídico brasileiro e que este busca a construção de uma sociedade ética de respeito a bens básicos necessários para o florescimento humano, de modo que não é raro verificar hipóteses de dano moral indenizável que atingem bens jurídicos e em última instância afetem os bens humanos básicos, como nos danos morais por: a) deformidade física (corpo vulnerável, integridade física); b) agressões verbais e humilhações (sentimentos, mente vulnerável, honra, integridade psíquica); c) cárcere privado em local de emprego e/ou proibição de empregado de ir ao banheiro (ser, liberdade); d) erro médico com piora de saúde do paciente (corpo vulnerável, integridade física); e) divulgação de fotos íntimas por loja de conserto de celulares (sentimentos, mente vulnerável, honra, integridade psíquica); f) decisão inesperada de noivo de desistir do casamento na véspera (sentimentos, honra).

Deste modo, o atentado contra esses bens (básicos do direito natural e também jurídicos), para além de causarem um desequilíbrio injusto que merece reparação pela via da responsabilidade civil, impedem em diferentes graus uma existência plena do ser humano, motivo pelo qual a concepção de que o arcabouço normativo-positivo incorpora a ética do direito natural eleva o papel que os profissionais do direito e cidadãos têm para com esses valores, que estão conectados numa empreitada grandiosa que, ao invés de repelir e conflitar com o ordenamento jurídico, o embeleza, abrilhanta e prestigia, dotando-o de mais sentido e racionalidade, além de contribuir para uma alavancada de repulsa às práticas de apequenamento do dano moral, especialmente aquelas relacionadas ao mero aborrecimento tão propugnado pelos tribunais como justificativa para negar pretensões indenizatórias.

Sobre a dimensão subjetiva (*subjective*) e objetiva (*objective*), trata-se de entender que embora o ser humano seja detentor de uma perspectiva puramente individual acerca de suas crenças e modo de viver (subjetiva), esta perspectiva deve ser amoldada na vida em sociedade ao aspecto objetivo de consciência do modelo de vida social objetivamente considerado (DONNELLY, 2007, p. 132-134), de onde se infere que determinadas frustações, inquietudes e manias unicamente individuais muitas vezes não são protegidas para fins de caracterização do dano moral indenizável, pois existe um sentido objetivo do que deve ser protegido no campo individual.

No que tange às capacidades (*capacity*) e atividades (*activity*), Bebhim Donnelly acentua que uma existência plena é aquela que ao lado das capacidades humanas possui as atividades necessárias para ativá-las e atualizá-las, de modo que uma restrição indevida a essas atividades que afloram as capacidades é uma postura antiética, pois o ser humano não pode por ato de outrem ser ofuscado na busca pelo máximo de suas capacidades (2007, p. 135-141), visto que o florescimento é a manifestação das capacidades humanas no maior grau possível (FINNIS, 2011, p. 5). Esta ideia evidencia a adequação de hipóteses de dano moral indenizável quando por ato de outrem alguém deixa de realizar atividades profissionais, de lazer, contemplativas e até mesmo sexuais, provando o relevo que a preservação das capacidades humanas possui no bojo do direito de danos. Isso não apenas no campo do reconhecimento do dano moral, como também da quantificação, de modo que no momento de fixar o valor indenizatório, deve ser levado em conta a existência ou não de perdas de capacidades humanas (de olfato, fala, de relações, visão, sexuais, profissionais etc.) e de atividades, como no caso da perda de tempo útil.

Por fim, existe a faceta pessoal (*personal*) e política (*political*), já que o ser humano é um animal político e que constrói instituições para solucionar conflitos e tensões. Ambas devem ser conciliadas, no sentido de que enquanto parte do mundo, todos o compartilham mutuamente, de modo que haverá conflitos entre esses bens, os quais devem ser resolvidos tendo em vista o bem comum. É por isso que Alasdair MacIntyre ensina que na busca pelo bem que está além das individualidades deve-se responder à pergunta "o que é o bem para o homem", que será o que todas as respostas à pergunta "o que é o bom pra mim" têm em comum, e, nessa busca, será possível encontrar bens que estejam além das práticas (MACINTYRE, 1981, p. 219).

Sendo assim, se justifica a autoridade que a política e o Direito possuem na organização desses bens em sociedade, assim como a ideia de que os bens humanos são perseguidos individual, mas também coletivamente, como destaca Bebhim Donnelly: "a lei deve interferir quando existe um dano a esses bens por ato de outrem e quando a não violação desse dano é salvaguardada. Nós aceitamos a autoridade da lei na determinação sobre como esses bens devem ser buscados dentro de uma comunidade política específica" (Tradução Livre) (2007, p. 145).

Essa abordagem de Bebhim Donnelly é fortalecida por uma espécie de antropologia filosófica e biológica do ser humano de Tomás de Aquino, bem desenvolvida por John Finnis no livro *Aquinas* (2008). Nesta obra, o filósofo australiano dá um exemplo da pessoa que decide mentir sabendo que o que vai dizer é falso, compreendendo as expectativas de quem pergunta, os benefícios com a mentira, mas, paralelamente a isso sente um peso perturbador na consciência, vê a face do auditório, sente a ansiedade com a língua seca e os joelhos frágeis, lembra da desaprovação da sociedade e dos pais quando ele era criança. Esse espetáculo humano apresenta os sentimentos, as sensações, os movimentos, a escolha, a vontade, a observação, os efeitos físicos e psicológicos, a lembrança e a compreensão do todo, demonstrando a existência de a) uma unidade dinâmica complexa ao longo do tempo em uma só dimensão, pois quando se está na vida adulta se tem reflexos da infância; b) uma unidade dinâmica complexa de uma atividade, significando que todos aqueles eventos aconteciam ao mesmo tempo; c) a maturidade individual na compreensão de generalidades e objetos abstratos como verdade/falsidade (2008, p. 176).

Portanto, diferentemente das plantas e dos animais, os seres humanos têm não apenas a faceta vegetal – de funcionamento orgânico – e animal– de se locomover e ter sensações – mas também têm a capacidade intelectual da autocompreensão, de realizar escolhas e julgamentos. Adiante, assevera John Finnis, que essa característica que reside em qualquer ser humano é a raiz da dignidade e dos direitos humanos, pois todos possuem a capacidade de atualizar essas potências, todos perfazem um ser complexo que o faz ter ao mesmo tempo a solidez de uma estrela, a química e a complexidade biológica de um leão ou de uma árvore e, mais que tudo isso, a capacidade de entender todas as realidades e dentro de sua liberdade realizar julgamentos, escolhas e autodeterminar-se racionalmente (FINNIS, 2008, p. 179-180).

De acordo com a lista de Mark C. Murphy, existem nove bens humanos básicos que fundamentam racionalmente as ações humanas: vida (*life*), conhecimento (*knowledge*), experiência estética (*aesthetic experience*), excelência em performances gerais e no trabalho (*excellence in play and work*), excelência nas tarefas do dia a dia (*excellence in agency*), paz interior (*inner peace*), amizade (*friendship*), religião (*religion*) e felicidade (*happiness*) (2001, p. 96). O bem da vida que dá substrato ao aspecto anímico dos seres humanos é prestigiada com atos que a preservam não só na luta contra a morte, mas na preservação da integridade física e psíquica, já que o bem da vida é condição essencial para o acesso a todos os outros bens (MURPHY, 2001, p. 101).

Portanto, a vida assegura a existência corporal e orgânica, protegendo a sua preservação, prolongação e transmissão, motivo pelo qual a saúde corporal e psíquica encontra-se dentro do bem básico da vida. De forma mais ampla, as pretensões de nutrição, mobilidade, fertilidade, emoções, aprendizado, elaboração de planos pessoais, preferências, temperamento, linguagem e leitura também se encontram dentro de uma visão mais geral da vida. Por tal bem englobar uma variedade de ações tão ampla, é possível identificá-lo como fim em ações simplórias como cozinhar, trabalhar, cuidar dos filhos, realizar exercícios, selecionar melhor os alimentos, pagar planos de saúde, assim como em empreendimentos mais complexos como indústria farmacêutica, hospitais, programas de vacinação, leis voltadas à imposição de segurança e responsabilização criminal e civil para quem atenta contra a vida. Assim, como o ser humano não possui uma vida meramente biológica, uma vida bem vivida envolve uma dinâmica unificada em corpo e mente voltada a inúmeros planos e atividades (como visto acima), motivo pelo qual as pessoas não querem só viver (biologicamente), mas viver bem, com a preservação de todas as suas empreitadas na vida pessoal, familiar e social (FISHER, 2013, p. 271-275).

Tal bem básico, como visto anteriormente, também é um bem existencial protegido pela ordem jurídica e possibilita o cabimento do dano moral em diversas ocasiões, como no caso de erro médico que traz piora na saúde do paciente, em todas as situações de ofensa ao corpo e a mente humana (agressões e acidentes), assim como na frustração ampla do potencial humano de participar de planos, projetos, trabalhos, exercícios, interações e fertilidade. Consequentemente, mesmo que alguns danos reconhecidos no âmbito da responsabilidade civil possam ser associados de forma mais específica à perda de relações, perda do prazer de realizar atividades, perda de aptidões para o trabalho, perda de oportunidades e de mobilidade, deve-se ter em mente que como a vida é pressuposto para a busca de outros bens e reflete a pretensão de uma vida completa bem vivida, ao fim e ao cabo, tal bem também é ferido nas especificações de outros bens jurídicos e básicos.

O bem do conhecimento está relacionado a busca por informações, por dados, fatos etc., um conhecimento que vai desde questões básicas, como a temperatura de alimentos e a precisão do tempo, até o preço de produtos e divagações mais complexas como o que é democracia e o que prevê o ordenamento jurídico em tal aspecto. O fato é que quem possui conhecimento está em melhor condição, em tese, do que quem não possui. Ele é o bem que tange a necessidade pelo estar consciente do mundo ao redor e, independentemente de o conhecimento servir a si próprio, ele, mesmo sem ser instrumento para o sucesso pessoal e profissional, é um bem intrínseco (MURPHY, 2001, p. 106).

Tal bem básico pode ser identificado em algumas situações de dano moral indenizável, como na ausência dos pais em coordenar a vida do filho, em mostrar-lhe os caminhos, em preocupar-se com o norte que uma pessoa em formação deve possuir para uma vida plena, aqui a figura dos pais como mentores que estão ao lado para fornecer o substrato de veracidade sobre a vida que uma criança ou um adolescente necessita. Outras hipóteses podem ser encontradas em falhas do empregador ou do fornecedor de produtos ou serviços no tocante a aspectos da segurança no trabalho ou no modo como utilizar mercadorias, que acabem acarretando situações danosas para o empregado ou consumidor. Em todos esses exemplos, para além de um bem humano básico estar sendo violado, inúmeros interesses intrínsecos da ordem jurídica também são aviltados, como o cuidado/afeto nas relações de parentesco, qualidade do serviço/produto e segurança e proteção da saúde e da vida do trabalhador.

A experiência estética se revela como um bem básico no desejo humano de contemplar a beleza e participar do processo de criação de obras artísticas em geral (esculturas, músicas, pinturas, filmes, livros). Reconhece, portanto, a capacidade humana de florescer obtendo tais sentidos, sendo um bem em si mesmo independentemente de auferir renda ou êxito profissional. Nessa senda, devem ser incluídos prazeres menos complexos como tocar uma música em um instrumento, desfrutar de paisagens belas, sentir o cheiro das folhas e até mesmo apreciar bons vinhos e queijos, isto porque o objeto da experiência estética inclui a extensão de todos os sentidos (MURPHY, 2001, p. 110). É por isso que esse bem humano básico apoia não apenas hipóteses de identificação do dano moral envolvendo perda de sentidos (olfato, visão, tato, paladar, movimentos) como também dá um trampolim na quantificação da indenização, que deve levar em conta não apenas a perda da integridade corporal como a privação do prazer de apreciar e criar aspectos das artes. Assim, um trabalhador ou um consumidor que por conta de um acidente de trabalho ou de consumo perdeu uma porcentagem da visão, olfato, paladar ou movimentos e deixará de ter aquela parcela de sua capacidade humana, deixara também de desfrutar do prazer de um violão com amigos, um vinho com a família, um futebol e assim por diante, devendo isso ser considerado um desequilíbrio injusto para fins de fixação da quantia indenizatória. Por conseguinte, a análise apenas do interesse jurídico saúde ou integridade física ou psíquica acaba por deixar de fora inúmeros interesses que são consequentes destes, mas que passam despercebidos sem a abordagem dos bens humanos básicos.

A excelência em performances gerais e no trabalho se caracteriza como um bem humano básico. Em outras palavras, a satisfação de realizar boas performances é um bem em si mesmo e necessário para o florescimento humano (MURPHY, 2001, p. 112-113), seja nas atividades que visam a alcançar um bem externo (trabalho no esporte, com o intelecto ou braçal), seja em atividades gerais que são realizadas como um fim em si mesmo (montar um quebra cabeça, construir um castelo de areia, organizar os livros na estante, pescar, jogar baralho, estalar os dedos, cantar). Em todas essas hipóteses, há uma tentativa constante de o ser humano desempenhar bem suas tarefas, com excelência, embora Mark C. Murphy advirta que o fato de todas as atividades lúdicas ou profissionais tenham padrões de excelência não significa que quem não atinja tais excelências tenha fracassado.

Essa reflexão ética é de fundamental importância para a responsabilidade civil, seja na identificação, seja na quantificação do dano moral, uma vez que não existem apenas atividades artísticas – como visto anteriormente – mas também uma série de ações destinadas a aspectos lúdicos e/ou profissionais, de modo que em razão de um simples acidente que deixe um violinista sem o movimento de uma das mãos, deve ser sopesada na quantificação do dano moral não apenas a perda da integridade física e da experiência estética em participar do processo de criação de arte (bem básico da experiência estética), mas também o déficit que a vítima terá no jogo de baralho com a família, assim como a perda incomensurável do labor profissional (excelência em performances gerais e profissionais). Tal prática jurídica proporcionaria um salto qualitativo na tentativa de compensar (corrigir) no maior grau possível a perda injustamente causada. Aqui, mais uma vez a manifestação da aproximação dos bens humanos básicos com os bens existenciais (saúde, integridade física), aqueles potencializando qualitativamente estes.

Adiante, o bem da excelência em tarefas do dia a dia está bem adequado com diversos interesses juridicamente protegidos como a perda do tempo útil e a frustração intensa na realização de atividades cotidianas, conforme será visto a seguir. Destarte, Mark C. Murphy explana que as pessoas programam certas atividades de uma determinada forma (ir ao banco, supermercado, realizar matrículas, pagamentos, comprar um carro), escolhas estas que são racionais e íntegras e estão dentro de padrões de prospecções da vida de alguém. Em outras palavras, esse bem básico exige o respeito ao julgamento prático formulado pelo ser humano. Trata-se do respeito aos julgamentos de ação e escolhas (2001, p. 114). Deste modo, a linguagem da teoria neoclássica da lei natural se interpenetra com a jurídica para robustecer o dano moral indenizável em situações concretas que por ato de outrem se atrapalha o percurso de alguém, como nas falhas de serviço de empresas de telefonia que demandam horas/dias/meses para a solução, horas de espera em banco que obstaculizam o dia traçado do consumidor, muitas vezes idoso e até mesmo hipóteses mais graves como não entrega de carros/apartamentos no prazo fixado. Frisa-se que anteriormente, no campo estritamente jurídico, a perda de tempo útil e a ofuscação de percursos da vida foram tradados como violações mais ampla do bem existencial da liberdade e/ou da integridade psíquica.

Ademais, existe o bem básico da paz interior, conexo com a satisfação de desejos triviais e simples que proporcionam bem-estar, tendo em vista que o ser humano necessita de um estado psicológico de equilíbrio e ausência de estresse para a busca até mesmo de outros bens e para o exercício das capacidades humanas (MURPHY, 2001, p. 118-125). Deste modo, o bem humano básico da paz interior se conecta com o bem existencial da integridade psíquica, que fundamenta diversas hipóteses de reconhecimento de dano moral, como as comuns perturbações com cobranças indevidas, assédio no ambiente de trabalho, humilhações, perseguições de humoristas e jornalistas a personalidades públicas, dentre outros. Em suma, o que tem sido fundamental até o presente momento é perceber não apenas que os bens humanos básicos se relevam como bens existenciais protegidos pelo direito, mas principalmente alertar o Judiciário que, por exemplo, um consumidor que precisou ligar cinquenta vezes para cancelar um serviço deficitário, não foi atingido apenas no seu tempo perdido, no seu planejamento, mas também na sua paz interior roubada, aspectos estes que devem possuir impacto no momento da quantificação do valor indenizatório.

Adiante, Mark. C. Murphy desenvolve o bem da amizade (comunidade), amizade esta que se desdobra em interações menores, como a família, amigos, clubes, sindicatos, até a interação que resvala na própria comunidade política. Em todas essas dimensões é perceptível a existência de fins comuns. Embora a princípio o ser humano tenha o interesse próprio, esse se encontra o dos demais, formando diferentes níveis de amizade (2001, p. 126). Adicionalmente, tal envolvimento não é apenas conveniente, como necessário, especialmente no tocante a autoridade política que reivindica autoridade e força para coibir o comportamento de quem não se coaduna com as aspirações do grupo.

Desta feita, os membros de uma determinada comunidade devem conceber seus projetos individuais não apenas com o objetivo de concretizar os bens humanos básicos para si próprio, mas também como inseridos dentro de um contexto maior associativo no qual existe a união coordenada entre seres humanos, seja em grupos associativos menores como empresas, sindicatos, família, clubes e condomínios até em associações maiores como o próprio Estado. Nesse viés, o projeto individual exige sacrifícios na medida em que o caso central (ideal) de associação é o sentido pleno de amizade de Aristóteles, exigindo-se que o bem (básico) do outro seja uma razão para o agir próprio, permitindo a realização integral de todos os participantes da referida prática, pequena ou complexa[4].

É por esse motivo que a responsabilidade civil, para além de conter um campo de proteção de particularidades de cada indivíduo, possui uma dimensão mais ampla de projeto para a comunidade política nas relações intersubjetivas, forçando que as pessoas não ajam apenas com base no interesse próprio e formem – mesmo que de forma imperfeita – uma grande amizade entre todos, a partir do reconhecimento de que existe um bem comum que não é reduzido ao meu bem e vai além do interesse pessoal. As regras da responsabilidade civil forçam as pessoas a olharem para além de si mesmas, motivo pelo qual, por exemplo, uma companhia aérea que extravia

---

4. É nesse sentido que Alasdair MacIntyre, ao questionar como é possível existir uma comunidade completa e virtuosa, responde que é preciso estar atendo para a virtude de práticas menores, motivo pelo qual formula três dimensões gradativas para se alcançar a comunidade plena e virtuosa: o alcance dos bens internos das práticas, o êxito na unidade narrativa da vida humana e, por fim, o respeito à tradição. Essas três etapas representam uma unidade conceitual da tradição da ética das virtudes (1981, p. 186) e devem ser compreendidas como estágios necessários para o alcance de uma vida virtuosa no mundo contemporâneo, com um pequeno cuidado: é condição fundamental para o êxito de um estágio o alcance prévio do estágio anterior. Assim, o terceiro estágio só atinge sua plenitude se os estágios um e dois forem alcançados (MACINTYRE, 1981, p. 181).

a bagagem de um passageiro, acima de seu interesse lucrativo, deve estar seu comprometimento no pedido de desculpas e tentativa na solução do imbróglio.

Consequentemente, deve-se promover formas de organização e interpretação do direito que possibilite a realização do plano de vida de cada um dos participantes da prática social, cabendo ressaltar que sob a visão da tradição aristotélica-tomista, o ideal de uma comunidade virtuosa não pressupõe que o Estado seja o único promotor do bem comum. Ao contrário, em cada grau da comunidade política (grupos associativos menores) subsiste o dever de os membros favorecerem o bem do outro, não havendo razões para o Estado promover esse bem comum quando o mesmo pode ser bem efetivado por grupos menores (princípio da subsidiariedade) (FINNIS, 2007, p. 146).

Por conseguinte, trazendo a ideia de bem comum para o seio da responsabilidade civil, sabe-se que a perpetração de danos representa não apenas a violação direta ou indireta de algum bem humano básico, como também o desrespeito à exigência do bem comum, tanto no aspecto associativo menor (relações de consumo, relações de trabalho, relações de família, relações contratuais em geral) como no maior (Estado), impedindo a construção de uma comunidade política mais ética e virtuosa, na medida em que um dano representa afronta à plena realização do outro, e, portanto, se caracteriza como uma violação ao dever de pautar o bem do outro como razão do agir próprio, contribuindo para a decadência dos fatores que fortalecem a colaboração mútua.

Além disso, o bem básico da amizade também dá substrato para determinados bens jurídicos envolvendo o dano moral: é o caso da perda de relações, visto no primeiro capítulo, envolvido na ideia de que determinados danos, afora o fato de deixar debilidades físicas ou psíquicas na vítima, tem o condão de exclui-la do potencial de estabelecer relações com vizinhos, amigos, parentes, colegas e/ou parceiro. Imagine o caso de uma fratura no joelho em alguém que costumava jogar futebol com os amigos aos sábados. Nesta hipótese, além da violação a integridade física, perda da excelência em realizar atividades, surge o infeliz obstáculo ao bem da amizade, da interação com os outros, que por conta de um ato de outrem acometeu a vítima, devendo, ao lado das outras perdas, ser sopesada para fins de quantificação do valor indenizatório.

Por conseguinte, justifica-se a autoridade estatal na proteção de, digamos, um nível de amizade forçada entre as pessoas, fazendo com que haja, por convicção de princípios próprios ou por receio de sanção, um respeito para com outro de modo a não o lesar, na proporção em que agir contra os bens do outro quebra o espírito da amizade envolvendo o viver em comunidade. Portanto, o Estado, por meio da legislação e das decisões judiciais concretas protege o caminho de cada um desses bens e estabelece um padrão de conduta decente, rechaçando falsas formas de relações de amizade que corrompem o florescimento do próximo. O Estado, assim, força um tipo de amizade e de moralidade em gradações mais concretas dos bens humanos básicos, sendo a autoridade política um aliado do projeto da lei natural, porque os indivíduos sozinhos não são capazes de atingir plenamente o florescimento na comunidade política, necessitando de regulamentação e autoridade política, mas a autoridade deve utilizar a força estatal realizando julgamentos do que é bom e ruim, certo e errado visto que é essencial para a promoção dos bens humanos e para a promoção de um tipo de relacionamento entre os cidadãos calcado no Estado de Direito, uma forma de amizade política.

O penúltimo bem humano básico é a religião, não somente no sentido de crenças em Deus, santos ou messias, mas também no reconhecimento do valor de qualquer abstração que vá além da ordem humana e que transcendem a humanidade e evidências concretas, podendo até ser caracterizado como uma extensão mais alargada do bem do conhecimento (MURPHY, 2001, p. 131). Outrossim, o bem básico da religião combina com os bens existenciais no tocante ao reconhecimento do dano moral por ofensas a crenças de uma pessoa ou de um grupo, gerando o dano moral individual ou coletivo indenizável, como em livros, escritos e pronunciamentos depreciativos ao conjunto transcendente de crenças que pertence a uma pessoa ou a um grupo, ferindo propriamente o bem jurídico da dignidade de tais cidadãos, pois viver dignamente envolve também a inviolabilidade e o respeito a religião, como valor também jurídico detentor de proteção.

Por fim, o bem humano da felicidade[5] pauta-se na busca pelo sucesso de um plano racional de vida traçado, assemelhando-se aos conceitos de *eudaimonia* de Aristóteles e de *beatitudo* de Tomas de Aquino. A felicidade, embora um conceito abstrato, se ajusta a capacidade de persecução de um conjunto bens humanos organizados numa vida particular que visam o florescimento de uma pessoa (MURPHY, 2001, p. 133-134). Tal bem humano abrilhanta a análise do dano moral particularmente nos danos que frustram de forma ampla o projeto de vida de alguém e não apenas o planejamento diário. Trata-se, em última instância, do vilipêndio definitivo ou parcialmente significante do percurso de vida que alguém idealizou, sendo possível identificar dano moral indenizável na perda de dedo de um escritor, de voz de um professor, da perna de um atleta, dentre outros. Em todas essas hipóteses, deve o Judiciário não apenas identificar o dano moral, como também levar em conta, para fins de quantificação, junto com as outras múltiplas perdas envolvendo bens humanos básicos/existenciais (jurídicos) o apagar de um projeto, de uma realização mais ampla de vida.

---

5. Inúmeras pesquisas no Brasil têm fundamentado a existência de um direito à busca da felicidade, como "O direito à felicidade no Brasil e na África do Sul", de Saul Tourinho Leal (2015), "A busca da felicidade em Sigmund Freud e sua percepção pelo Supremo Tribunal Federal do Brasil", de Frederico Meinberg Ceroy (2014), e, O direito à busca da felicidade: contribuição à hermenêutica à luz do pensamento de aristóteles", de Erick Winer Resende Silva (2013) porém sempre aliada ao ideal de dignidade humana ou de realização de todos os direitos humanos e fundamentais, na esteira da ideia de um superprincípio, motivo pelo qual pelas considerações já feitas acerca do princípio da dignidade humana, não será desenvolvido na presente pesquisa. Trata-se de um conceito que ainda está em construção.

O rol dos bens humanos básicos elaborado por John Finnis é muito semelhante ao de Mark C. Murphy, começando com o bem da vida, que está atrelado ao impulso de autopreservação e todos os aspectos da vitalidade que põe o ser humano em boa forma para a autodeterminação, como a saúde corporal, cerebral e a ausência de dor (2007, p. 91). Prossegue abordando o bem do conhecimento, que representa o ímpeto para evitar confusão e ignorância de modo a julgar as coisas corretamente, pressupondo que a pessoa bem informada está em melhor situação que a não informada (2007, p. 67-72). Continuando, assevera que o bem humano do jogo está relacionado ao engajamento a atividades que não têm qualquer propósito para além de seu próprio desempenho, podendo ser concebida como um elemento lúdico informal que, seja por atividades intelectuais (como o xadrez e o baralho) ou físicas (esportes em geral), contribui para o florescimento humano (2007, p. 93). Ademais, ainda existem os bens humanos da experiência estética – que diz respeito à apreciação de uma obra de forma significativa e satisfatória – da sociabilidade/amizade – calcado no valor da colaboração e interação entre pessoas – e da religião – conexo com o vínculo entre a pessoa e algum aspecto transcendental (2007, p. 93). Por fim, John Finnis acrescenta o bem humano básico da razão prática, o qual será avaliado no tópico subsequente, pois trata-se de categoria que se impregna em todos os bens básicos e apresenta uma visão ampla da teoria do direito natural, merecendo um espaço próprio.

Conclui-se que a abordagem dos bens humanos básicos facilita a compreensão e aplicação da responsabilidade civil, na medida em que os bens existenciais que subsidiam o dano moral funcionam – na perspectiva da presente pesquisa – como derivações de segunda ordem dos bens humanos básicos, o que faz com que seja possível caminhar adiante, com raciocínios de terceira, quarta, quinta ordem, de modo a tutelar em maior grau possível o ser humano em desequilíbrios injustos dentro dos miúdos dos múltiplos interesses atingidos. Essa forma de elasticemento dos interesses envolvidos no dano moral no diálogo com os bens humanos básicos está em harmonia com o raciocínio da teoria neoclássica da lei natural, pois, diante da insuficiência dos primeiros princípios para a motivação e avaliação do agir humano, é necessária a identificação de outros preceitos da lei natural que sejam mais específicos no direcionamento racional da ação humana. Esses preceitos de segunda ordem representam uma particularização do primeiro princípio, estando, pois, na mesma seara da lei natural e não em dimensão totalmente distinta do raciocínio prático (FERREIRA NETO, 2015, p. 259).

Destarte, compreendendo que os bens existenciais decorrem dos bens humanos básicos e contribuem para o florescimento humano, é possível o pensador do direito promover derivações de princípios e interesses (também jurídicos) menores e específicos, visto que em última instância essas derivações visam o prestígio mais amplo de que o bem deve ser perseguido (na ordem ética) e a dignidade humana (comando ético que se tornou jurídico) deve ser potencializada nas miríadas das relações interpessoais e todas as suas facetas e dimensões relacionadas ao florescimento devidamente compreendidas, interpretadas e protegidas.

Como se não bastasse, esta aproximação dos bens humanos básicos com os bens existenciais favorece uma compreensão mais completa da dignidade da pessoa humana (transcendental e ontológica), fio condutor de todos os bens existenciais, na medida em que permite valorar aspectos que os seres humanos compartilham entre si como membros da mesma espécie (por exemplo a vida e saúde), mas também enaltecendo aquilo que de mais profundo torna o ser humano digno e que não tem relação com aquilo que ele compartilha com os outros, mas sim com aquilo que ele possui de mais original e particular (seus projetos de vida, frustrações, amizades, relações, prazeres). Tal compreensão reforça o fato de que o ser humano não é apenas um membro de uma espécie, vai além, é um ser complexo com peculiaridades próprias que devem ser compreendidas por aquele que lida com a responsabilidade civil e tem interesse no equacionamento de um desequilíbrio injustamente causado.

Incumbe uma digressão acerca da igualdade como bem existencial, que a princípio não figura entre os bens humanos básicos, porém possui uma fundamentação da lei natural que embasa também a razão da responsabilidade civil proteger tal bem como jurídico no trato com o dano moral. Todas as capacidades humanas são inerentes a todos, mesmo entre pessoas de diferentes países, de modo que todos os seres humanos possuem uma unidade (física, química, biológica, psicológica) e esse é o fundamento metafísico da igualdade humana que demonstra que quem não tem oportunidade de atualizar suas capacidades e florescer tem um decréscimo de dignidade e está em situação de desigualdade no tocante a bens (vida, amizade) que são bons para mim e para qualquer pessoa (FINNIS, 2011, p. 35). Porém é possível que por ato de outrem alguém deixe de usufruir, gozar ou de ter oportunidade sobre tais bens, como a igualdade, que em situações de discriminações injustificadas quebram o padrão de igualdade de tratamento que se impõe a todos, gerando o dever de indenizar.

Nesta senda, a comunidade política é um tipo de amizade no qual todos merecem ser tratados com igualdade. Essa amizade justifica o direito de igualdade de participar dos bens humanos básicos e das oportunidades necessárias para alcançá-los, como no caso de uma vaga de emprego ou de um bem/serviço oferecido, que pode fazer parte do projeto diário ou de vida de alguém e, como membro da espécie humana, precisa ter iguais condições de respeito para acessar a ocasião. Logo, tal amizade impregna a sociedade de uma forma de amor ao próximo a ponto de reconhecer que os bens são desejáveis por todos, os quais são merecedores em potencial (FINNIS, 2008, p. 116-117). Os direitos comuns se justificam com base nessa radical igualdade, posto que A tem um direito em face de B porque reside entre ambos uma igualdade normativa, embora nem sempre exista uma igualdade socioeconômica, motivo pelo qual John Finnis reconhece que a fundamentação ontológica dos direitos humanos e comuns a todos é a essencial igualdade de potência, capacidades e inclinações a bens humanos inerentes aos seres humanos (FINNIS, 2008, p. 136).

Nem todos os direitos e deveres envolvem direitos inerentes a pessoa, contudo, quando um direito/dever se dirigir à pessoa humana, isso é uma questão de justiça do direito natural em uma relação entre livres (capacidade de realizar escolhas) e iguais, de forma que nenhuma liberdade pode representar a dominação e julgo de alguém sobre outrem (FINNIS, 2008, p. 170). Assim, em matéria de igualdade, todos estão habilitados a serem tratados com igual consideração e respeito, independentemente de suas origens, cor, etnia, raça, orientação sexual, posição política ou ideológica, sexo, idade e profissão, sendo claramente adequadas decisões que determinam pagamento de indenizações por violações a esse princípio básico que se encontra na raiz da fundamentação dos direitos e da justiça e se revela como um bem extrapatrimonial por excelência.

Cabe reiterar que a responsabilidade civil quanto à proteção de bens existenciais está imbrincada com os bens humanos básicos, sendo aqueles especificações intermediárias destes. Assim, quaisquer atos que optem por destruir ou danificar qualquer instância dos bens humanos básicos está atingindo em alguma medida a realização humana da vítima, uma vez que um bem humano básico "sempre dá uma razão para não escolher destruir ou impedir alguma forma de realização desse mesmo bem" (FINNIS, 2011, p. 216). Em outras palavras, não é racional em uma atividade ou conduta perpetrar danos em face dos bens humanos básicos de outrem, assim como danificar bens que decorrem de níveis intermediários, específicos e concretos dos bens básicos, como é o caso da agressão física que em algum grau atinge o bem da vida; do abandono afetivo, que em algum aspecto fulmina um projeto coerente de vida; de perseguições e perturbações desmedidas, que em alguma dimensão comprometem o bem da paz e da integridade psíquica.

Nesse cenário, todos os seres humanos estão potencialmente aptos a buscar e alcançar a "beatitudo imperfecta" (beatitude imperfeita), que consite em praticar condutas virtuosas que atualizem suas potências, uma vez que é simplesmente impossível alcançar o totalmente satisfatório (excluindo todo o mal e realizando todas as virtudes) nesta vida. Somente uma "bem-aventurança imperfeita" está dentro de nossos poderes (FINNIS, 2011, p. 162-163). Nesta senda, a questão relevante para a responsabilidade civil é que em se tratando de bens extrapatrimoniais em alguma medida se estará ofuscando a busca por essa "beatitude imperfeita" ou florescimento, uma vez que todos os bens humanos básicos – os quais subsidiam os bens extrapatrimoniais – são de fundamental importância para a realização humana.

6.4 FUNDAMENTOS FILOSÓFICOS DA IDENTIFICAÇÃO E QUANTIFICAÇÃO DO DANO MORAL A PARTIR DO BEM HUMANO BÁSICO DA RAZÃO PRÁTICA

Dentre os bens humanos básicos desenvolvidos por John Finnis, a razão prática merece um espaço próprio, dada a sua profundidade e extensão, motivo pelo qual será feita a continuidade do impacto dos bens humanos básicos no campo da proteção extrapatrimonial do ser humano, agora com o estudo calcado no bem humano básico da razão prática e seus requisitos.

Na contemporaneidade, a palavra prudência adquiriu um sentido mais pobre do que a sua conceituação clássica da filosofia aristotélica-tomista. Hoje, a palavra prudência está vinculada a exigência de cuidado exigível em determinadas situações de modo a não causar dano a outrem, contudo, no sentido clássico o sentido é mais amplo, pois "tudo sobre como os bens humanos básicos se tornam conhecidos, se mesclam entre si e são realizados é uma matéria da razão prática, isto é, da prudência" (FINNIS, 2011, p. 29-30).

Prudente, então, é muito mais do que simplesmente adotar o cuidado que uma dada situação exige, pois o que confere a alguém a denominação de prudente (*prudentia*, nas palavras de Tomás de Aquino; *phronimos*, nas de Aristóteles) é a sua adequação aos requisitos da razão prática, de modo que viver em desrespeito a eles torna a atividade irracional, e, ao contrário, viver em harmonia com tais pressupostos confere ao ser humano a qualidade de sábio (*spoudaios*, nas palavras de Aristóteles) (FINNIS, 2007, p. 107). Consequentemente, embora a prudência seja a "mentalidade justa sobre o que fazer com a própria vida, incluindo a vida como cidadão" (FINNIS, 2011, p. 3), tudo isso tem a ver com o direito, visto que este, junto com a economia e a política, é uma ramificação da filosofia prática, para além do fato de o direito (leia-se o ordenamento jurídico) ser um verdadeiro projeto ético para o viver em sociedade.

Isto posto, a razão prática é a capacidade humana de compreender e trabalhar com julgamentos sobre proposições verdadeiras ou falsas e entender como uma ação pode ser considerada desejável, na medida em que alcance, promova e busque os bens humanos básicos (FINNIS, 2011, p. 1-3). É por isso que o direito (não é o único) é uma expressão do campo de atuação da razão prática, pois os legisladores e também juízes a todo momento decidem o que consideram justo/injusto, correto/incorreto, verdadeiro/falso, motivo pelo qual Tomás de Aquino disse que não importa se estamos falando de leis gerais e abstratas ou especificações destas, tudo se trata de proposições no campo da razão prática (FINNIS, 2011, p. 19). O juízo prático nessas dimensões não é apenas prático, mas também teórico, na medida em que a razão é uma realidade indivisível composta da razão prática e teórica, pois para saber como agir em uma situação concreta (na prática) é preciso ter uma ideia (teórica) de bem (FINNIS, 2011, p. 8).

Afora a aplicação na vida cotidiana de cada pessoa, a teoria dos bens humanos básicos representa o fundo de razão prática que as legislações constitucionais e infraconstitucionais incorporam. Contudo, de forma ampla, a importância da razão prática se manifesta na medida em que existe uma variedade inexaurível de combinações, concentrações e especializações que cada um pode realizar com os bens básicos (FINNIS, 2007, p. 105). Por exemplo, um pesquisador pode dar maior ênfase no bem do conhecimento em detrimento do bem do jogo ou da experiência estética, assim como um monge foca no bem da religião se comparado com a amizade e jogo. Pois bem, sabendo-se que os bens humanos básicos são os primeiros princípios da razão prática e se situam no campo do agir, mas que ainda assim são muito genéricos e amplos, surgem as questões: o que deve ser feito? O que pode ficar sem ser feito? O que não deve ser feito? Ter essa possibilidade de escolha entre um projeto inteligente e razoável e outros projetos aceitáveis é o aspecto primário segundo o qual podemos dizer que somos tanto livres quanto responsáveis (FINNIS, 2007, p. 105).

E esse é o ponto que traz a razão prática, pois os bens humanos em geral não possuem ainda força moral até que desçam a um nível mais concreto de ações e projetos. Por isso que o estudo da ética se refere ao agir, motivo pelo qual é possível afirmar que o ordenamento jurídico brasileiro possui um projeto ético para o viver em sociedade, também no que diz respeito ao dano moral, pois organiza e disciplina as diversas formas de bens humanos em situações concretas, embora no caso do dano moral tenha optado por uma verdadeira cláusula geral lacônica, porém eloquente do ponto de vista axiológico-valorativo.

Para uma ação ser considerada inteligível do ponto de vista prático é preciso um estudo das razões para o agir, no sentido de quais razões podem ser identificadas como básicas na ação humana, assim como é necessária a abordagem das condições ou pressupostos do raciocínio prático. Em outras palavras, a praticidade do direito natural envolve o conhecimento de certos bens que servem como razões para o agir racional em prol do florescimento humano, assim como o estudo dos requisitos da razão prática, que conduzirão a uma completa caracterização teórica da racionalidade do agir (MURPHY, 2001, p. 2).

Contudo, para conhecer os bens humanos básicos que orientam a ação humana e posteriormente terão impacto na responsabilidade civil, cabe salientar que Tomás de Aquino ensina que uma completa compreensão desses bens começa em um campo que não é prático e não orienta nenhuma ação específica, o chamado princípio máximo de que o bem deve ser buscado e perseguido e o mal evitado, um verdadeiro macro princípio do qual irão derivar princípios práticos ou bens básicos (1998, FINNIS, p. 85).

É por isso que os bens humanos básicos são os primeiros princípios da razão prática, pois mesmo sendo derivados de um princípio mais abrangente (o bem deve ser buscado e o mal evitado) ainda sim eles são os primeiros princípios que possuem implicações práticas na ação humana e são menos abstratos que o princípio máximo, daí é que pode se constatar o bem humano básico da vida na tentativa de uma equipe de profissionais da saúde de salvar um paciente (efeitos práticos). Como explica Mark. C. Murphy, "eles são os primeiros princípios na ordem prática. São princípios adequados para a busca em nossas ações concretas" (Tradução Livre) (2001, p. 7).

O primeiro desafio para essa empreitada é entender como esses bens humanos básicos (que estão conectados com os bens existenciais que sustentam o dano moral) podem ser conhecidos, sob pena de concluir certa arbitrariedade moral. Assim, inúmeras teorias surgiram para justificar como esses bens humanos básicos para o agir são identificados, dentre elas a teoria da inclinação (aceita por Tomas de Aquino e John Finnis), que defende a apreensão dos bens humanos básicos por meio de julgamentos que não são práticos, pois o conhecimento de tais bens adviria por inclinação aos mesmos, de sorte que seriam indemonstráveis e auto evidentes, não sendo deduzidos de nenhuma proposição metafisica ou mesmo sobre a natureza humana. Em outras palavras, o ser humano é capaz de que compreender que certos bens são bons de serem perseguidos e buscados sem precisar derivá-los de princípios mais abstratos (MURPHY, 2001, p. 7).

Nesse sentido, em Lei Natural e Direitos Naturais (2007), John Finnis explica que os primeiros princípios práticos (bens humanos básicos) servem para orientar o raciocínio prático e podem ser desdobrados em um número indefinido de princípios práticos e premissas específicas, porém tais primeiros princípios práticos (bens humanos básicos), que derivam do princípio máximo de que o bem deve ser buscado e perseguido e o mal evitado, são indemonstráveis e evidentes por si mesmos, mas também não precisam ser demonstrados, porque não existem causas e pré-condições, mas disso não deriva que ele é formulado reflexivamente pelas pessoas que se orientam pelo princípio, nem que quando ele é formulado por alguém em sua ação automaticamente a conduta é refinada ou aceitável, nem que se chega a ele sem experiência no campo prático (FINNIS, 2007, p. 72-75).

Portanto, os primeiros princípios do direito natural, que especificam formas básicas de bem e mal e que podem ser compreendidos por qualquer pessoal no campo da razão, são *per se nota* (auto evidentes) e indemonstráveis. Eles não são deduzidos de princípios especulativos. Eles não são deduzidos de fatos. Eles não são deduzidos de proposições metafísicas sobre a natureza humana ou sobre a natureza do bom e do mal ou sobre a função do ser humano, nem podem ser deduzidos de concepções teleológicas da natureza. Eles não são deduzidos nem derivados de nada. Eles são indemonstráveis (FINNIS, 2007, p. 34).

Aprofundando sua tese da inclinação, em Aquinas (1998, p. 82), John Finnis, com base em Tomás de Aquino, assevera que os bens humanos básicos são derivados de inclinações naturais (*naturalem inclinationem*), o que só se faz possível tendo em vista a natureza/essência do ser humano como ser vivo, animal e dotado de capacidade racional, isto porque o ser humano tem uma inclinação pela natureza que compartilha com os demais, pela busca de manutenção de sua existência e essência que lhe é particular. É por esse motivo que a presente pesquisa assume que o direito é um campo específico da filosofia prática e que não é fruto da vontade, mas sim da própria racionalidade humana na busca por esses bens, motivo pelo qual não se vive em uma sociedade anárquica de aniquilação mútua exatamente porque o ser humano (incluindo os legisladores e o juízes) está a todo momento buscando a realização dos bens básicos, ainda que intuitivamente.

Portanto, os seres humanos têm uma inclinação em direção a esses bens, e, compreendê-los perpassa pela análise das ações humanas. É por isso que há uma inclinação para a preservação da existência da vida e da sua proteção mais ampla, que envolve a saúde e a integridade do corpo (FINNIS, 1998, p. 80). Conclui-se que a virtude da prudência ou da razão prática envolve a tarefa de fixar os bens a partir das inclinações em direção a eles, assim como ao trabalho de equalizar os meios para alcançá-los, uma vez que a identificação dos primeiros princípios a partir das inclinações só é possível por intermédio da razão. Ou seja, fazer a escolha e se direcionar ao bem humano não é suficiente, pois a razão prática/prudência impõe que o caminho traçado seja racional em respeito a uma série de requisitos. Nesse sentido, os meios também correspondem a um fim e nenhum fim pode ser realmente entendido sem a sua relação com os meios (FINNIS, 2011, p. 184).

Salienta-se que os primeiros princípios não são puramente inatos, porque os bebês não os conhecem, mas com o passar da idade gradualmente vão apreendendo, através da razão (*intellectus*), o seu valor diretivo (FINNIS, 2011, p. 174-178). Destarte, os primeiros princípios do direito natural são inatos ou naturais em um duplo sentido. Primeiro, porque na experiência de qualquer ser humano que age com inteligibilidade eles são apreendidos sem qualquer dedução de um princípio pretérito (*per se nota, obvious*); segundo, são naturais porque estão imbrincados com as capacidades humanas e, através da compreensão dessas capacidades em alguns atos existe também uma nova fonte não demonstrada do conhecimento dos bens básicos, que, muito embora se manifeste em diferentes intensidades na vida de cada um, são bons de serem perseguidos e possuídos pra si e para um fazendeiro em Bangladesh (FINNIS, 2011, p. 179-180).

De modo a não incorrer na falácia naturalista formulada por David Hume (de que proposições morais de dever ser não podem obter derivações do ser), John Finnis explica, no segundo capítulo de *Aquinas* (1998, p. 80) destinado a aspectos metodológicos da tradição tomista, que existem quatro ordens do conhecimento e que os princípios primeiros da lei natural que compreendem os bens humanos básicos decorrem da terceira ordem do conhecimento e não do estudo inicial da natureza humana: a) ordem da natureza, que se dedica a objetos que não possuem a interferência do homem e independe de qualquer raciocínio, mas que subsidiam ciências naturais e físicas; b) ordem lógica, que fixa condições mínimas do pensamento; c) a ordem do conhecimento, que abrange o nosso deliberar, escolher e agir, de onde surgem ciências como o direito, economia, ética e política; d) ordem técnica, que envolve o conhecimento de produção de algo, como a fabricação de carros e quaisquer outros objetos, propriamente o campo da tecnologia (FINNIS, 1998, p. 20-22).

As ações humanas (inclusive a atividade legislativa e judiciária) estão alocadas na terceira ordem do conhecimento (deliberação), motivo pelo qual a expressão "natural" do direito natural não se conecta com a primeira ordem do conhecimento (natureza), mas sim natural no sentido de racional, ou seja, julgado pelos requisitos sobre ações certas ou erradas. Uma ação é naturalmente adequada quando está de acordo com a razão (pressupondo o respeito aos bens humanos básicos e requisitos da razão prática) (FINNIS, 1998, p. 45). Embora advenham da razão e não da natureza biológica humana, é certo que para apreender esses valores básicos é preciso de um nível de experiência de mundo relacionados ao que se vê, ouve, sente, toca e imagina e, na medida em que se tem contato com o mundo através dessas capacidades (que são biológicas) se inicia um processo de transformação de verdades particulares para universais, contudo, nessa empreitada o conhecimento de tais bens não se dá de forma dedutiva, pois muitas vezes são alcançados por meio de decepções, frustrações, derrotas e erros (FINNIS, 2011, p. 2).

Em termos de requisitos que conferem a uma atividade ou ação razoabilidade prática, John Finnis elenca e desenvolve o que segue: um plano coerente de vida; sem preferências arbitrárias por valores; sem preferências arbitrárias por pessoas; desprendimento e compromisso; a relevância (limitada) das consequências; respeito por cada valor básico em cada ato; requisitos do bem comum. Tais requisitos têm impacto na forma pela qual os primeiros princípios da razão prática (bens humanos básicos) adquirem concretude em ações específicas. São esses requisitos que permitem a passagem dos primeiros princípios para regras morais concretas, os quais juntos qualificam o agente como prudente, ou seja, é aquele que conhece os fins últimos e os persegue com razoabilidade (FINNIS, 2011, p. 12).

O plano coerente de vida representa a ideia de que as pessoas têm ou devem ter um conjunto harmonioso de propósitos e orientações, não como plantas, mas com compromissos efetivos, pois não é razoável viver de forma superficial, efêmera e transitória, de momento a momento, atendendo apenas a vontades imediatistas. A empreitada humana, assim, pressupõe um conjunto definido de objetivos e planos a serem realizados e, todo e qualquer plano de vida necessita, para ser alcançado, de um direcionamento de ações, harmonização de diversos compromissos, hábitos e controle de impulsos de acordo com o que as circunstâncias exigirão. Destarte, existe uma espécie de atividade racional desdobrada no tempo em que as ações subsequentes guardam uma sintonia de sentido com as que anteriores, sendo adequado reconhecer que é razoável que em uma vida exista um esforço racional de manter um nível de compromissos harmonizados entre si (FINNIS, 2007, p. 108-109).

Contudo, enquanto que a perda de oportunidades e/ou fracasso atribuídos a contingências fortuitas e/ou falta de preparo e compromisso do sujeito não possuem consequências jurídicas no campo da responsabilidade civil, é clarividente que a obstaculização de um plano coerente de vida, seja de forma menos expressiva (como atrasos em voos e perda de tempo para cancelar serviços), seja de forma mais intensa (perda de membro, invalidez e/ou o ataque injusto à honra) geram consequências para o dano moral, que permitirá que o prejudicado tenha relevado não somente que tais embaraços se caracterizam como dano, como também que tais pormenores sejam levados em conta na quantificação do valor indenizatório apto à corrigir a injustiça.

O segundo, terceiro e quarto requisitos se complementam. O segundo impõe a ausência de preferências arbitrárias por valores, ensina que não se deve exagerar arbitrariamente em qualquer valor básico, pois, embora qualquer plano coerente de vida implique em alguma ênfase a algum aspecto dos bens básicos, esse comprometimento não será racional se projetar força em algum bem humano de tal forma que os demais não existissem e não fossem formas de bem. O terceiro exige que não exista preferência arbitrária por pessoas, no sentido de conceber a ideia de que os bens humanos podem ser desfrutados por qualquer pessoa, e, mesmo que exista a razoabilidade da preferência a si mesmo, não se pode ser insensível ao florescimento dos demais. O quarto – desprendimento e compromisso – aponta para a necessidade de um certo distanciamento dos projetos em que a pessoa está envolvida, de modo que caso o projeto fracasse ou mude de rota não considere que a vida perdeu o total sentido. Em outras palavras, os planos de vida não podem ter um valor incondicional e fanático (FINNIS, 2007, p. 112-115).

Tais elementos da razão prática têm influência no modo como se lida com a responsabilidade civil. A ausência de preferência arbitrária por valores pode ser identificada no caso de um pai que aplique castigos físicos no filho em nome da "educação"; de um empregador que humilhe o empregado em nome da "produtividade"; uma companhia telefônica que importune cotidianamente a vida do consumidor em nome de uma "dívida"; um vizinho que ouça música alta de madrugada em nome da "cultura" deverão arcar com indenizações por dano moral às vítimas, não sendo motivo suficiente para afastar esse obrigação nenhum tipo de apego exacerbado a nenhum valor, pois mesmo que em si esse valor seja razoável, deixa de ser na medida em que resvala para o excesso. Em suma, fundamenta também o respeito ao arcabouço jurídico que os representantes do povo desenharam no que tange aos bens extrapatrimoniais protegidos juridicamente.

A ausência de preferência arbitrária por pessoas demonstra, em primeiro lugar, que não se pode ter um atrelamento exclusivo em si próprio, em seus próprios interesses, nem tampouco a pessoas ou grupos de pessoas sem motivo justificado, motivo pelo qual um empregador que deseja apenas contratar católicos; uma lanchonete que só venda para homens brancos; uma loja que negue atendimento a quem esteja mal vestido revelam condutas irracionais e propensas à censurabilidade em relação ao dano moral para quem eventualmente tenha sido prejudicado por tais condutas. Indo além, tal requisito justifica a ideia de que no trajeto de vida de cada um deve ter espaço para incluir respeito máximo aos projetos de outros, que em razão da ausência de preferência arbitrária, são de igual importância e proteção.

O requisito do desprendimento e compromisso, que evitam o apoio absoluto ou incondicional a um plano ou trajeto específico da vida humana, ajudam a compreender que no momento da quantificação do dano moral nem todas as frustações e obstáculos enfrentados por alguém por ato de outrem representam dano moral, visto que mesmo que para alguém seja de suma relevância que as pessoas lhe deem bom dia, que as pessoas lembrem do seu aniversário, que o ônibus passe exatamente no horário descrito e/ou que a escola tenha o dia das mães, tais miudezas não podem conferir um arruinar de todo um projeto de vida, pois são propensas ao realinhamento e renovação de uma opção diferente. Em outras palavras, diante de tais miudezas, deve-se refazer o caminho sem maiores problemas, o que não significa que quando alguém tiver uma mudança abrupta em seus projetos por ato de outrem, o simples fato de ser possível refazer o caminho (por exemplo quem perdeu uma perna e era atleta pode disputar as paraolimpíadas) for um subterfúgio para não reconhecer ou diminuir o valor do dano moral. Contudo, é possível avaliar que quanto mais penoso for esse refazer e recomeço maior deve ser o valor da indenização por dano moral.

O requisito subsequente é o da relevância das consequências, que significa que a pessoa deve utilizar métodos eficientes para realizar seus propósitos de modo a causar o menor efeito danoso possível. Como se está no campo do agir, é preciso ter sensibilidade com as consequências, como explica John Finnis: "é preferível o bem humano ao bem dos animais; onde o dano é inevitável, é preferível atordoar a ferir; isto é, menor grau em preferência a maior grau de dano. Um remédio que tanto alivia a dor quanto cure deve ser preferível a um que meramente alivie a dor" (2007, p. 115). Portanto, esse requisito explica que em diversas relações privadas o dano ou risco de dano é inevitável (por exemplo: pessoas que trabalham em locais insalubres ou em atividades perigosas, consumidores que são cobrados por dívidas, vizinhos que devem fazer barulho para reforma), contudo, existe uma regra ética de que deve fazer o possível para aliviar as consequências, quando a conduta ou atividade for inevitável, devendo o trabalhador possuir o maior aparato de segurança e preparo possível, as cobranças de dívidas serem realizadas da forma mais discreta e respeitosa possível, e assim por diante, sob pena de gerar o direito a compensação por dano moral.

Outro requisito da razão prática é o respeito por cada valor básico em cada ato, que demonstra que a pessoa não deve "escolher realizar qualquer ato que em si não faz outra coisa além de danificar ou impedir a realização ou participação em qualquer uma das formas de bens básicos. Cada um é objetivamente básico assim como os outros em termos de importância, pois o valor deles não pode ser subordinado a qualquer projeto (FINNIS, 2007, p. 123). Assim, danificar indiretamente um bem básico é diferente de racionalmente dirigir a conduta para danificar diretamente o mesmo bem ao escolher um ato que simplesmente danifica esse bem, pois esta conduta é o mesmo que se dedicar a um ato de oposição a um valor incomensurável da personalidade humana que a pessoa trata como comensurável, de modo que a razão requer que cada valor básico seja pelo menos respeitado em cada uma e em todas as ações (FINNIS, 2007, p. 124). Como assevera John Finnis, "se a pessoa pudesse sempre escolher corretamente um único ato que em si danifica e em si não promove algum bem básico, então ela poderia escolher corretamente programas, instituições e empreendimentos inteiros que em si danificam aspectos dos bens básicos" (2007, p. 124).

Nesse sentido, John Finnis esclarece claramente que este princípio sustenta a tese do integral respeito e inviolabilidade de todos os direitos humanos básicos, não sendo possível qualquer direito humano ser ignorado em nome dos sentimentos ou da livre escolha, nem mesmo por qualquer argumentação de custo benefício (2007, p. 126). É por isso que não se sustentam as sentenças judiciais que fundamentam a diminuição do dano moral com base na "crise econômica do país" ou na "boa conduta posterior do réu ao pedir desculpas" ou "na importância do empreendimento", visto que ao lidar com o dano moral o que está em jogo são bens existenciais que no fundo ético são bens básicos e incomensuráveis. Na mesma linha, qualquer atividade, por mais nobre que seja (religiosas, sociais), por mais lucrativa e importante na circulação de bens e serviços (comércio, indústria), não pode tornar o juiz míope para violações de direitos, em todas as suas facetas, patrimoniais ou extrapatrimoniais.

O penúltimo requisito é o do bem comum e aqui interessa particularmente o bem comum da comunidade política, e, nessa dimensão, há dois significados para o termo. O primeiro representa a intenção de garantir todo um conjunto de condições materiais e de outros tipos que tendem a favorecer a realização, por parte de cada indivíduo da comunidade, de seu desenvolvimento pessoal. O bem comum está relacionado a um conjunto de fatores que dão sentido à colaboração mútua e permitam condições para que os membros de uma comunidade atinjam seus objetivos e propósitos. Aqui os membros não precisam ter os mesmos planos de vida, mas sim todos deveriam ter condições básicas para o seu florescimento particular (FINNIS, 2007, p. 154). Um segundo significado para o bem comum perpassam pela constatação de que a vida, honra, privacidade, liberdade, amizade, saúde, igualdade, dentre outros são bons para quaisquer e todas as pessoas e cada um desses bens básicos são "comuns" no sentido de que "um número inexaurível de pessoas pode participar deles de uma variedade inexaurível de modos ou de uma variedade inexaurível de ocasiões (FINNIS, 2007, p. 156). Consequentemente, o interesse em alcançar tais bens é relevante e bom não apenas para a vida pessoal, mas para a de qualquer pessoa e essa universalidade reforça a normatividade do bem da amizade, no sentido de que o bem que eu persigo também é o bem de outros, devendo existir uma ponte de solidariedade para que se permita a realização integral de todos os participantes de uma prática social, já que "o bem é, como existência, aquilo que dividimos com todos os seres da face da terra" (FINNIS, 2011, p. 34), motivo pelo qual não deve ser relativizada a proteção do dano moral por se tratar de um mendigo, uma prostituta ou um favelado.

Cabe salientar que, infelizmente, não é papel da responsabilidade civil garantir de forma ampla e plena o bem comum do primeiro tipo, estando a busca por esse bem comum mais relacionada às políticas públicas. A responsabilidade civil não é guardiã primeira sequer dos bens humanos básicos em geral, cabendo à realização de diversos aspectos do florescimento humano à família, às instituições e ao Estado, mas é clarividente que a responsabilidade civil desempenha, não sozinha, o papel de promover e garantir o respeito a esses bens, que, já dentro do segundo tipo de bem comum, são literalmente comuns a todos, de modo que se por ato de outrem alguma faceta desse perfeccionismo humano for danificada, haverá razão prática para utilizar o arcabouço legal para impor a obrigação de indenizar, pois aqui não se tratará de alguém desprovida de um bem básico e que necessitava de uma conduta do Estado, mas sim de alguém que estava gozando ou em vias de gozar de um bem básico e que por ato de outrem foi penalizada.

Por fim, existe o requisito da razão prática chamado de seguir os ditames da própria consciência, contudo, pelo fato de o próprio John Finnis estabelecer que tal requisito está dentro do aspecto de que nenhum bem básico pode ser diretamente atacado em qualquer ato ou como um resumo de todos os requisitos (2007, p. 127), tal requisito da razoabilidade prática não será enfrentado. Ele representa, em suma, um grande desafio, pois se a pessoa for aberta à realização dos bens humanos básicos, é capaz de articular os juízos práticos que a razão requer; de outro lado, se não possui tal inteligência, sua consciência irá induzi-la a erro. De todo modo, se alguém escolhe realizar algo desarrazoado mesmo sabendo ferir a razão prática, essa dignidade mesmo da consciência em erro está inserida na realização pessoal, pois a escolha para produzir juízos incorretos é uma faceta indispensável para uma existência pessoal plena e devem ser respeitados, mesmo quaisquer que sejam as consequências (2007, p. 128).

7
NOTAS CONCLUSIVAS SOBRE O DANO MORAL NO BRASIL

7.1 O DANO MORAL NÃO É LEVADO À SÉRIO

É relevante relatar algumas inquietudes que foram determinantes para o pontapé inicial da investigação desenvolvida. Em primeiro lugar, este pesquisador se deparou com centenas de ações indenizatórias ao longo de sua experiência como advogado nas quais o julgamento do dano moral foi marcado por profundo silêncio em análises sobre os bens jurídicos envolvidos e critérios de quantificação, chegando ao ponto de um grupo de estudantes presentes em uma sessão do Tribunal de Justiça indagar-lhe "por que os desembargadores decidem a faceta existencial do ser humano com tanta simplicidade e descaso, mas quando o caso envolve um político ou tem repercussão social e holofotes, os votos são profundos e reflexivos já que o arcabouço normativo ensinado em aula de responsabilidade civil é de que a dignidade humana ocupa o seu cume e essa dignidade é a mesma para qualquer pessoa, independente de seu nível social/econômico?".

Em segundo lugar, ao longo de sua experiência como advogado este pesquisador se deparou com casos envolvendo violência sexual em que a vítima ficou traumatizada para ter quaisquer relações amorosas e sexuais e teve seus estudos e trabalho afetados em razão de profunda depressão, mas na sentença sobre o dano moral o magistrado não discorreu uma linha sequer sobre essas nuances injustas que desequilibraram a vida da vítima. Do mesmo nível de repugnância, este autor leu processos em que a perna amputada de um funcionário de uma multinacional foi fixada em R$ 30.000,00, o mesmo valor que um pistão do motor de um carro importado, denotando um Judiciário descomprometido com a vida humana em sua integralidade.

Não menos expressiva foi a indignação com diversas decisões invocando critérios de quantificação absolutamente imorais, como a crise econômica, o salário do trabalhador, a condição social da vítima, a capacidade econômica do ofensor, dentre outros, sem demonstrar conhecimento mais amplo sobre as justificativas por trás deles e sem compreender o sistema que informa a racionalidade e o espírito da responsabilidade civil.

Ademais, outro fato atormentador é a prática conhecida e nefasta de o mesmo juiz/relator/turma estabelecer valores predefinidos e fabricados para cada tipo de dano (atraso de voo, inscrição indevida, amputação de membros do corpo, perda de ente querido, atraso na entrega do imóvel etc.) como se a vida humana obedecesse nuances idênticas e mecanicistas, ignorando o real desequilíbrio injusto sofrido por uma vítima específica e deixando que aplicar uma espécie de régua de cobre para investigar com seriedade o efetivo desequilíbrio causado pelo ofensor.

O fenômeno da responsabilidade civil quanto ao dano moral é melhor manuseado quando são compreendidos os fins últimos que subjazem o arquétipo jurídico de proteção dos bens existenciais, envolvidos em um complexo empreendimento de promoção do florescimento humano e proteção daqueles bens sem os quais não se vive uma vida bem vivida, cabendo salientar que a promoção dos florescimento humano não é uma tarefa exclusiva da responsabilidade civil, que se ocupa apenas com relações intersubjetivas, havendo outros ramos destinados aos direitos que fortalecem os bens humanos básicos, os direitos humanos civis e sociais.

Por conseguinte, quando se compreende a finalidade por trás dos bens existenciais presentes na ordem jurídica, a responsabilidade civil pode desempenhar melhor o seu papel no estabelecimento de regras de convivência no bojo de uma sociedade multicultural, complexa, altamente tecnológica, individualista e de risco, na medida em que diante da imprecisão da linguagem jurídica o jurista deve adentrar a fundo na *ratio* desses bens que o ser humano é titular, investigando o bem comum violado nas inúmeras condutas dos agentes privados e do Estado para construir que tipo de sociedade pretende-se viver. Nessa linha, mais distante se estará da banalização do dano moral com a alcunha de mero dissabor e mais próximo se chegará ao rechaço de condutas não toleradas, estabelecendo padrões de conduta adequados.

Destaca-se também, ainda na esteira da dimensão da quantificação, que a aferição dos graus nos parâmetros desenvolvidos revela demasiadamente a sensibilidade do juiz enquanto um ser inserido no bojo de uma sociedade específica, de modo que as regras de experiência – categoria do processo civil – se tornam fundamentais para a justiça corretiva e a investigação da magnitude do dano sofrido. Nesse sentido, pela observação do que normalmente ocorre na sociedade, um juiz é capaz de captar o grau de ofensa ao parâmetro de quantificação, muito pelo fato de que ele mesmo já sofreu na pele situações semelhantes ou imagina o descalabro que é perder um membro, um ente querido, um voo etc.

Após o estudo de diversas obras jurídicas nacionais e estrangeiras e decisões judiciais, mais do que nunca está na hora de afirmar que o dano moral nunca terá uma fórmula cartesiana e uma precisão matemática, mas, tanto quanto possível é preciso lutar pela edificação de critérios mais objetivos e parâmetros coerentes com os valores perseguidos pela ordem jurídica. Assim, não se deve interpretar os critérios de quantificação como uma tentativa de imprimir uma exatidão na identificação e quantificação do dano moral, pois a tutela da pessoa humana é um campo aberto de interesses protegidos e de aspectos de desequilíbrios que caracterizem o aumento do dano, jamais uma fórmula matematicamente exata.

Sob a ótica da presente pesquisa, se repudia qualquer forma de tarifação dos valores envolvendo indenização por dano moral, já que a vida humana é um empreendimento altamente complexo que implica em mergulhar nas diversas dimensões da plena realização, a qual tem nuances distintas para cada ser humano. Portanto, rejeita-se qualquer fixação de valor prefixados e instruções processuais sem a investigação do real impacto do ato ilícito na vida da vítima, do real desequilíbrio e complicações geradas.

Disso não decorre que se possa estabelecer previamente que um dado bem jurídico violado gerará uma indenização de X, porque diversas nuances devem ser analisadas. Infelizmente, não apenas as decisões aqui analisadas, mas diversas outras Brasil afora não se interessam pelas peculiaridades do caso e magnitude real do dano sofrido, o que se percebe pela reprodução idêntica de frases de efeito prontas. Quer dizer, os poucos critérios de quantificação utilizados são formas retóricas para dar um ar de fundamentação e suprir eventual vazio de justificação, mascarando as vigas mestras da responsabilidade civil.

Em verdade, se atravessa um estágio de litigação de massa na qual os magistrados tentam gerir uma quantidade de processos sobre-humana, mas isso não pode impedir que se abra mão de estudar a fundo a magnitude do dano em todas as suas nuances. Aliás, em tempos de crise no bojo de uma sociedade massificada e individualista só se reforça a busca pela máxima proteção da pessoa humana e de uma responsabilidade civil levada à sério, primando por uma leitura humanista, como assevera Pietro Perlingieri, ensinando que é preciso ler o direito civil não mais sob a ótica produtivista, mas sim "'relê-lo' à luz da opção ideológico-jurídica constitucional, na qual a produção encontra limites insuperáveis no respeito aos direitos fundamentais da pessoa humana. As épocas de decadência moral e civil são aquelas nas quais a justiça civil é a grande derrotada" (1997, p. 4-6).

7.2 O DEVER DE PREVENIR E REPARAR DANOS É MAIS ABRANGENTE DO QUE TRADICIONALMENTE SE PROJETA

O vocábulo responsabilidade civil deve ser substituído por direito de danos[1], no sentido de representar um campo do direito dedicado a impedir e/ou remediar os danos, tanto o dano-evento (caracterizado pela violação de um dever na ordem jurídica) quanto o dano-prejuízo (calcado nas consequências danosas materiais ou existenciais geradas pelo dano-evento) nos mais diversos campos de atuação: direito ambiental, direito de família, direito processual, direito do consumidor, direito do

---

1. O professor Nelson Rosenvald (2020), no artigo intitulado "por uma tipologia aberta dos danos extrapatrimoniais" defende que o chamado direito de danos tem relação com dois fatores: a) erosão dos pressupostos do dever de indenizar, com enfoque no dano, na vítima; b) proliferação de reconhecimento de danos indenizáveis. Fonte: https://migalhas.uol.com.br/coluna/migalhas-de-responsabilidade-civil/325209/por-uma-tipologia-aberta-dos-danos-extrapatrimoniais. Acesso em: 28.12.2020.

trabalho, direito tributário, direito administrativo, direito coletivo, direito constitucional, direitos humanos, filosofia, ética e políticas públicas[2].

Assim, as leis, as decisões judiciais, as políticas públicas e as práticas sociais em seu sentido amplo, na medida em que cuidem da distribuição dos encargos e direitos relativos aos danos existenciais ou materiais, visando a prevenção ou reparação/compensação dos mesmos, estar-se-á diante dessa categoria denominada de direito de danos. Nessa linha, as políticas públicas, entendidas como diretrizes voltadas para o enfrentamento de um problema público, podem estar no campo da reparação (ex: auxílio financeiro para autônomos) ou da prevenção de danos (ex: determinação de isolamento social), de modo que quanto mais o elaborador de políticas públicas conhecer essas bases, mais preparado estará para esse enfrentamento de problemas públicos relativos a danos existenciais ou patrimoniais. Ademais, política pública é gênero do qual são espécies leis, campanhas, multas, prêmios, obras, etecetera.

Assim, políticas públicas são programas de ação governamental voltados à concretização de direitos. Considerando-se hoje a abrangência dos direitos fundamentais, que em sucessivos pactos internacionais, depois ratificados e internados nas ordens jurídicas nacionais, vêm sendo ampliados (BUCCI, 2001, p. 13) é preciso realçar a importância da interdisciplinaridade no direito com políticas públicas, pois alguns institutos e categorias tradicionais do direito – como o direito de danos – hoje rarefeitos buscam novo sentido ou nova força restabelecendo contato com outras áreas do conhecimento (BUCCI, 2001, p. 5).

A responsabilidade civil é uma categoria que visa a impedir/prevenir ou reparar danos sofridos, sejam danos patrimoniais (que atingem, por exemplo, o salário, a renda ou bens adquiridos no mercado), sejam danos existenciais (que afetam bens extrapatrimoniais protegidos juridicamente, como a liberdade, a igualdade, a vida, a saúde, a honra, a privacidade etc.). Estes últimos são bens que se possui pela condição de ser humano, ou seja, não são adquiridos ao longo da vida e estão mais intimamente relacionados ao florescimento humano, à realização integral, pois sem os mesmos não é possível viver uma vida bem vivida e razoável. É, claro, vale destacar, que a propriedade privada, o emprego e o trabalho também são direitos humanos, e, em tempos de pandemia verifica-se que a proteção de bens patrimoniais também é essencial para a preservação da dignidade humana.

Vale firmar a posição da presente pesquisa no sentido de que o direito de danos pode desenvolver de forma autônoma apenas prevenção de danos. Desde a consolidação da responsabilidade civil como um ramo autônomo do direito civil, doutrina e jurisprudência vinham formando uma voz uníssona quanto a umbilical relação entre responsabilidade civil e a constatação do elemento dano, como consequência

---

2. Nessa toada, destaca-se o trabalho desenvolvido pelo Instituto Brasileiro de Estudos de Responsabilidade Civil – IBERC, o qual, em congressos e obras coletivas tem abordado as múltiplas fronteiras do direito de danos.

do princípio de não lesar outrem (*neminem laedere*), sendo inócuo falar em obrigação de reparar (responsabilidade civil) o dano sem a existência do mesmo, como destacam Sérgio Cavalieri Filho[3] e Silvano José Gomes Flumignan (2009, p. 124): sem o respectivo dano-prejuízo nenhuma importância terá a violação abstrata de interesses juridicamente protegidos, porque "o dano-consequência será o objeto da pretensão ressarcitória. Sem a consequência danosa, pode haver até a responsabilidade penal, a civil jamais" (FLUMIGNAN, 2009, p. 124).

Contudo, apesar da coerência dessa corrente com os pressupostos por ela traçados, ousa-se discordar diante da matiz constitucional inaugurada a partir da Constituição Federal de 1988, quando será possível defender a suficiência do dano-evento para a atuação de mecanismos de prevenção de danos, especialmente no caso do presente artigo, em que se está diante de uma pandemia inesperada e altamente danosa, não devendo os poderes públicas esperarem o leite ser derramado para adotar medidas de prevenção de danos. É verdade, tal conclusão só é possível porque o presente artigo considera que o direito de danos está presente em políticas públicas e, nesse sentido, não são necessários os elementos dano, ato ilícito ou nexo causal. Em tempos de pandemia ou situações similares, em razão dos compromissos assumidos pelo Brasil perante a ordem jurídica interna e internacional, há uma obrigação de prevenir danos.

Nesse viés, ao indagar sobre a possibilidade de responsabilidade civil sem dano, Cristiano Chaves de Farias, Felipe Peixoto Braga Netto e Nelson Rosenvald (2015, p. 57) afirmam que a resposta será negativa se o pressuposto for em termos de responsabilidade civil clássica no sentido de reparar danos injustos, pressuposto assentado há três séculos. De fato, em uma perspectiva puramente reparatória, impossível defender uma responsabilidade sem dano, porque a responsabilidade civil se resumiria a reparar e nada mais.

A possibilidade de assentar o direito de danos em um pilar diverso do unicamente reparatório se solidifica dentro de uma revisão mais ampla à luz da Constituição, tornando possível a responsabilidade civil desempenhar funções diversas da reparatória, como reflexo das novas exigências advindas da falência do modelo jurídico liberal. Mais que isso, permite lançar um olhar para o direito de danos para além das relações interpessoais marcadas pelo ato ilícito e nexo causal, haja vista que o Estado assumiu o compromisso de zelar por bens patrimoniais e existenciais.

Destarte, iniciou-se um movimento constitucional atento às exigências socioeconômico-culturais, tão carentes no modelo jurídico liberal, sendo a

---

3. Se o motorista, apesar de ter avançado o sinal, não atropela ninguém, nem bate em outro veículo; se o prédio desmorona por falta de conservação pelo proprietário, mas não atinge nenhuma pessoa ou outros bens, não haverá o que indenizar. (...) O ato ilícito nunca será aquilo que os penalistas chamam de crime de mera conduta; será sempre um delito material, com resultado de dano. Sem dano pode haver responsabilidade penal, mas não há responsabilidade civil. (CAVALIERI FILHO, Sérgio. *Programa de responsabilidade civil*. 10. ed. São Paulo: Atlas, 2012, p. 76-77).

Constituição Federal de 1988 no Brasil um exemplo disso, ao impor o comando ético de respeito à dignidade da pessoa humana como dever jurídico (art. 1º, III); ao estabelecer como um de seus objetivos a redução das desigualdades sociais e a promoção do bem de todos (art. 3º, III e IV); ao prever a inviolabilidade de interesses existenciais do ser humano (art. 5º, V e X); ao exigir que a propriedade cumpra a sua função social (art. 5º, XXIII); ao prever a proteção de inúmeros direitos sociais (arts. 6º a 11º); ao estabelecer como dever do Estado a proteção do consumidor e estipular que a ordem econômica deve observar a defesa do consumidor (arts. 5º, XXXII e 170, V).

Assim, a interpretação e construção do direito civil deve ser influenciada pelos ditames constitucionais, se tornando instrumento para a realização dos bens humanos básicos, como explica Sebastián Ernesto Tedeschi[4]. Nesta perspectiva, as categorias clássicas do direito de danos passam a ganhar releitura e redimensionamento para ter a sua atuação em harmonia com os interesses existenciais e patrimoniais protegidos pela Carta Magna e por tratados internacionais. É justamente nesse contexto que o direito de danos deve se revelar como instrumento de efetividade da dignidade humana, solidariedade social e justiça distributiva, nos casos onde restar caracterizada a violação de direitos e/ou interesses juridicamente protegidos no plano abstrato (dano-evento) sem a consolidação da consequência lesiva (dano-prejuízo).

No mesmo sentido, o direito de danos atua como um mecanismo de efetivação da solidariedade social e mecanismo de efetivação da Justiça Distributiva, seja no campo privado ou público medidas sejam tomadas para atingir o bem comum e contribuir para uma justa distribuição de encargos na sociedade. Portanto, o direito de danos não é apenas um instrumento da justiça comutativa – tendo por objeto a reposição de perdas injustamente causadas – mas também de justiça distributiva, entendida como o conjunto de exigências de colaboração que intensificam o bem-estar e as oportunidades de florescimento do ser humano (FINNIS, 2007, p. 165).

Trocando em miúdos, a justiça distributiva parte do pressuposto de que não são todos os seres humanos que possuem as condições essenciais para o florescimento e atualização de suas potencias (realização de projetos de vida), motivo pelo qual para que se persiga o ideal de que todos alcancem a sua felicidade a partir da efetivação dos bens humanos básicos (que numa linguagem jurídica são os bens juridicamente protegidos como a igualdade, honra, privacidade, saúde, vida, liberdade etc.) deve

---

4. De un derecho privado construido sobre la base de la parte general y el derecho de las obligaciones del derecho civil hemos passado al fenómeno inverso. Podemos mencionar la crisis de la noción de persona, que recibió el impacto de la genética creando nuevos status jurídicos; los derechos personalíssimos, que surgen em los tratados y constituciones, y desde allí penetran en los códigos (TEDESCHI, El Waterloo del Código Civil Napoleónico: una mirada crítica a los fundamentos del Derecho Privado Moderno para la construcción de sus nuevos princípios generales. In: COURTIS, Christian. *Desde outra mirada*. p. 169-170).

haver – em uma sociedade extremamente desigual – uma efetiva colaboração das pessoas, sendo o papel da justiça distributiva coordenar o a distribuição de recursos, oportunidades, lucros, ônus, vantagens, papeis, responsabilidades, e encargos (2007, p. 165).

O direito de danos é sim um problema também de justiça distributiva, pois deve ser motivo de reflexão por parte dos juízes, advogados, defensores, legisladores e gestores públicos – à luz dos novos comandos constitucionais, possibilitando o fomento do bem comum e dos bens humanos básicos na medida em que inibe/atua situações presentes potencialmente causadora de dano-prejuízo futuro ou reparar danos já causados. Esse esquema busca garantir a justiça distributiva para compensar todos que sofrem dano no curso da vida ao passo que a justiça comutativa visa apenas a reparar/compensar alguém que sofreu um dano-prejuízo de outrem, eis que assentada no viés eminentemente reparatório.

Salienta-se o poder do Estado é uno, de modo que as funções legislativa, executiva e judicante estão imbrincadas na tarefa de promover os objetivos traçados pela ordem jurídica. Assim, a política pública envolve as múltiplas formas de atuação do Estado visando a alcançar seus objetivos (BUCCI, 2006, p. 37) e envolvem necessariamente a realização de direitos fundamentais por meio dos diversos órgãos e poderes do Estado. Portanto, "nenhuma política pública pode violar os direitos fundamentais, porquanto tal representa a transgressão dos próprios objetivos do Estado. Todas as condutas desenvolvidas pelo poder estatal devem objetivar a efetivação de direitos fundamentais" (CANELA JUNIOR, 2009, p. 42).

Portanto, o direito de danos determina e obriga um compromisso do Estado, por meio de políticas públicas, no sentido de prevenir e reparar danos. Há um liame entre os direitos humanos no plano internacional e os bens existenciais no plano interno, pelo que deve ser perquirida uma ruptura da dicotomia clássica entre direito interno e direito internacional, para reconhecer que ontologicamente os danos perpetrados são muitas vezes idênticos ou até mais graves que aqueles cometidos pelo Estado. Além disso, a evolução histórica dos direitos fundamentais na experiência europeia e latina demonstra que a dogmática das Constituições incorporou a proteção de bens jurídicos essenciais e supremos para uma vida plena do ser humano previstos em documentos internacionais, bens estes dignos de inviolabilidade por outras pessoas ou pelo Estado, os quais devem nortear todo o conjunto normativo constitucional e infraconstitucional. Sendo assim, fica claro que a proteção da pessoa humana no plano internacional ou no plano interno revela que esse é o valor da mais alta hierarquia em qualquer ordenamento jurídico.

Assim, o valor da dignidade da pessoa humana pode nortear os direitos da personalidade (previstos no Código Civil), os direitos fundamentais (previstos na Constituição), assim como todo o emaranhado normativo no campo do direito internacional dos direitos humanos, servindo de apoio para a investigação dos interesses existenciais ou materiais dignos de tutela, especialmente porque os principais tratados e pactos foram devidamente ratificados pelo Brasil, como no caso dos exemplos abaixo, os quais possuem diversos interesses protegidos que tem pertinência com os danos ocasionados pela pandemia: emprego, trabalho, renda, saúde, vida etc. Desta feita, passar-se-á à análise de algumas políticas públicas envolvendo a COVID-19 no Brasil, cotejando-as com o que foi visto acima, de modo a demonstrar como a categoria da responsabilidade civil é ampla.

POLÍTICA PÚBLICA	OBJETO	PREVENÇÃO OU REPARAÇÃO	DANO EXISTENCIAL OU MATERIAL	BEM JURÍDICO
MP 933/2020	Congelar preços de medicamentos	Prevenção	Existencial e material	Saúde e renda
MP 937/2020	Auxílio de R$ 600,00	Reparação	Material	Renda
MP 948/2020	Cancelamento de serviços	Prevenção	Material	Renda
Aquisição[5]	6,5 mil respiradores	Prevenção	Existencial	Saúde/Vida
Lei 13.987	Distribuição de gêneros alimentícios	Reparação	Existencial	Vida
Campanha Ministério do Turismo[6]	Não cancele, remarque viagens	Prevenção	Material	Renda
Decreto 40.550	Atividades suspensas	Prevenção	Existencial	Saúde/vida
Controle de constitucionalidade[7]	STF proíbe presidente de suspender isolamento	Prevenção	Existencial	Saúde/vida
Anatel[8]	Proíbe corte serviços de telefonia	Prevenção	Existencial	Liberdade

Por fim, no texto "as políticas da responsabilidade civil no common law", Nelson Rosenvald (2020) – apoiado em Peter Cane, Guido Calabresi e Terence Ison – explica que a responsabilidade civil está no campo da política quando são modificadas as regras e princípios que determinarão vencedores e perdedores em demandas de danos. Assevera que existem políticas de regulação que buscam, por exemplo, influenciar o comportamento das pessoas a perpetrar menos danos e minimizar custos com acidentes. A política de reparação de danos também pode estar presente em propostas de fundos de compensação em casos de doenças, mortes, lesões etc., tal como no Brasil existe em relação a acidentes de trânsito.

---

5. Fonte: https://www.gov.br/casacivil/pt-br/assuntos/noticias/2020/abril/governo-federal-assina-primeiro--contrato-com-fabricante-nacional-para-aquisicao-de-respiradores. Acesso em: 10.04.2020.
6. Fonte: https://www.gov.br/casacivil/pt-br/assuntos/noticias/2020/abril/medidas-adotadas-pelo-governo--federal-no-combate-ao-coronavirus-8-de-abril. Acesso em: 10.04.2020.
7. Fonte: https://static.poder360.com.br/2020/04/ADPF-672-cautelar.pdf. Acesso em: 10.04.2020.
8. Fonte: https://www.poder360.com.br/justica/justica-proibe-teles-de-cortar-servicos-de-consumidores-inadimplentes/. Acesso em: 10.04.2020.

7.3 O HORIZONTE DA REPARAÇÃO POR DANO ENORME (PROPOSTA DO PROF. ROMUALDO BAPTISTA DOS SANTOS)

Percebe-se ao longo do presente livro, desde os critérios de quantificação, passando pelo elastecimento dos bens extrapatrimoniais protegidos juridicamente e pela justificativa filosófica da responsabilidade civil, que este autor está filiado a uma corrente humanista e de primazia da tutela da vítima. Contudo, essa perspectiva de enaltecimento do ser humano no trato das categorias jurídicas pode se mostrar insuficiente em alguns casos, especialmente naqueles em que o dano é de demasiada amplitude a ponto de os responsáveis diretos pelo mesmo ou não existirem ou não possuírem recursos para compensar ou reparar todas as vítimas, como nos casos da Boate Kiss, rompimento das barragens de resíduos de minério em Mariana/MG, tsunamis e terremotos, violência urbana[9], atentados terroristas, dentre outros.

Em todos os exemplos acima listados, Romualdo Baptista dos Santos (2018) considera que estão preenchidos os requisitos para enquadrá-los como "danos enormes": a) dano de proporções catastróficas que causam clamor social; b) conjunção de fatores que denotam causalidade múltipla, difusa ou indeterminada; c) se relacionam ao modo de vida da sociedade moderna (SANTOS, 2018, p. 204). Defende, ainda, que em situações desse calibre o paradigma da responsabilidade civil seja o do solidarismo (em oposição ao individualismo, responsável por fazer com que o sujeito responda apenas por consequências de suas condutas), considerando que a trajetória da culpa ao risco já se mostra insuficiente para cobrir a totalidade dos danos (SANTOS, 2018, p. 215). Em outras palavras, busca-se um modelo de responsabilidade civil que caminha "em direção a um direito à reparação em lugar do direito de responsabilidade; a qual se direciona à socialização do dever de indenizar" (SANTOS, 2018, p. 221).

Por conseguinte, nos casos de danos enormes, o chamado direito de danos mostra toda a sua potência como uma categoria que busca incessantemente a reparação da vítima, restando saber a quem será atribuído o dever de indenizar (SANTOS, 2018, p. 224), mas, ao mesmo tempo, denota a sua incompatibilidade com os Códigos Civis modernos, em que aquele que causar danos fica obrigado a repará-los. Mesmo com o advento da teoria do risco da atividade, a responsabilidade civil ainda se organiza sobre o dever de evitar e reparar danos e não sobre o direito subjetivo que a vítima tem à reparação (SANTOS, 2018, p. 225).

Mas, em termos práticos, o que essa proposta representa? Significa que as atividades desempenhadas pelo Estado e pelas empresas são de interesse coletivo, de sorte que seus efeitos colaterais, os danos, devem ser suportados pela mesma

---

9. Para maior aprofundamento na temática da responsabilidade civil no campo da violência urbana ler: BRAGA NETTO, Felipe. Violência urbana e responsabilidade civil: algumas perguntas e um vasto silêncio. In: ROSENVALD, Nelson; MILAGRES, Marcelo de Oliveira. *Responsabilidade civil*: novas tendências. Indaiatuba: Foco, 2017.

coletividade que se beneficia das atividades. Ou seja, a reparação de danos deve ser diluída entre os membros da coletividade (SANTOS, 2018, p. 227-228). Assim, "se as causas forem determinadas, a responsabilidade deve ser individualizada, mas se forem difusas ou indeterminadas, o dever de reparar danos também deve ser diluído entre agentes de modo a prestigiar a tutela da vítima" (SANTOS, 2018, p. 203).

Nesta senda, como no Brasil as tentativas de socialização do dano – como o DPVAT e seguros obrigatórios em certas atividades (transporte aéreo, transporte terrestre etc.) – ainda são insipientes, considera-se alvissasseira a proposta de reparação por dano enorme de forma fluída, construção essa harmônica com a Constituição e a tarefa de construir uma sociedade justa, solidária e com igualdade de encargos. Mais que isso, busca fazer com que os juízes estejam autorizados a utilizar maior liberdade para decidir por equidade, distribuindo proporcionalmente entre os vários causadores a obrigação de indenizar.

A referida proposta – que transita no campo da ética, do direito, da política legislativa e da hermenêutica – vem em boa hora, mas, como toda ideia que adentra nas raízes e pilares tradicionais, vai enfrentar muitos desafios: a) o lobby dos grandes litigantes no campo legislativo; b) em casos, por exemplo, de violência urbana, quando o pagamento de indenizações for feito pelo Estado, enfrentará uma revisão constitucional do sistema de responsabilidade estatal e do risco administrativo, além de argumentos como da reserva do possível e da progressividade dos direitos sociais; c) problemas de quantificação de danos inferior ao desequilíbrio sofrido, por se tratar do Estado como pagador; d) revisão da categoria do risco integral, especialmente nas situações em que os causadores do dano adotaram todas as precauções exigidas e mesmo assim o dano se consumou (como consequência natural da vida contemporânea).

REFERÊNCIAS BIBLIOGRÁFICAS

ABRAMOVICH, Victor. Linhas de trabalho em direitos econômicos, sociais e culturais: instrumentos e aliados. SUR. *Revista Internacional de Direitos Humanos*, n. 2, p. 188-223, 2005.

ALEXY, Robert. *Some Reflections on the Ideal Dimension of Law and on the Legal Philosophy of John Finnis*. The American Journal of Jurisprudence, v. 58, n. 2 (2013), p. 97-110.

ALEXY, Robert. *Teoria Discursiva do Direito*. Trad. Alexandre Travessoni Gomes Trivisonno. Rio de Janeiro: Forense Universitária, 2014.

AMAYA, Amalia. *Virtudes y filosofía del derecho. Enciclopedia de Filosofía y Teoría del Derecho*, v. 3, p. 1758-1810, 2015.

ANTONIOLLI, Luisa; KOZIOL, Helmut; SCHULZE, Reiner. *Tort law of the European Community*. New York: Springer, 2008.

ARENDT, Hannah. *A condição humana*. Trad. Roberto Raposo. São Paulo: Companhia das Letras, 2011.

ARISTÓTELES. *Ética a Nicômaco: Poética/Aristóteles*. Seleção de textos de José Américo Motta Pessanha. Trad. Leonel Vallandro e Gerd Bornheim da versão inglesa de W.D. Ross. 4. ed. São Paulo: Editora Nova Cultural, 1991.

ASSIS NETO, S. J de. *Dano moral: aspectos jurídicos*. Araras: Bestebook, 1998.

AZEVEDO, Antonio Junqueira de. Por uma nova categoria de dano na responsabilidade civil: o dano social. In: Filomeno, José Geraldo Brito; Wagner Júnior, Luiz Guilherme da Costa; Gonçalves, Renato Afonso (Coord.). *O Código Civil e sua interdisciplinaridade*. Belo Horizonte: Del Rey, 2004.

BAKER JR, John S. Natural law and justice Thomas. *Regent University Law Review*, v. 12, 2000, p. 471-512.

BARROSO, Luis Roberto. *O constitucionalismo democrático no Brasil*: crônica de um sucesso imprevisto. A Leitura. Belém: ESM-PA, maio 2013. v. 6, n. 10.

BARCELÓ, Rafael Ramis. *Derecho natural, historia y razones para actuar: la contribución de Alasdair MacIntyre al pensamiento jurídico*. Universidade Carlos III de Madrid (Tese de Doutorado). 2012.

BAROCELLI, Sergio Sebastián. Cuantificación de daños al consumidor por tempo perdido. *Revista de Direito do Consumidor*. ano 22-90. nov-dez, 2013.

BARZOTTO, Luis Fernando. *Amizade e mercado*: a relação mercantil como pressuposto ético-social dos direitos humanos. Artigo ainda não publicado. 2017.

BARZOTTO, Luis Fernando. *A democracia na Constituição*. São Leopolodo: Unisinos, 2003.

BATISTA, Francisco Diego Moreira. Critérios para a fixação dos danos extrapatrimoniais. *Revista de Direito*. p. 144-170, 2014.

BECK, Ulrich. *La sociedad del riesgo*. Hacia una nueva modernidad. Barcelona: Paidós, 1998.

BINANCIA, Paola. *Las nuevas fronteras de la protección multinível de los derechos*. Congreso anual de la Asociación Italiana de Constitucionalistas (Padova 22-23 de octubre de 2004). Fonte: http://www.ugr.es/~redce/REDCE6/articulos/09paolabilancia.htm.

BINENBOJM, Gustavo. *Petição Inicial da Ação Direta de Inconstitucionalidade n. 4815*, protocolada no Supremo Tribunal Federal no ano de 2012. Disponível em: http://www.stf.jus.br/arquivo/cms/audienciasPublicas/anexo/paginador.pdf. Acesso em: 14.10.2017.

BITTAR, Carlos Alberto. *Reparação civil por danos morais*. 4. ed. São Paulo: Saraiva, 2015.

BOLESINA, Iuri. *Danos: um guia sobre a tipologia dos danos em responsabilidade civil*. Porto Alegre, RS: Editora Fi, 2020.

BONNA, Alexandre Pereira; LEAL, Pastora do Socorro Teixeira. *Proteção multinível de direitos humanos nas relações privadas por meio do reconhecimento dos novos danos*. V Encontro Internacional do Conselho de Pesquisa e Pós-Graduação em Direito. Grupo de Trabalho Direito Internacional dos Direitos Humanos III, 2016, Montevidéu, Uruguai. Anais do Evento.

BONNA, Alexandre Pereira. *Punitive damages (indenização punitiva) e os danos em massa*. Rio de Janeiro: Lumen Juris, 2015.

BONNA, Alexandre Pereira. Análise crítica da indenização punitiva e responsabilidade objetiva no brasil à luz da teoria de Jules Coleman. In: ROSENVALD, Nelson; MILAGRES, Marcelo (Org.). *Responsabilidade civil: novas tendências*. Indaiatuba: Foco Jurídico, 2017. v.1 .

BRAGA NETTO, Felipe. Violência urbana e responsabilidade civil: algumas perguntas e um vasto silêncio. In: ROSENVALD, Nelson; MILAGRES, Marcelo de Oliveira (Org). *Responsabilidade civil*: novas tendências. Indaiatuba: Foco, 2017.

BUCCI, Maria Paula Dallari. O conceito de política pública em direito. *Políticas públicas*: reflexões sobre o conceito jurídico. São Paulo: Saraiva, 2006.

BUCCI, Maria Paula Dallari et all. *Direitos humanos e políticas públicas*. São Paulo: Pólis, 2001. 60p. (Cadernos Pólis, 2).

BURROWS, Vanessa K. *Constitutional limits on punitive damages awards*: an analysis of the Supreme Court case Philip Morris USA v. Williams. Legislative Attorney. American Law Division. Oder Code 33.773, july-2007.

CALDERÓN, Ricardo Lucas. *Afetividade e cuidado sob as lentes do direito*. Acesso: http://genjuridico.com.br/2017/12/08/afetividade-e-cuidado-sob-lentes-direito/.

CANELA JÚNIOR, ODVALDO. *A efetivação dos direitos fundamentais através do processo coletivo*: o âmbito de cognição das políticas públicas pelo Poder Judiciário. Tese de Doutorado em Direito. USP: 2009.

CARRIÓ, Genaro R. *Notas sobre derecho y lenguaje*. 4. ed. Buenos Aires: Abeledo-Perrot, 1994.

CASTEX, Mariano N. *Dano Psíquico*. Buenos Aires: Tekné, 1997.

CAVALIERI FILHO, Sérgio. *Programa de responsabilidade civil*. 10. ed. São Paulo: Atlas, 2012.

CEROY, Frederico Meinberg. *A busca da felicidade em Sigmund Freud e sua percepção pelo Supremo Tribunal Federal do Brasil*. Tese de Doutorado. UniCEUB, 2014.

CHANG, Ruth (Coord.). *Incommensurability, incomparability and practical reason*. Cambridge: Harvard University Press, 1997.

CHEHAB, Gustavo Carvalho. *O direito ao esquecimento na sociedade da informação*. Doutrinas Essenciais de Dano Moral, jul. 2015. v. 1.

CHINELLATO, Silmara Juny. Da responsabilidade civil no Código de 2002 – aspectos fundamentais. Tendências do direito contemporâneo. In: TEPEDINO, Gustavo; FACHIN, Luiz Edson (Coord.). *O direito e o tempo: embates jurídicos e utopias contemporâneas*. Rio de Janeiro: Renovar, 2008.

CHRISTIE, George C. Judicial decision making in a world of natural law and natural rights. *Villanova Law Review*, v. 57, p. 811-822. 2012.

CLAEYS, Eric R. *Virtue and rights in american property law*, 94 Cornell L. Rev. 889 (2009) Available at: http://scholarship.law.cornell.edu/clr/vol94/iss4/14.

COLEMAN, Jules L. The morality of strict liability. *William and Mary Law Review*, v. 18, p. 259-286. 1976.

COLEMAN, Jules L. The mixed conception of corrective justice. *Iowa Law Review*, v. 77, p. 427-444. 1992a.

COLEMAN, Jules L. The practice of corrective Justice. *Arizona Law Review*, v. 37, p. 15-31. 1995a.

COLEMAN, Jules. *Riesgos y daños*, Barcelona, Marcial Pons, 2010. Trad. de Diego M. Papayannis. Barcelona: Marcial Pons, 2010.

COLEMAN, Jules. *Second thoughts and other first impressions*. Analyzing Law, 1998.

COLIN, Ambrosio y CAPITANT, Henri, *Curso elemental de Derecho Civil*. Traducción de Manuel Batlle. Madrid: Instituto Editorial REUS. t. III.

COMPARATO, Fabio Konder. *A afirmação histórica dos direitos humanos*. 7. ed. rev. e atual. São Paulo: Saraiva, 2010.

CORDEIRO, António Menezes. *Tratado de Direito Civil Português*. Coimbra: Almedina, 2004. v. I. Parte Geral. t. III.

COUTO, Igor Costa; SILVA, Isaura Salgado. *Os critérios quantitativos do dano moral segundo a jurisprudência do Superior Tribunal de Justiça*. Orientação da Prof. Maria Celina Bodin de Moraes. Departamento de Direito da PUC/RJ, 2011.

DANTAS, Eduardo; NOGAROLI, Rafaella. Consentimento informado do paciente frente às novas tecnologias da saúde (telemedicina, cirurgia robótica e inteligência artificial). *Revista Portuguesa de Direito da Saúde*. ano 17, n. 33, 2020.

DESSAUNE, Marcos. *Desvio Produtivo do Consumidor*: o prejuízo do tempo desperdiçado. São Paulo: Ed. RT, 2011.

DETMOLD, M. J. Law as practical reason. *Cambridge Law Journal*, v. 48, p. 436-471, 1989.

DIDIER JR, Fredie. *Curso de Direito Processual*. 17. ed. Salvador: Juspodidvm, 2015. v. 1.

DONNELLY, Bebhinn. *A natural law approach to normativity*. Hampshire: Ashgate, 2007.

ENGISHC, Karl. *Introdução ao pensamento jurídico*. Trad. J. Baptista Machado. Lisboa: Fundação Calouste Gulbenkian, 2001.

FABRE-MAGNAN, Muriel. *Droit des obligations*. Presses Universitaire de France, París, 2007. v. 2.

FALEIROS JÚNIOR, José Luiz de Moura. Discriminação por algoritmos de inteligência artificial: a responsabilidade civil, os vieses e o exemplo das tecnologias baseadas em luminância. *Revista de direito da responsabilidade*, ano 2, p. 1.007-1.0,2. 2020.

FALEIROS JÚNIOR, Jose Luiz de Moura. A tutela jurídica dos dados pessoais sensíveis à luz da Lei Geral de Proteção de Dados. In: LONGHI, João Victor Rozatti; FALEIROS JÚNIOR, José Luiz de Moura (Coord.). *Estudos essenciais de direito digital*. Uberlândia: LAECC, 2019.

FARIAS, Cristiano Chaves de; BRAGA NETTO, Felipe Peixoto; ROSENVALD, Nelson. *Novo Tratado de responsabilidade civil*. São Paulo: Atlas, 2015.

FARIAS, Cristiano Chaves de; ROSENVALD, Nelson. *Curso de Direito Civil*: parte geral e LINDB. 13. ed. São Paulo: Atlas, 2015. v. 1.

FERREIRA NETO, Arthur Maria. *O cognitivismo e não cognitivismo moral e sua influência na formação do pensamento jurídico*. Tese de Doutorado. PUC/RS, 2013.

FERREIRA NETO, Arthur Maria. *Por uma ciência prática do direito tributário*. Porto Alegre: Quarter Latin, 2015.

FIELDMAN, Heidi Li. Prudence, benevolence, and negligence: virtue ethics and tort law. *Chicago-Kent Lae Review*, v. 74, p. 1431-1466. 2000.

FINNIS, John. *Lei natural e direitos naturais*. Trad. Leila Mendes. São Leopoldo: Unisinos, 2007.

FINNIS, John. *Aquinas: moral, political, and legal theory*. Londres: Oxford University Press, 2008.

FINNIS, John. *Reason in action*. Londres: Oxford University Press, 2011.

FINNIS, John. *Philosophy of law*. Londres: Oxford University Press, 2011.

FINNIS, John. *Human rights and common good*. Londres: Oxford University Press, 2011.

FINNIS, John. *Fundamentals of ethics*. Londres: Georgetown University Press, 1983.

FINNIS, John. *Grounding human rights in natural law*. The American Journal of Jurisprudence. v. 60, n. 2, p. 199-225, 2015.

FISHER, Anthony. Bioethics after Finnis. In: GEORGE, Robert P; KEOWN, John (Coord.). *Reason, morality and law*: the philosophy of Finnis. Londres: Oxford University Press, 2013.

FLUMIGNAN, Silvano José Gomes. *Dano-evento e dano-prejuízo*. Dissertação de mestrado. São Paulo: USP, 2009.

FREITAS, Cinthia Obladen de Almendra; PAMPLONA, Danielle Anne. Cooperação entre estados totalitários e corporações: o uso da segmentação de dados e profiling para violação de direitos humanos. In: RUARO, Regina Linden; MAÑAS, José Luis Piñar; MOLINARO, Carlos Alberto (Org.). *Privacidade e proteção de dados pessoais na sociedade digital*. Porto Alegre: Editora Fi, 2017.

FRIDMAN, G. H. L. *The law of torts in Canada*. Toronto: Carswell, 1990.

GASH, Jim. Solving the multiple punishments problem: a call for a national punitive damages registry. *Northwestern University Law Review*, v. 99, n. 4, p. 1613-1686. 2005.

GAUT, Berys; CULLITY, Garrett (Coord.). *Ethics and practical reasoning*. Londres: Oxford University Press, 1997.

GAUT, Berys. The structure of practical reason. In: GAUT, Berys; CULLITY, Garrett (Coord.). *Ethics and practical reasoning*. Londres: Oxford University Press, 1997.

GEORGE, Robert P; KEOWN, John (Coord.). *Reason, morality and law: the philosophy of Finnis*. Londres: Oxford University Press, 2013.

GEORGE, Robert P. (Coord.). *Natural law theory*: contemporary essays. Londres: Oxford University Press, 1992.

GIORGI, Raffaele de. *Direito, democracia e risco: vínculos com o futuro*. Porto Alegre: Sérgio Antônio Fabris Editor, 1998.

GONÇALVES, Carlos Roberto. *Responsabilidade civil*. 11. ed. São Paulo: Saraiva, 2009.

GORDLEY, James (2002). The moral foundations of private law. *American Journal of Jurisprudence*. vl. 47: Iss. 1, Article 1. Available at:http://scholarship.law.nd.edu/ajj/vol47/iss1/1.

GUGLINSKI, Vitor Vilela. O dano temporal e sua reparabilidade: aspectos doutrinários e visão dos tribunais. *Revista de Direito do Consumidor*, v. 24, n. 99, p. 125-156, maio/jun. 2015.

HALDANE, John. Reasoning about the human good, and the role of the public philosopher. In: GEORGE, Robert P; KEOWN, John (Coord.). *Reason, morality and law*: the philosophy of Finnis. Londres: Oxford University Press, 2013.

HART, Herbert. *O Conceito de Direito*. 2. ed. Trad. A. Ribeiro Mendes. Lisboa: Fundação Calouste Gulbenkian, 1994.

HART, Herbert. O Paraíso dos conceitos de Jhering e a Moderna Teoria Analítica do Direito Moderna. Ensaios *sobre Teoria do Direito e Filosofia*. Rio de Janeiro: Elsevier, 2010.

HEIDERHOFF, Bettina; ZMIJ, Grzegorz. *Tort law in Poland, Germany and Europe*. Munich, Germany: Sellier European Law, 2009.

HUBBARD, Patrick. The nature and impact f the tort reform movement. *Hofstra Law Review*, v. 35, p. 438-534, 2006.

IHERING, Rudolf Von. *A Luta pelo Direito*. São Paulo: Martin Claret, 2001.

IRWIN, T. H. Practical reason divided: Aquinas and his critics. In: GAUT, Berys; CULLITY, Garrett (Coord.). *Ethics and practical reasoning*. Londres: Oxford University Press, 1997.

JOSSERAND, Louis. *Derecho Civil*. Revisado y completado por André Brun, traducción de Santiago Cunchillos y Man- terola, EJEA-Bosch, Buenos Aires, 1951. v. I, t. II.

KEYS, Mary M. *Aquinas, Aristotle and promise of the common good*. Londres: Cambridge University Press, 2006.

KRAUSS, Michael I. *Punitive damages and the Supreme Court: a tragedy in five acts*. Federalist Society. August-2007.

KOZIOL, Helmut; WILCOX, Vanessa. *Punitive* damages: common law and civil law perspectives. Vienna: Springer, 2009. v. 25.

LEAL, Pastora do Socorro Teixeira; BONNA, Alexandre Pereira. Responsabilidade civil sem dano-prejuízo? *Revista Eletrônica Direito e Política, Programa de Pós-Graduação Stricto Sensu em Ciência Jurídica da UNIVALI*, Itajaí, v. 12, n. 2, 2º quadrimestre de 2017.

LEAL, Pastora do Socorro Teixeira; BONNA, Alexandre Pereira. Requisitos objetivos e subjetivos do punitive damages: critérios à aplicação no direito brasileiro. *IV Congresso Internacional de Direito Civil Constitucional*: da dogmática à efetividade, 2016, Rio de Janeiro. Anais do IV Congresso Internacional de Direito Civil Constitucional: da dogmática à efetividade. 2016.

LEAL, Pastora do Socorro Teixeira; BONNA, Alexandre Pereira. A fundamentação ética dos punitive damages e do dever de prevenir danos. *Revista FIDES*, v. 8, p. 18-28, 2017.

LEAL, Pastora do Socorro Teixeira; BONNA, Alexandre Pereira. Proteção multinível de direitos humanos nas relações privadas por meio do reconhecimento dos novos danos. *V Encontro Internacional do Conpedi Montevidéu – Uruguai*. Instituciones y desarrollo en la hora actual de América Latina. Montevidéu: Conselho Nacional de Pesquisa e Pós-Graduação em Direito, 2016. v. 1.

LEAL, Saul Tourinho. O direito à felicidade no Brasil e na África do Sul. *Revista Publicum*. n. 1. p. 229-256. Rio de Janeiro, 2015.

LORENZETTI, Ricardo Luis; FRADERA, Vera Maria Jacob. *Fundamentos do direito privado*. São Paulo: Ed. RT, 1998.

MACINTYRE, Alasdair. *After virtue*. 3. ed. University of Notre Dame Press: Notre Dame, 1981.

MACCORMICK, Neil. Natural law and separation of law and morals. In: GEORGE, Robert P; KEOWN, John (Coord.). *Reason, morality and law*: the philosophy of Finnis. Londres: Oxford University Press, 2013.

MCGOVERN, Francis. Punitive damages and class actions. *Louisiana Law Review*, v. 70, p. 435-462. 2010.

MARTINS-COSTA, Judith. O direito privado como um "sistema em construção": as cláusulas gerais no projeto do código civil brasileiro. *Revista da Faculdade de Direito da UFRGS*, n. 15, Porto Alegre, UFRGS/Síntese, 1998, p. 129-154. Disponível em: http://www.ufrgs.br/ppgd/doutrina/martins1.htm. Acesso em: 10.12.2015.

MASSINI-CORREAS, Carlos I. *Jurisprudencia analítica y derecho natural*: análisis del pensamiento filosófico-jurídico de John Finnis. Mendonza-Argentina, 2015.

MAZEAUD, Henri y Léon; TUNC, André. *Tratado teórico y práctico de la responsabilidad civil delictual y contractual*. 5. ed. Buenos Aires: Ediciones Jurídicas Europa-América, 1977. v. 1. Tomo primeiro.

MCBRIDE, Nicholas J; BAGSHAW, Roderick. *Tort Law*. 5. ed. Harlow: Pearson, 2015.

MCDOWELL, John. The role of eudaimonia in Aristotle's Nicomachean ethics. In: RORTY, Amélie Okserberg (Coord.). *Essays on Aristotle's ethics. Los Angeles*, University of California Press, 1980.

MCMYLOR, Peter. *Alasdair MacIntyre: critic of modernity*. Londres: Oxford University Press, 1994.

MENDES, Gilmar Ferreira; BRANCO, Paulo Gustavo Gonet. *Curso de Direito Constitucional*. 7. ed. São Paulo: Saraiva, 2012.

MEUCCI, Arthur; MATUCK, Arthur. A criação de identidades virtuais através das linguagens digitais. *Revista Comunicação, Mídia e Consumo da Escola Superior de Propaganda e Marketing – ESPM*. v. 2, n. 4, 5, p. 157-18. São Paulo, 2002.

MICHELON Jr., C. F. *The virtuous circularity*: positive law and particular justice. Ratio Juris, 2014.

MIRANDA, Pontes de. *Tratado de direito privado*, 3. ed. São Paulo: Ed. RT, 1984. t. LIV.

MIRANDA, Pontes de. *Tratado de direito privado*. 2. ed. Rio de Janeiro: Editor Borsoi, 1958. t. XXII.

MODAK-TRURAN, Mark C. Corrective justice and the revival of judicial virtue. *Yale Journal of Law & the Humanities*. v. 12: Iss. 2, Article 2, 2000.

MOLINA, André Araújo; HIGA, Flávio da Costa. *Direito ao esquecimento nas relações de trabalho*. Revista de Direito do Trabalho | v. 195/2018 | p. 63 – 109 | Nov / 2018 DTR\2018\20833.

MOORE, Michael. A Natural Law Theory of Interpretation. *Southern California Law Review*, 58: 277–398, 1995.

MOORE, Michael. Justifying the Natural Law Theory of Constitutional Interpretation. *Fordham L. Rev.* 2087, v. 69 (2001).

MOOTZ III, Francis J. Law in flux: philosophical hermeneutics, legal argumentation, and natural law tradition. *Yale Journal of Law and the Humanities*. v. 11, issue 2, article 3, p. 311-382. 1999.

MORAES, Maria Celina Bodin de. A caminho de um Direito Civil constitucionalizado. *Revista Estado, Direito e Sociedade*. v. I, 1991. Publicação pelo Departamento de Ciências Jurídicas da PUC-Rio.

MORAES, Maria Celina Bodin de. A *constitucionalização do direito civil e seus efeitos sobre a responsabilidade civil*. Direito, Estado e Sociedade. v. 9. n. 29. p 233 a 258 – jul/dez 2006. Disponível em: http://www.estig.ipbeja.pt/~ac_direito/Bodin_n29.pdf> Acesso em: 01/11/2012.

MORAES, Maria Celina Bodin de. O conceito de dignidade humana. In: SARLET, Ingo Wolfgang (Coord.). *Constituição, Direitos Fundamentais e Relações Privadas*. Porto Alegre: Livraria do Advogado, 2008.

MORAES, Maria Celina Bodin de. *Danos à pessoa humana*: uma leitura civil-constitucional dos danos morais. Rio de janeiro: Renovar, 2009.

MULHERON, Rachel P. *Principles of Tort Law*. Cambridge: Oxford University Press, 2016.

MURPHY, James Bernard. *Philosophy positive law: foundations of jurisprudence*. New Heaven: Yale University Press, 1958.

MURPHY, James Bernard; Mark. C. *Natural law and practical rationality*. Nova York: Cambridge University Press, 2001.

NEGREIROS, Tereza. *Teoria do contrato: novos paradigmas*. 2. ed. Rio de Janeiro: Renovar, 2006.

NOGAROLI, Rafaella; SILVA, Rodrigo da Guia. Inteligência artificial na análise diagnóstica: benefícios, riscos e responsabilidade do médico. In: KFOURI NETO, Miguel; NOGAROLI, Rafaella (Coord.). Debates contemporâneos em direito médico e da saúde. São Paulo: Ed. RT, 2020.

NORONHA, Fernando. *Direito das obrigações*. 4. ed. São Paulo: Saraiva, 2013.

PALMER, D.E. Pop-ups, cookies, and spam: toward a deeper analysis of the ethical significance of internet marketing practices. *Journal of business ethics,* 58(1-3): 271-280, 2008.

PAMPLONA FILHO, Rodolfo; ANDRADE JÚNIOR, Luiz Carlos Vilas Boas. A torre de babel das novas adjetivações do dano. *Revista Direito UNIFACS*, n. 176, 2015. Disponível em: http://www.revistas.unifacs.br/index.php/redu/article/viewFile/3477/2491. Acesso em: 13.12.2015.

PAVLAKOS, George; BERTEA, Stefano. *New essays on the normativity of law*. Londres: Hart Publishing, 2011.

PERLINGIERE, Pietro. *Perfis do direito civil*. Introdução ao direito civil constitucional. 3. ed. Trad. Maria Cristina De Cicco. Rio de Janeiro: Renovar, 1997.

PIEPER, Josef. *Virtudes Fundamentais*. Trad. Narino e Silva e Beckert de Assumpção. Lisboa: Editorial Aster, 1960.

PIZARRO, Ramon Daniel. *Daño moral*: el daño moral en las diversas ramas del Derecho. Hammurabi: Buenos Aires, 1996.

RAMOS, André de Carvalho. *Responsabilidade internacional do Estado por violação de direitos humanos*. R. CEJ, n. 29, p. 53-63. Brasília,, abr./jun. 2005.

RAMPAZZO, Flaviana. *Consentimento do paciente no direito médico*: validade, interpretação e responsabilidade. Indaiatuba: Foco, 2021.

REIS, Clayton. *Dano moral*. 4. ed. Rio de Janeiro: Forense, 2001.

RIVERA, José Luís Gabriel. El daño moral: su tipologia y cyantificatión: uma breve radiografia del derecho peruano y del derecho francês. *Gaceta Civil e Procesal Civil*, I, n. 32, p. 53-66, fev. 2016.

RODRÍGUEZ-PUERTO, Manuel Jesús. *Métodos de interpretación, hermenêutica y derecho natural*. ano 24, v. 19, n. 2, p. 319-347, Dikaion, Chía, Colombia, 2010.

ROSENVALD, Nelson; KUPERMAN, Bernard Korman. Restituição de fanhos ilícitos: há espaço no Brasil para o disgorgement? R. *Fórum de Dir. Civ. – RFDC* | Belo Horizonte, ano 6, n. 14, p. 11-31, jan./abr. 2017.

ROSENVALD, Nelson. *Por uma tipologia aberta dos danos extrapatrimoniais*. Disponível em: https://www.nelsonrosenvald.info/single-post/2020/05/12/Por-uma-tipologia-aberta-dos-danos-extrapatrimoniais. Acesso em: 28.12.2020.

ROSENVALD, Nelson. *As políticas da responsabilidade civil no common law*. Disponível em: https://migalhas.uol.com.br/coluna/direito-privado-no-common-law/337782/as-politicas-da-responsabilidade-civil-no-common-law. Acesso em: 28.12.2020.

RUZYK, Carlos Eduardo Pianovski. *Liberdade(s) e função*: contribuição crítica para uma nova fundamentação da dimensão funcional do direito civil brasileiro. Tese de Doutorado. UFPR, 2009.

SALMÓN, Elizabeth; BREGAGLIO LAZARTE, Renata. Modelos jurisprudenciais de direitos econômicos, sociais e culturais no sistema interamericano. In: BURGORGUE-LARSEN, Laurence; MAUÉS, Antonio; SÁNCHEZ MOJICA, Beatriz Eugenia (Coord.). *Direitos humanos e políticas públicas*. Barcelona: Rede DHES, 2014.

SANTANA, Héctor Valverde. A fixação do valor da indenização por dano moral. *Revista da Informação Legislativa*. Brasília a. 44 n. 175 jul./set. 2007.

SANTINI, José Raffaelli. *Dano moral*: doutrina, jurisprudência e prática. Leme: Editora Direito, 1997.

SANTOS, Antônio Jeová. *Dano moral indenizável*. 5. ed. Salvador: JusPodivm, 2015.

SANTOS, Manoel J. Pereira dos. *Responsabilidade civil na internet e demais meios de comunicação*. 2. ed. São Paulo: Saraiva, 2014.

SANTOS, Romualdo Baptista dos. *Critérios para a fixação da indenização por dano moral*. 2009.

SANTOS, Romualdo Baptista dos. *Responsabilidade civil por dano enorme*. Curitiba: Juruá, 2018.

SARAIVA NETO, Pery; FENILI, Maiara Bonetti. Novos marcos legais sobre proteção de dados pessoais e seus impactos na utilização e tratamento de dados para fins comerciais. *Revista de Estudos Jurídicos e Sociais* – REJUS online – ISSN 2594-7702, [S.l.], v. 1, n. 1, dez. 2018. ISSN 2594-7702.

SAVI, Sérgio. *Responsabilidade civil por perda de uma chance*. São Paulo: Atlas, 2006.

SCHREIBER, Anderson. *Novos paradigmas da responsabilidade civil*: da erosão dos filtros da reparação à diluição dos danos. 5. ed. São Paulo: Atlas, 2013.

SCHREIBER, Anderson. Direito ao esquecimento e proteção de dados pessoais na Lei 13.709/2018: distinções e potenciais convergências. In: TEPEDINO, Gustavo; FRAZÃO, Ana; MILENA DONATO, Oliva (Coord.). *Lei Geral de Proteção de Dados Pessoais e suas repercussões no direito brasileiro*. São Paulo: Thomson Reuters Brasil, 2019.

SERTILLANGES, Antonin-Gilbert. *A vida intelectual*: seu espírito, suas condições, seus métodos. São Paulo: É realizações, 2015.

SILVA, Américo Luís Martins da. *O dano moral e a sua reparação civil*. 3. ed. São Paulo: Ed. RT, 2005.

SILVA, Erick Winer Resende. *O direito à busca da felicidade: contribuição à hermenêutica à luz do pensamento de Aristóteles*. Tese de Mestrado. UNIPAC, 2013.

SILVA, Rafael Peteffi da. *Responsabilidade civil pela perda de uma chance*. 2. ed. São Paulo: Atlas, 2009.

TARTUCE, Fernanda; COELHO, Caio Sasaki Godequez. Reflexões sobre a autonomia do dano temporal e a sua relação com a vulnerabilidade da vítima. *Revista Brasileira de Direito Comercial*. n. 19 -out-nov/2017.

TEFFÉ, Chiara Spadaccini de; TEPEDINO, Gustavo. Consentimento e proteção de dados pessoais na LGPD. In: TEPEDINO, Gustavo; FRAZÃO, Ana e OLIVA, Milena Donato (Coord.). *Lei Geral de Proteção de Dados Pessoais e suas repercussões no direito brasileiro*. São Paulo: Ed. RT, 2019.

TOCQUEVILLE, Alexis de. *A Democracia na América: leis e costumes*. 2. ed. São Paulo: Martins Fontes, 2005.

TOLLEFSEN, Christopher. Pure perfectionism and the limits of paternalism. In: GEORGE, Robert P; KEOWN, John (Coord.). *Reason, morality and law: the philosophy of Finnis*. Londres: Oxford University Press, 2013.

UBILLOS, Juan María Bilbao. *La eficacia de los derechos fundamentales frente a particulares:* análisis de la jurisprudencia del tribunal constitucional. Madrid: Centro de Estudios Políticos y Constitucionales, 1997.

URUEÑA, René. Protéccion multinivel de los derechos humanos en america latina: oportunidades, desafíos y riesgos. protección multinivel de derechos humanos. *Proteção Multinível de Direitos Humanos. Manual* – dhes. Redde Derechos Humanos y Educación, 2014.

VAN DEN HOVEN, J. Information technology, privacy, and the protection of personal data. In: J. Van Den Hoven and J. Weckert (Eds.). *Information technology and moral philosophy*. Cambridge: Cambridge University Press, 2008.

VEGA, Jesús. *Aristotle's concept of law: beyond positivism and natural law*. Journal of Ancient Philosophy, Vol. IV, 2010, Issue 2, p. 1/31.

VERBICARO, Dennis; PENNA E SILVA, João Vitor; LEAL, Pastora do Socorro Teixeira. O mito da indústria do dano moral e a banalização da proteção jurídica do consumidor pelo Judiciário brasileiro. *Revista de Direito do Consumidor*. v. 114. ano 26. p. 75-99. São Paulo: Ed. RT, nov-dez, 2017.

VILLARREAL, Luis Ernesto Aguirre. *Integration of punitive damages into countries with a civil law system*: Mexico's case. Tulane University (dissertação de doutorado), 2009.

VINEY, Geneviève. Les conditions de la responsabilité. En: GHESTIN, Jacques (Dir.). *Traité de droit civil*. 3. ed. Librairie Général de Droit et Jurisprudence, París, 2006.

VISSCHER, Louis T. Economic analysis of punitive damages. In: KOZIOL, Helmut; WILCOX, Vanessa. *Punitive damages*: common law and civil law perspectives. Vienna: Springer, 2009. v. 25.

VOLOKH, Alexander. *Punitive damages and environmental law*: rethinking the issues. Policy Study, 1996. n. 213.

WEINRIB, Ernest. *Corrective Justice*. Londres: Oxford University Press, 2012.

ZAMORA, Jorge Fabra. Estúdio introductorio: estado del arte de la filosofia de la responsabilidad extracontractual. In: PULIDO, Carlos Bernal; ZAMORA, Jorge Fabra (Ed.). *La Filosofia de La Responsabilidad Civil*: estúdios sobre los fundamentos filosófico-jurídicos de la responsabilidade civil extracontratual. Bogotá: Universidad Externado de Colombia, 2013.

ZENUN, Augusto. *Dano moral e sua reparação*. 4. ed. Rio de Janeiro: Forense, 1996.

ZUÑIGA, Natalia Torres. *Control de convencionalidad y protección multinivel de los derechos humanos em el Sistema Interamericano de Derechos Humanos*. DerechoPU, n. 70, 2013.